겁먹지 마
불수능

국어 영역 독서
과학·기술

지피지기면 백전백승! 지문 읽는 법부터 문제 유형까지 완전 정복

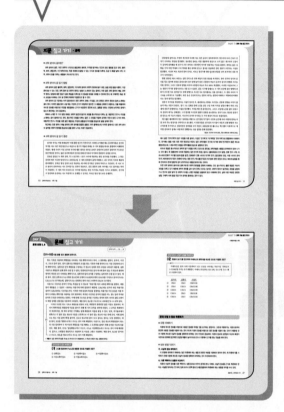

수능 국어 영역 독서를 대비하는 데 가장 기본이 되는 것은 출제된 지문을 잘 읽는 것입니다. 수능에 출제되는 과학·기술 지문의 특징을 살피고, 지문에 효과적으로 접근하는 방법을 설명하였습니다.

지문을 잘 읽었다고 해도 문제와 친해지지 못하면 고득점을 맞을 수 없습니다. 수능 국어 영역 독서에 출제되는 문제들을 6가지 유형으로 분류하고 각 유형에 대한 설명과 유형별 문제 접근법을 친절하게 설명하였습니다.

과학·기술 영역 집중 공략! 매일 2세트씩 제재별 독해 훈련

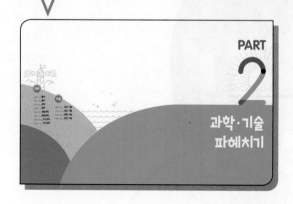

과학 영역을 '물리, 화학, 생명과학, 지구과학'으로, 기술 영역을 '일상 기술'과 '응용 기술'로 나눈 다음 교육과정과 국가 과학·기술 표준 분류 체계를 바탕으로 핵심이 되는 주제를 선별하였습니다. 각 영역별로 매일 두 세트씩 문제를 풀 수 있게 구성하여 과학·기술 영역을 완벽하게 대비할 수 있게 하였습니다.

긴 지문, 고난도 문제를 만나도 겁먹지 마! **완벽한 불수능 대비**

2,300자를 웃도는 긴 지문, 복잡한 사고를 요하는 고난도 문제를 수록하여 불수능을 만나도 침착하게 문제를 푸는 능력을 기를 수 있게 하였습니다.

난도별 실전 문제로 **실전 수능 완벽 대비**

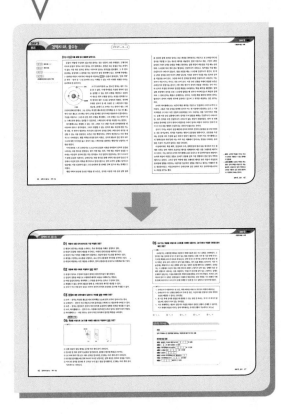

실제 수능과 비슷한 수준의 지문과 문제는 물론이고 고난도의 지문과 문제를 제시하였습니다. 단계별로 난도를 조정한 실전 문제를 통해 어떤 수능에 맞닥뜨려도 흔들리지 않고 문제를 해결할 수 있게 하였습니다.

지문 정보

지문의 난이도와 주제를 빠르게 파악할 수 있게 어휘 수준과 지문 키워드를 제공하였습니다.

스피드 지문 복습

빈칸 채우기를 통해 지문의 주제와 문단별 중심 내용을 정리할 수 있게 하였습니다.

물먹는 문제   불타는 문제

실수를 범하기 쉬운 함정 문제, 신유형 및 고난도 문제를 제시하였습니다.

15일 학습 계획표

1회독

DAY 1	DAY 2	DAY 3	DAY 4	DAY 5	DAY 6	DAY 7
☐	☐	☐	☐	☐	☐	☐
문제 유형 1, 2	문제 유형 3, 4	문제 유형 5, 6	물리	물리	화학	화학
월 일	월 일	월 일	월 일	월 일	월 일	월 일

2회독

DAY 1	DAY 2	DAY 3	DAY 4	DAY 5	DAY 6	DAY 7
☐	☐	☐	☐	☐	☐	☐
문제 유형 1, 2	문제 유형 3, 4	문제 유형 5, 6	물리	물리	화학	화학
월 일	월 일	월 일	월 일	월 일	월 일	월 일

3회독

DAY 1	DAY 2	DAY 3	DAY 4	DAY 5	DAY 6	DAY 7
☐	☐	☐	☐	☐	☐	☐
문제 유형 1, 2	문제 유형 3, 4	문제 유형 5, 6	물리	물리	화학	화학
월 일	월 일	월 일	월 일	월 일	월 일	월 일

차례

지문 짚고 가기

문제 짚고 가기

과학·기술
짚고 가기

지문 짚고 가기 - 과학

● **과학 분야의 글이란?**

과학 분야의 글은, 자연 과학적 시각으로 물질계와 생태계, 우주를 탐구하는 인간의 정신 활동을 담고 있다. 물리학, 화학, 생명과학, 지구과학이라는 학문 체계에 포함될 수 있는 지식과 정보를 다루며, 조금 더 폭을 넓혀 수학, 의학, 과학사 등을 다루는 내용들이 제시되기도 한다.

● **과학 분야의 글 읽기 방법**

과학 분야의 글은 물리학, 화학, 생명과학, 지구과학 분야의 과학적 원리와 탐구 과정, 실험 과정 등을 다룬다. 가장 흔히 볼 수 있는 것은, 과학 용어 및 과학적 원리나 방법이 소개되어 있는 글이다. 이런 글은 과학 용어의 개념, 과학적 원리나 방법에 대한 정보가 글의 핵심을 이루므로 이 정보를 제대로 이해할 수 있어야 한다. 즉 구체적인 개념, 원리, 방법을 이해하는 것이 글 전체의 독해에 직결된다고 할 수 있다.

과학 분야의 글 가운데는 아직 일반화되지 못한 과학적 견해나 주장을 그와 관련된 과학적 원리와 함께 소개하는 글도 있다. 이러한 글을 읽어 나갈 때는 주장의 근거가 타당하지 않으면 그 내용을 신뢰하기 어렵다는 것을 떠올리며 제시된 정보를 바탕으로 주장을 뒷받침하는 근거가 타당한지 판단해 보고, 결론을 내리는 과정에 논리적인 문제가 없는지 확인하는 것이 중요하다.

위에서 소개한 두 가지 방향 외에도 과학적 발견과 탐구의 과정을 통시적으로 다루는 글, 대립적인 연구나 주장을 소개하는 글이 출제되기도 한다. 통시적인 과정을 다루는 글은 그 과정을 적절히 요약해 가면서 읽어 나가야 하며, 대립적인 연구나 주장을 다룬 글은 대립되는 주장의 공통점과 차이점을 중심으로 글을 살펴야 한다.

최근에는 인문 분야나 예술 분야와 과학 분야를 융합한 글들도 자주 출제되는데, 이러한 글에서도 다른 과학 분야의 글처럼 과학적 원리를 중심으로 글을 읽어 나가는 자세가 필요하다.

● **과학 분야의 글 읽기 훈련**

전기와 자기는 어떤 관계일까? 이에 관한 연구가 이루어지기 시작한 초기에만 해도 물리학자들은 전기와 자기를 서로 다른 자연 현상으로 여겼으나 연구가 거듭된 뒤에는 두 가지 현상을 하나로 통합하여 이해하게 되었다. 현재 우리가 가진 전기와 자기에 대한 생각은 대부분 18세기 중반부터 19세기 중반까지 약 100년 동안 형성된 것이다. 많은 물리학자들의 연구를 통해 전기력과 자기력의 연관성이 규명된 것이다.

1785년 쿨롱은 두 개의 전하, 즉 (+)전기와 (−)전기 사이에 작용하는 힘인 전기력을 측정했다. 그 힘은 중력과 매우 비슷한 방정식으로 표현되는데, 두 개의 전하량의 곱에 비례하고 그들 사이의 거리의 제곱에 반비례한다. 중력은 항상 인력으로만 작용하는 데 비해 전기력은 인력과 척력으로 구분된다. 즉 서로 다른 종류의 전하끼리는 서로 끌어당기는 인력이 작용하고, 같은 종류의 전하 사이에는 서로 밀어내는 척력이 작용한다. 두 개의 자극 N극과 S극 사이에 작용하는 힘인 자기력도 똑같은 식으로 표현된다. 전기에서 양전하와 음전하는 서로 독립적으로 존재할 수 있지만, 자극은 항상 쌍으로만 존재한다.

1780년대 갈바니는 우연히 개구리의 다리에 서로 다른 금속이 접촉하자마자 개구리의 다리 근육이 갑자기 수축하는 현상을 발견했다. 동료였던 볼타는 이를 생물학적 현상으로 보지 않고 개구리의 신경이 두 금속에 접촉했을 때 전기가 흐른 것이라고 생각하여 여기에 '전류'라는 이름을 붙였다. 볼타는 많은 실험을 거쳐 아연 막대와 구리 막대를 황산 용액에 담고 철사를 연결하면 강한 전류가 흐른다는 사실을 발견했다. 이것이 바로 최초의 볼타 전지로, 비로소 정전기에 대한 단순한 관찰을 넘어 본격적인 전류 연구가 시작되었다.

한편 1820년 외르스테드는 실험 강의 도중 전혀 예상치 못한 현상을 목격한다. 볼타 전지의 양극과 음극을 잇는 철사에 전류를 흘려보내자 철사 옆에 놓여 있던 나침반의 바늘이 움직여 철사의 방향과 직각을 이룬 것이다. 그리고 전류의 방향을 바꾸자 나침반의 바늘이 즉시 180도 회전했다. 이러한 사실로부터 그는 전류가 자기를 발생시킨다는 것을 알 수 있었다. 같은 시기에 앙페르는 두 개의 전선에 같은 방향의 전류가 흐르면 서로 잡아당기고 반대 방향으로 흐르면 서로 밀어낸다는 것을 알아내고, 두 전류 사이의 자기력을 수학적으로 기술했다. 또한 옴은 전선에 흐르는 전류의 세기는 전압에 비례하고 저항에 반비례한다는 '옴의 법칙'을 발견했다.

전류가 자기장을 형성한다는 사실이 알려진 후, 패러데이는 반대로 자기장도 전류에 영향을 미치지 않을까 하는 의문이 들었다. 결국 그는 실험을 통해 도선을 감은 코일 속에 자석을 넣었다 뺐다 하면 코일 내에 전류가 발생한다는 사실을 발견했다. 자석을 빠르게 움직일수록, 그리고 코일에 도선을 많이 감을수록 전류의 세기는 강해졌다. 그가 발견한 자기장의 변화가 전류를 유도한다는 전자기 유도 현상은 발전기를 만드는 데 기초가 되었다. 이로부터 전기와 자기라는 두 가지 현상이 하나로 연결되었다.

맥스웰은 패러데이의 연구 성과들을 바탕으로 전기장과 자기장이 시간과 공간에 따라 어떻게 변하는지를 보여 주는 방정식을 수학적으로 유도했다. 이 방정식들은 전기장과 자기장이 파동의 진행 방향과 서로 수직하게 주기적으로 진동하면서 전파됨을 보여 주었다. 1880년대 말 헤르츠는 맥스웰이 이론적으로 예측한 전자파가 실제로 파동처럼 진행한다는 것을 실험을 통해 입증했다.

정갑수, 「전기와 자기의 관계」, 『물리 법학으로 이루어진 세상』

예시 글은 '전자기력'의 탐구 과정을 다룬 글이다. 지금은 '전기력'과 '자기력'을 '전자기력'으로 통합하여 이해하지만, 과거에는 둘을 서로 다른 자연 현상으로 여겼다. 많은 과학자들이 전기와 자기에 대해 연구하면서 둘은 하나로 통합되었는데, 그 통시적인 과정을 과학자들을 중심으로 설명하고 있다.

따라서 윗글은 통시적으로 과학적 탐구 과정을 다루고 있으므로 문단별, 과학자별로 내용을 요약하면서 읽어 나가는 것이 좋다. 즉 '쿨롱(전하 사이에 작용하는 힘인 전기력 측정), 갈바니-볼타(최초의 전지 발명, 전류 연구 시작), 외르스테드(전류가 자기를 발생시킴을 발견), 앙페르(두 전류 사이의 자기력 연구), 옴(전류와 전압, 저항 사이의 관계 연구), 패러데이(자기장이 전류에 미치는 영향 연구), 맥스웰(전기장과 자기장에 관한 방정식 유도), 헤르츠(실험을 통해 전자파의 존재 입증)'와 같이 요약적으로 내용을 읽어야 하는 것이다.

또한 과학 분야의 글이므로 글에 제시된 과학적 원리들을 정확히 이해하는 것도 필수적이다. 물론 윗글은 역사적 과정을 다루고 있기 때문에 과학적 원리를 깊이 있게 다루고 있지는 않지만, 과학적 원리가 발견되는 과정을 설명하거나 연구의 결과 알게 된 과학적 지식을 소개한 부분들은 꼼꼼하게 읽고 이해해야 한다. 실제 이런 부분은 관련한 실험, 구체적 사례 등을 연결 지어 문제로 출제되는 경우가 많다.

지문 짚고 가기 - 기술

● 기술 분야의 글이란?

기술 분야의 글은, 인간의 삶과 관련이 깊은 산업 기술, 생활 기술, 기술 일반, 공학 기술 등 다양한 분야의 정보들을 다루고 있다. 복잡한 내용을 풀어 내는 경우가 많기 때문에 글을 읽어 가면서 내용을 체계적으로 정리하며 이해하는 능력이 필요하다.

● 기술 분야의 글 읽기 방법

기술 분야의 글은 실생활과 밀접한 다양한 기계의 기술적 제작 원리와 과정, 첨단 기술과 같이 최근의 기술 분야에서 적용되는 각종 원리와 그에 관한 탐구 과정 등을 다룬다. 가장 흔히 볼 수 있는 것은 기술 용어의 개념과 기술적 원리나 방법에 대한 정보를 소개하는 글이다. 이런 글은 기술 용어의 개념을 정확히 이해해야 하는 것은 물론이고 글의 핵심을 이루는 기술적 원리의 구현 과정을 정확하게 이해할 수 있어야 한다. 즉 기술적 원리의 구현 과정을 이해하는 것이 글 전체의 독해에 직결된다고 할 수 있다.

또한 장치나 시스템의 작동 원리를 그 과정에 따라 설명하는 글이 많기 때문에 각각의 단계에서 이루어지는 것을 과정별로 파악해야 한다. 구성 요소에 관한 정보가 제시되어 있는 글의 경우에는 장치나 시스템이 지닌 기능과 특징에 관한 정보에 주목해서 그 작동 원리를 이해해야 하고, 지문이나 문항에 시각 자료가 제시된 경우에는 그 내용을 참고하여 지문에 제시된 정보를 이해할 수 있어야 한다.

이뿐만 아니라 실생활에서 익숙하게 경험한 기술 분야의 글이라 하더라도 과학적 이론에 기반을 둔 경우가 많기 때문에 복잡하고 전문적인 내용을 이해하는 데 어려움을 느낄 수 있으므로, 기술에 담긴 핵심 원리를 바탕으로 과학적 이론과 기술의 실현에 대해 구체적으로 이해하며 글을 읽어 나가야 한다.

최근에는 화학이나 생명과학과 결합한 기술이나 토목, 건축에 활용되는 기술 등도 종종 출제되는데, 이러한 글도 다른 기술 분야의 글처럼 기술적 원리를 중심으로 글을 읽어 나가는 것이 중요하다.

● 기술 분야의 글 읽기 훈련

메모리는 크게 휘발성 메모리와 불휘발성 메모리로 나뉜다. 이 둘은 휘발성 여부로 구분할 수 있는데, 이를 구분하는 가장 큰 특징은 메모리에 전원이 끊겼을 때 저장하고 있던 데이터를 잃어버리는가 아니면 그대로 가지고 있는가 하는 것이다. 휘발성 메모리는 전원이 끊기면 휘발유처럼 기록된 정보도 날아가 버린다. 그러나 불휘발성 메모리는 전원이 끊기더라도 데이터를 잃지 않고 보존하고 있다.

㉠휘발성 메모리에는 전원이 공급되는 동안에도 일정 시간마다 저장된 내용을 재생시켜야 하는 'DRAM'과 전원 공급이 계속되는 한 저장된 내용을 계속 기억하는 'SRAM' 등이 있다. 이러한 휘발성 메모리는 전원이 공급되었을 때에만 데이터를 저장하거나 읽을 수 있다는 한계가 있다. 이에 휘발성 메모리는 매우 오랜 시간 동안 정보를 저장하고자 할 때나 어떤 기계를 처음 동작시키기 위한 정보를 저장하려 할 때에는 사용할 수 없다. 이러한 한계 때문에 전원이 공급되지 않더라도 데이터를 잃지 않는 메모리가

필요한 것이다.

　이러한 관점에서 ⓒ불휘발성 메모리는 전원이 끊겼을 때에도 데이터를 유지하고 있어야 하므로 회로와 같이 전기로 움직이는 장치로는 만들 수 없고 물질의 특성을 이용하여 제작하여야 한다. 이에 불휘발성 메모리를 만들 때에는 외부적인 힘으로 어떤 물체의 성질이 변화했을 때 변화의 원인이 제거됐음에도 불구하고 본래의 상태로 되돌아가지 않는 현상, 즉 히스테리시스라 불리는 현상을 이용한다. 히스테리시스 전압이란 일정한 입력 전압에서 일정한 출력 전압으로 정의되는 것이 아니라 이전의 전압 상태 변화에 따라 값이 변하는 전압을 말한다. 다음 그래프는 히스테리시스 곡선을 나타낸다.

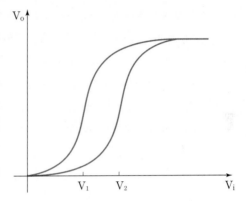

　그래프에서처럼 입력 전압 V_i에 대한 출력 전압 V_0가 결정되면, 입력 전압값이 커질 때와 작아질 때의 출력 전압값이 달라지는데, 이러한 전압 특성을 히스테리시스 특성이라고 한다. 이러한 히스테리시스 특성은 주로 입력 전압값에 대한 어떤 임계값에 대하여 출력 전압이 high 혹은 low로 결정될 때 임계값 근처의 작은 변화에 의해 출력 전압값이 변하는 것을 막을 수 있다. V_2 이상에서 high가 되고 나면 V_1 이하로 떨어지기 전에는 high를 유지하게 되고, 반대로 V_1 이하에서 low가 되면 V_2 이상으로 올라가기 전에는 low를 유지하게 된다는 뜻이다. 즉 한번 어떤 값에 의하여 상태가 결정되면 특정 조건이 입력되기 전에는 그 상태를 유지하는 특성을 이용하여 불휘발성 메모리를 제작하는 것이다. 불휘발성 메모리에는 대표적으로 한번 기록한 데이터를 빠른 속도로 읽을 수 있지만, 다시 기록할 수 없는 'ROM'이 있다.

김영석·조경록, 「불휘발성 메모리」, 「반도체 알고 보면 쉬워요」

　예시 글은 '메모리'의 종류와 메모리에 적용되는 기술적인 원리를 다룬 글이다. 히스테리시스 전압의 특성을 이용하여 전원이 차단되더라도 데이터를 잃지 않을 수 있는 불휘발성 메모리의 기술적인 원리를 히스테리시스 곡선을 나타내는 그래프를 활용하여 자세히 설명하고 있다.

　메모리에 적용되는 기술적인 원리를 다루고 있으므로 각 문단별로 익숙하지 않은 용어들을 정리하면서 읽어 나가는 것이 좋다. 우선 '휘발성'의 개념을 이해하고 휘발성 여부에 따라 메모리의 종류를 분류해야 한다. 그리고 휘발성 메모리가 갖는 단점을 보완하기 위해 불휘발성 메모리가 활용되고 있다는 것과 불휘발성 메모리에는 히스테리시스 현상이 적용되어 전류의 차단이 있더라도 데이터가 유지될 수 있음을 정리할 수 있어야 한다. 마지막으로 히스테리시스 현상과 관련한 그래프를 참고하여 전압값이 변화하는 특성에 따라 불휘발성 메모리를 제작할 수 있다는 내용까지 읽어 낼 수 있어야 한다.

　기술 분야의 글을 읽을 때에는 동일한 원리를 다른 상황이나 사례에 적용할 수 있는 능력도 필수적으로 요구된다. 출제되는 글들이 대체로 기술의 원리나 개념과 관련한 어려운 내용을 깊이 있게 다루고 있지는 않지만, 해당 원리나 개념이 비슷한 상황이나 사례에 어떻게 적용될 수 있을지를 추론할 수 있어야 한다. 실제 이런 부분들은 기술 지문 문항에서 자주 출제되는 경향이 있다.

[01-02] 다음 글을 읽고 물음에 답하시오.

지구의 지각과 최상부 맨틀로 이루어진 암석권은 크고 작은 여러 개로 나뉘어져 있는데, 이와 같이 나뉜 각 부분을 판이라 한다. 판은 해양 지각을 포함하는 판인 해양판과 대륙 지각을 포함하는 판인 대륙판으로 구분되는데, 각 판의 평균적인 두께는 약 100km로 유사하다. 판 구조론에 따르면 암석권의 판들은 마치 축구공의 껍질처럼 빈틈없이 지구의 표면을 감싸고 있어서, 하나의 판이 움직이면 그 움직임은 반드시 주변에 있는 다른 판에 영향을 주어 그 판도 움직이게끔 한다.

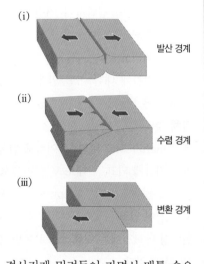

판 구조론에 따르면 이러한 판의 경계는 동일한 것이 아니며, 경계부에서의 판의 상대적 움직임에 따라 세 가지 형태로 구분할 수 있다. 첫째는 〈그림-(i)〉과 같이 경계부에서 두 판이 서로 멀어지는 발산 경계이다. 발산 경계에서는 서로 멀어져 가는 판의 후면을 메우기 위해 하부 맨틀에서부터 마그마 등의 물질이 올라오게 되고, 이는 해수에 의해 냉각 또는 고체화됨으로써 새로운 지각 물질이 만들어진다. 이러한 과정으로 인해 발산 경계에서는 화산 활동이 활발하게 일어나고, 지각 열류량이 높으며 지진이 자주 발생한다는 특징이 있다.

[A]
둘째는 〈그림-(ii)〉와 같이 판과 판이 서로 접근하는 양상을 보이거나, 충돌하는 양상을 보이는 수렴 경계이다. '대륙판-해양판' 수렴 경계에서는 한쪽 판이 다른 쪽 판의 아래로 경사지게 밀려들어 가면서 맨틀 속으로 침강하는 현상인 섭입이 나타나는 반면, '대륙판-대륙판' 수렴 경계에서는 섭입이 나타나지 않고 습곡 산맥을 형성한다는 차이가 있다. 섭입이 나타나는 것은 각 판의 비중이 서로 다르기 때문인데, 해양판의 비중은 대륙판보다 크므로 섭입 과정에서는 항상 해양판이 대륙판 아래로 들어가게 된다. 이때 판과 판 사이에는 마찰이 발생하므로 수렴 경계에서는 얕은 지진뿐만 아니라 최대 깊이 670km의 깊은 지진까지 두루 발생하게 된다는 특징이 있다.

셋째는 〈그림-(iii)〉과 같이 경계부에서 판과 판이 서로 반대 방향으로 미끄러지는 변환 경계이다. 변환 경계에서는 경계를 따라 판이 어긋나기 때문에 지각 물질이 생성되거나 소멸되지 않으며, 얕은 지진은 자주 발생하는 반면 화산 활동은 거의 일어나지 않는다는 특징이 있다. 변환 경계의 예로는 북아메리카의 산안드레아스 단층이 있는데, 길이는 약 1,300km이며 경계를 따라 북아메리카판은 동남쪽으로, 태평양판은 북서쪽으로 서로 다르게 움직인다. 1906년에 일어났던 샌프란시스코 지진은 이 양쪽 판이 6m가량 어긋남에 따라 발생한 것으로, 이는 많은 피해를 초래했다.

이처럼 판 구조론에서 주장하는 판의 운동을 통해 지구상에서 일어나고 있는 습곡 산맥, 호상 열도 등의 여러 가지 자연 현상을 설명할 수 있다. 또한 판 구조론을 연구하는 학자들은 현재 지구상의 대륙과 해양이 판의 움직임에 따라 끊임없이 이동하고 있다는 사실을 인정한다면, 지구의 과거와 미래의 모습을 예상하여 과학적으로 설명하는 이론적 배경이 될 수 있다고 주장한다.

문제 유형 1-핵심 정보, 세부 내용 이해하기

01 판 구조론에 대한 이해로 적절하지 <u>않은</u> 것은?

① 발산 경계에서는 화산 활동이나 지진이 거의 발생하지 않는다.

② 암석권의 판 하나가 움직이면 주변의 다른 판도 움직이게 된다.

③ 판 구조론을 통해 대륙판과 해양판의 향후 움직임을 예측할 수 있다.

④ 수렴 경계에서는 두 개의 판이 서로 접근 또는 충돌하는 모습을 관찰할 수 있다.

⑤ 변환 경계에서는 두 개의 판이 서로 어긋나면서 인류에 많은 피해를 입히기도 한다.

문제 유형 2-구체적 사례에 적용하기

02 [A]를 바탕으로 〈보기〉를 이해한 내용으로 가장 적절한 것은?

┤ 보기 ├

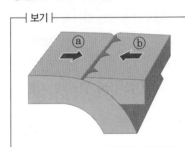

〈그림〉은 멕시코 섭입대로, 해양판과 대륙판이 서로 충돌하는 대표적인 수렴 경계이다. 이 지역에서는 해양판인 코코스판(ⓐ)이 대륙판인 북아메리카판(ⓑ)의 가장자리와 충돌함에 따라 각각의 판과 경계부에서는 다양한 자연 현상이 발생하게 된다.

① ⓐ와 ⓑ는 충돌한 후에는 다시 서로 멀어지는 양상을 보이겠군.

② ⓐ는 ⓑ보다 비중이 크므로 ⓐ가 ⓑ 속으로 침강하는 현상이 나타나겠군.

③ ⓐ와 달리 ⓑ에서는 충돌 후 새로운 습곡 산맥이 만들어질 가능성이 크겠군.

④ ⓑ와 달리 ⓐ에서는 지각 물질의 생성 없이 얕은 지진만 빈번하게 발생하겠군.

⑤ ⓐ와 ⓑ 사이의 마찰로 인해 두 판이 어긋나게 되므로 ⓑ가 ⓐ쪽으로 섭입되겠군.

문제 유형 1-핵심 정보, 세부 내용 이해하기

● 유형 이해하기

지문에서 다룬 핵심 정보와 세부 내용을 제시하고, 해당 정보를 정확하게 이해했는지를 판단하는 문항이다. 과학·기술 지문은 핵심이 되는 정보나 소재, 과학적 지식, 원리 등을 중심에 두고 지문이 구성되는 경우가 많으므로, 이와 같은 유형의 문제는 수능에서 지속적으로 출제되고 있으며, 모든 지문에 빠지지 않고 등장한다. 이 유형의 문제들은 지문에서 다룬 핵심 정보와 세부 정보를 정밀하게 독해하였는지, 지문의 내용을 객관적으로 이해하였는지를 묻고자 하는 것이며, 발문의 층위에 따라 '윗글의 내용과 일치하는 것은?', '윗글을 읽고 알 수 있는 내용으로 가장 적절한 것은?' 등으로 변형되어 출제되고 있다.

● 대처 방법 익히기

가. 핵심 정보·세부 정보를 정밀하게 파악하기

이 유형에 대처하기 위해서는 무엇보다도 지문을 꼼꼼하게 읽는 것이 중요하다. 이를 위해서는 핵심 정보와 세부 정보에 밑줄 긋기, 관련된 중요 정보들끼리 묶어 연결하기 등의 독해 방법을 활용하는 것이 바람직하다. 이때 지문 내용에 대한 자신의 주관적인 판단을 가급적 배제하고, 핵심 정보와 세부 정보를 객관적으로 파악해야 지문을 오독할 가능성을 최소화할 수 있다.

나. 지문에서 선지의 내용과 연관되는 부분 찾기

이 유형은 큰 틀에서 봤을 때 지문에 대한 사실적 이해를 요구하는 문항에 해당한다. 따라서 이러한 유형은 정답의 근거가 반드시 지문에 노출되어 있다는 것을 염두에 두어야 한다. 이때 선지에 언급된 핵심 정보와 세부 정보는 지문의 여러 문단에 걸쳐 제시되기도 하고, 특정 문단 내에서만 집중적으로 다루어지기도 한다. 그러므로 이 유형을 해결하기 위해서는 지문을 거듭 읽으며, 선지의 내용이 지문의 어떤 부분과 직간접적으로 연관되는지를 찾아내는 것이 중요하다.

다. 선지와 지문의 정보를 연결하여 선지의 적절성 판단하기

과학·기술 지문의 경우 지문에 대한 사실적 이해를 묻는 문항이 지속적으로 출제되고 있다. 따라서 시간이 다소 소요되더라도 지문에서 선지와 관련된 정보를 찾아낸 후, 두 정보를 1:1로 연결함으로써 정답률을 최대한 끌어올리는 것이 바람직하다. 이 유형의 경우 지문에서 선지와 관련된 정보를 찾아 적절히 연결할 수 있다면 선지의 적절성 여부는 비교적 쉽게 판단할 수 있다.

문제 유형 2-구체적 사례에 적용하기

● 유형 이해하기

지문의 내용과 관련된 구체적인 사례를 제시하고, 지문 내용에 포함된 정보나 원리를 사례에 적용하여 해석할 것을 요구하는 문항이다. 〈보기〉로 제시되는 사례는 지문에 소개된 핵심적 개념이나 과학적 원리와 관련된 것이다. 과학·기술 지문의 경우, 핵심적 개념을 이해할 수 있는 대표적인 예시에 해당하는 사례, 과학적 원리가 바탕이 된 실제 상황이나 실생활에서 쓰이는 장치나 발명품 등이 제시되는 경우가 많다. 〈보기〉의 사례와 연관되는 지문의 정보가 무엇인지 파악한 후, 해당 부분의 정보를 사례에 대입시키듯이 하나하나 연결 지어 살피면서 선지의 적절성 여부를 판단해 나가야 한다.

● 대처 방법 익히기

가. 사례의 핵심 내용 파악하기

이 유형에 대처하기 위해서는 우선 〈보기〉로 제시된 사례의 핵심적인 내용을 파악해야 한다. 과학·기술 지문의 경우, 여러 가지 복합적인 상황과 조건 등이 함께 제시되므로 서술된 내용을 꼼꼼하게 살피는 자세가 필요하다.

나. 연관되는 지문의 정보 확인하기

사례의 핵심 내용을 파악한 후 그것이 지문의 어떤 정보와 연관되는지 확인해야 한다. 긴 지문인 경우에는 사례와 관련된 문단의 내용을 제대로 파악해야 하며, 지문을 정확히 이해하지 못했다는 판단이 들 경우에는 핵심어를 중심으로 해당 부분을 다시 읽는 과정이 필요할 수도 있다.

다. 지문의 정보를 사례에 연결하며 선지의 적절성 판단하기

마지막으로 지문 내용을 사례에 연결하여 해석하며 선지의 적절성 여부를 판단해야 한다. 과학·기술 지문의 경우, 수학적인 계산이나 단계적인 사고를 요구하는 경우도 많으므로 문제지의 여백에 해당 내용을 차근차근 적고 정리하는 것이 좋다. 강약이나 증감의 변동을 확인해야 하는 문항이라면 각자 이해하기 쉬운 기호를 활용하여 선지의 적절성을 확인해 나갈 수도 있다.

자동차가 달리다가 급브레이크를 밟으면 차량의 타이어는 회전을 멈추면서 도로 위를 미끄러지게 된다. 급제동에 의해 타이어와 노면 사이에 큰 마찰력이 지속적으로 작용하면 마찰열에 의해 분해된 타이어의 고무 성분이 도로 표면에 눌려 찍히면서 타이어 자국을 남기게 되는데, 이것을 '스키드 마크'라고 한다. 스키드 마크는 흔히 자동차 사고가 났을 때 차가 움직인 방향과 사고 직전의 속도를 추정하는 데 사용된다. 스키드 마크로 어떻게 달리던 자동차의 속도를 알아낼 수 있을까?

에너지의 형태가 바뀌더라도 그 에너지가 어디로 사라지는 것이 아니라 다른 에너지 상태로 보존된다는 법칙을 '에너지 보존 법칙'이라고 한다. 즉 외부와 에너지를 교환하지 않는 닫힌계(system) 내에서 에너지는 손실되지 않고 보존되기 때문에 전체 에너지는 언제나 일정하다는 것을 나타내는 법칙이다. 예를 들어 100의 전기 에너지가 전구를 밝히는 빛 에너지로 바뀌었을 경우, 전기 에너지는 모두 빛 에너지의 형태로 바뀌었을 뿐 100이라는 에너지의 총량은 변하지 않는다는 것이다. 스키드 마크를 남긴 자동차의 경우에도 이를 적용할 수 있다.

그렇다면 스키드 마크로 어떻게 차의 속도를 알아낼 수 있는지 알아보자. 쌩쌩 달리던 자동차가 급정거를 하면 바퀴의 운동은 멈추고 도로 위를 미끄러진다. 이 상황에서 멈추기 직전의 운동 에너지는 모두 도로와의 마찰 에너지로 바뀐다. 에너지 보존 법칙에 의하면 이때 손실된 에너지는 없으므로, 멈추기 직전의 운동 에너지는 마찰 에너지와 같다는 결론이 나온다. 운동 에너지는 차량의 무게(질량)와 속도의 곱으로 나타낼 수 있고, 마찰 에너지는 마찰력과 움직인 거리의 곱으로 나타낼 수 있다. 마찰력은 차량의 무게와 *마찰 계수를 곱한 값이다. 차량의 무게는 어렵지 않게 구할 수 있으므로, 마찰 계수와 움직인 거리인 스키드 마크의 길이를 알면 브레이크를 밟기 직전 차의 속도를 구할 수 있다. 스키드 마크의 길이에 영향을 미치는 것은 차량의 무게, 속도, 마찰 계수 등이라는 것을 이를 통해 알 수 있으며, 실제로 차량의 속도를 구하는 식은 다음과 같다.

$$\text{멈추기 직전 차량 속도(시속)} = \sqrt{254 \times \text{스키드 마크 길이} \times \text{마찰 계수}}$$

만약 스키드 마크의 길이가 40m이고 아스팔트의 마찰 계수가 0.8이라면 시속 약 90.15km가 나온다.

그런데 이와 같이 스키드 마크를 이용하여 주행 속도를 추정할 때 몇 가지 유의할 점이 있다. 우선, 반드시 차량이 스키드 마크의 끝 지점에 정지된 경우에만 적용해야 한다. 만약 스키드 마크의 끝 지점에 정지하지 않고 시설물과 충돌하는 등 다른 운동을 수반했다면 이를 추가로 고려하여 주행 속도를 추정해야만 한다. 그리고 도로가 오르막 또는 내리막 구간인 경우에는 마찰 계수를 보정하여 사용해야 한다. 오르막 구간에서는 평지보다 제동 거리가 다소 짧아지고, 내리막 구간에서는 평지보다 제동 거리가 다소 길어진다.

• **마찰 계수**: 마찰면의 정도에 따라 마찰력이 달라지므로 이를 비교한 계수

03 윗글의 내용과 일치하지 <u>않는</u> 것은?

① 물체의 운동 에너지는 물체의 질량에 물체의 속도를 곱하여 나타낼 수 있다.
② 오르막 구간에서는 제동 거리가 짧아지므로 평지와는 마찰 계수가 달라진다.
③ 닫힌계 내의 에너지는 형태가 바뀌어도 총량이 변하지 않고 그대로 남아 있다.
④ 차량의 무게와 차량이 움직인 거리를 알고 있다면 마찰 에너지를 구할 수 있다.
⑤ 급제동으로 차량 타이어의 고무 성분이 열에 의해 분해되면 도로에 흔적을 남긴다.

04 윗글의 바탕으로 〈보기〉에 대해 보인 반응으로 적절하지 <u>않은</u> 것은?

┤보기├

　비에 젖은 콘크리트 도로를 나란히 달리던 같은 무게의 차량 A와 차량 B는 야생동물을 발견하고 급제동을 하여 각각 30m, 50m의 스키드 마크를 발생시킨 다음 충돌 없이 정지하였다. (*그 외의 조건들은 무관하다고 가정한다.)

〈타이어와 노면 사이의 마찰 계수〉

노면별 상태	비에 젖음	살짝 얼었음	건조함
콘크리트 도로	0.4	0.3	0.8
아스팔트 도로	0.6		

① 급제동 직전까지 차량 주행 속도는 차량 A가 차량 B보다 느렸을 것이다.
② 살짝 언 도로였다면 차량 A와 차량 B의 스키드 마크는 더 길어졌을 것이다.
③ 건조한 도로였다면 차량 A와 차량 B에 작용한 마찰력은 더 작아졌을 것이다.
④ 아스팔트 도로였다면 차량 A와 차량 B의 스키드 마크 길이는 더 짧아졌을 것이다.
⑤ 차량 A가 더 느린 속도로 주행했다면 스키드 마크 길이 차이는 지금보다 커졌을 것이다.

[01-02] 다음 글을 읽고 물음에 답하시오.

최근 많은 상점에서 무인으로 주문을 할 수 있는 기기를 쉽게 접할 수 있다. 주로 음식점에서 이 기기를 찾아볼 수 있는데, 사람들은 이 기기의 화면에 제시된 여러 메뉴나 상품들을 고르고 결제까지 진행한다. 그리고 음식만 사람에게 받아온다. 이 기기를 키오스크라고도 부르는데, 이러한 기기들에는 터치스크린 기술이 적용되어 있다.

터치스크린 기술은 손가락으로 스크린 위의 특정 부위를 누르기만 하면 별도의 입력 장치 없이 해당 기능과 관련한 작업이 이루어지게 한다. 이 시스템은 기계를 잘 다루지 못하는 사람들도 직관적으로 이용할 수 있는 방식이라는 점에서 장점을 지닌다. 이러한 장점을 지닌 터치스크린 기술은 동작 방법에 따라 여러 가지로 나뉘는데, 그중에서 ㉠저항 막 방식과 ㉡정전 용량 방식이 가장 널리 이용되고 있다.

저항 막 방식은 액정 위에 여러 겹의 막이 쌓여 있는 형태로, 가장 바깥쪽에는 부드러우면서 흠집에 강한 재질의 막이 있고, 다음에는 충격을 완화시켜 주는 막, 그리고 다음은 전기가 통하는 얇고 투명한 기판으로 입력을 감지하는 투명 전도 막 2장이 겹쳐 있다. 사용자가 화면을 누르면, 투명 전도 막 2장이 서로 맞닿으면서 전기적 접촉으로 인해 발생한 전류와 저항의 변화를 감지해 입력을 판별한다. 따라서 손가락은 물론, 터치펜 등으로 화면을 터치할 수 있다. 이 방식은 주로 초기 휴대 전화에서 많이 활용되었는데, 원리가 간단한 만큼 제조 비용이 많이 들지 않는다는 장점이 있다. 하지만 투과율이 낮고 내구성이 떨어지는 단점이 있다.

정전 용량 방식은 우리 몸에 있는 정전기를 이용하는 방식이다. 즉 액정 유리에 전기가 통하는 화합물을 코팅해서 전류가 계속 흐르도록 만들고, 화면에 손가락이 닿으면 액정 위를 흐르던 전자가 접촉 지점으로 끌려오게 된다. 그러면 터치스크린 모퉁이의 센서가 이를 감지해서 입력을 판별한다. 따라서 화면을 살짝 스치듯 만져도 터치 입력이 가능하며, 멀티 터치를 지원한다. 요즘 출시되는 대부분의 스마트폰, 태블릿 PC, 그리고 공공장소에 놓인 키오스크 등에서 사용되고 있다. 이 방식은 저항 막 방식에 비해 내구성이 뛰어나고 코팅된 액정 유리를 바깥쪽에 사용했기 때문에 화질이 우수한 편이다. 하지만 손가락처럼 전자를 유도하는 물질이 아닌 경우 터치 입력이 불가능하고, 작은 손상에도 오작동할 가능성이 높다. 또한 비용 역시 상대적으로 비싼 편이다.

앞으로도 터치스크린은 우리 일상 주변에 널리 사용될 전망이다. 기술적으로 해결해야 할 과제들이 남아 있지만, 기술의 발전에 따라 보완될 가능성이 크고 구부러지거나 접히는 형태의 터치스크린 기술도 개발이 되고 있기 때문이다. 이러한 활용 가능성은 터치스크린이 현재보다 미래에 더욱 주목받는 기술이라는 사실을 보여 준다고 할 수 있다.

• 정답과 해설 • 4쪽

문제 유형 3-전개 방식 파악하기

01 윗글의 전개 방식으로 가장 적절한 것은?

① 대상을 구분하고 이에 따라 그 원리와 특성을 제시하였다.

② 대상의 장단점을 설명하고 이에 대한 해결 방안을 제시하였다.

③ 대상과 관련한 현황을 소개하고 이에 대한 한계를 제시하였다.

④ 대상을 일정한 기준으로 나누고 이에 따른 문제점을 제시하였다.

⑤ 대상이 발달해 온 과정을 설명하고 이에 대한 전망을 제시하였다.

문제 유형 1-핵심 정보, 세부 내용 이해하기

02 ㉠과 ㉡에 대한 설명으로 적절하지 않은 것은?

① ㉠은 ㉡과 달리, 터치펜 등을 통한 입력이 가능하다.

② ㉠은 ㉡과 달리, 여러 겹의 막으로 쌓여 있는 형태이다.

③ ㉡은 ㉠에 비해, 화질은 우수하지만 내구성이 떨어진다.

④ ㉠과 ㉡은 모두, 누구나 쉽게 이용할 수 있는 방식이다.

⑤ ㉠과 ㉡은 모두, 별도의 입력 장치를 필요로 하지 않는다.

문제 유형 3-전개 방식 파악하기

● 유형 이해하기

지문에서 내용을 효과적으로 드러내기 위해 어떤 방법과 전략을 사용했는지를 묻는 문항이다. 일반적으로 한 편의 글에는 중심 생각을 효과적으로 드러내기 위한 여러 가지 전략, 즉 다양한 진술 방식이나 논지 전개 방식이 사용된다. 따라서 하나의 생각이나 주제에 대해 어떤 방식으로 생각을 조직하고 구성했는가, 그 연결이 어떻게 이루어지는가, 그러한 조직이나 구성이 주제 전달에 어떤 식으로 기여하는가를 잘 파악해야 한다. 이러한 유형은 수능에서 빈번하게 출제되고 있으며, 과학·기술 지문의 경우는 글에서 제시된 과학적·기술적 원리나 탐구 과정을 잘 드러내기 위해 사용되는 논지 전개 방식을 묻는 유형이 지속적으로 출제되고 있다.

● 대처 방법 익히기

가. 선지를 확인하여 지문에서 살펴보기

이 유형에 대처하기 위해서는 선지를 먼저 읽고 전개 방식과 관련하여 선지에 제시된 내용을 확인하는 것이 중요하다. 이를 통해 선지에서 확인한 전개 방식과 관련한 핵심어가 글의 어느 부분에 나타나 있는지를 확인하면서 해당되지 않는 선지를 지우는 방식을 사용하면 쉽게 답을 찾을 수 있다.

나. 자주 사용되는 전개 방식 파악하기

자주 출제되는 전개 방식을 파악해 둔다면 해당 전개 방식에 따라 쓰인 지문을 접했을 때 좀 더 수월하게 문제를 해결할 수 있다. 다음은 과학·기술 지문에서 전개 방식과 관련하여 자주 등장하는 선지들을 정리한 것이다.

• ○○의 제작 과정을 순차적으로 제시하고 있다.

• ○○의 작동 원리를 다른 대상과 비교하고 있다.

• 특정 이론의 역사적 변천 과정을 소개하고 있다.

• 기존의 이론으로부터 새로운 이론을 도출하고 있다.

• 특정 현상을 바라보는 상반된 관점을 절충하고 있다.

• 구조와 원리를 제시하고, 발전 과정을 설명하고 있다.

• 가설을 세운 후 구체적인 사례를 들어 논증하고 있다.

• 개념의 변화 과정을 제시하고 그 이유를 서술하고 있다.

• 대상과 관련한 가설에 대해 실험을 통해 검증하고 있다.

• 가설을 설정하고 사례를 통해 가설의 타당성을 검증하고 있다.

• 정답과 해설 • 5쪽

[03-04] 다음 글을 읽고 물음에 답하시오.

태양 전지는 태양 광선의 빛에너지를 전기 에너지로 바꾸는 장치를 의미한다. 현재 상용화된 상업용 태양 전지의 약 80% 이상은 폴리실리콘을 재료로 사용하는 결정질 실리콘 기반의 1세대 태양 전지이다. 이러한 태양 전지는 고순도의 규소를 원료로 해서 만들어지는 폴리실리콘을 가지고 잉곳(ingot), 웨이퍼, 태양 전지 셀, 모듈 및 시스템의 순서로 제작된다. 이때 태양 전지의 최소 단위인 '셀'의 제작에 필요한 웨이퍼를 생산하는 과정은 다결정질과 단결정질 실리콘으로 구분된다.

다결정질 실리콘의 제작 공정은 파쇄되어 있는 실리콘을 사각형의 용기에 넣고 용융시킨 후에 이를 냉각시키면 사각형의 잉곳이 만들어지는 가장 간단한 방법이다. 잉곳을 웨이퍼 단면 크기로 여러 조각으로 절단하고, 다시 절단된 실리콘 사각형 기둥 형태를 웨이퍼 두께 정도로 와이어 커터(wire cutter)를 사용하여 절단하면 다결정질 웨이퍼가 제작된다. 다결정질 실리콘은 여러 개의 결정이 잉곳을 형성하고 있기 때문에 절단하면 절단면에 결정의 경계면이 나타난다. 결정의 내부는 실리콘 원자가 서로 이웃한 4개의 원자와 전자를 하나씩 공유하면서 잘 배열되었으나, 결정의 경계면에서는 이웃한 원자와의 결합 배열이 끊어져 있다. 다결정질 실리콘의 제작 과정은 간단하기 때문에 제작 원가가 낮고 빠른 생산이 가능하다는 장점이 있으나, 결정의 경계면 때문에 전력 전환 효율 감소와 제품의 불량이 발생하는 경우가 많다.

단결정질 실리콘을 만들 때에는 먼저 *노에서 실리콘을 용융시킨 후에 단결정 실리콘 조각(seed)을 용융된 실리콘에 담근다. 그리고 실리콘 결정이 형성되기 시작하면 이를 천천히 위로 끌어 올리면서 냉각시키면 결정이 성장하여 원뿔이 달린 형태의 실리콘 원기둥이 만들어진다. 이 제작 방법을 초크랄스키(Czochralski) 방법이라고 한다. 냉각시킨 후에 다시 이 원기둥의 옆면을 절단하고, 다시 웨이퍼 두께로 다결정과 같이 와이어 커터로 절단하면 된다. 단결정질 실리콘은 단면이 하나의 결정으로 되어 있어서 단면에 결정의 경계면이 나타나지 않는다. 따라서 경계면에서 발생하는 불연속성이 없기 때문에 전자의 흐름이 뛰어나 전력 전환 효율이 좋은 양질의 전기적 특성을 얻을 수 있다. 이로 인해 단결정질 실리콘으로 제작된 태양 전지는 다결정질 실리콘으로 제작된 태양 전지보다 아침저녁이나 흐린 날에도 비교적 발전이 양호하다. 그러나 제작 공정이 다결정보다 복잡하기 때문에 제작 비용이 비싸고 생산 속도가 상대적으로 느리며 열에너지 소비가 많다는 단점이 있다.

• **노**: 가공할 원료를 넣고 열을 가하여 녹이거나 굽거하 하는 시설. 용광로, 원자로 등이 있다.

03 윗글의 내용과 일치하는 것은?

① 웨이퍼는 실리콘을 녹여서 주형에 넣어 굳혀 만든 것이다.
② 단결정질 실리콘의 제작 공정에서는 단결정 실리콘 조각이 불필요하다.
③ 현재 쓰이는 상업용 태양 전지는 대부분 결정질 실리콘을 기반으로 제작된다.
④ 다결정질 실리콘 태양 전지는 날씨에 크게 구애받지 않고, 전력 전환이 가능하다.
⑤ 단결정질 실리콘을 형성하는 결정들의 내부는 단면의 원자 배열이 끊어져 있는 특성을 지닌다.

04 윗글을 참고할 때, 〈보기〉에 대해 이해한 내용으로 적절하지 않은 것은?

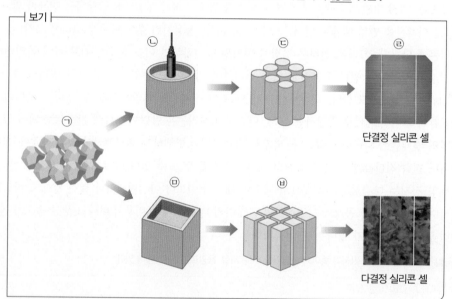

① ㉠은 태양 전지의 재료로 순도가 높은 규소로 만들어진다.
② ㉡과 ㉢은 초크랄스키 방법을 이용한 제작 공정을 나타내고 있다.
③ ㉣을 만드는 데 이용되는 웨이퍼는 단면이 하나의 결정으로 되어있다.
④ ㉤은 사각형의 용기에 실리콘을 넣고 녹여서 섞은 후 냉각시키는 과정이다.
⑤ ㉥을 절단한 결정의 경계면을 보면 이웃한 원자와 결합 배열이 연속되어 있다.

문제 유형 4-외적 준거 활용하기

● 유형 이해하기

　지문에 제시된 개념이나 원리를 다른 상황에 적용할 수 있는지를 묻는 문항이다. 보통 〈보기〉의 글, 표, 그림, 그래프 등을 통해 지문의 전반적인 내용의 이해 여부를 평가하는데, 최근에는 내용 요소들의 완전한 이해를 통해 논리적인 인과 관계까지 파악해야만 적절히 대처할 수 있는 문항이 출제되고 있다. 지문에 제시된 관점과는 다른 방향의 글을 〈보기〉를 통해 제시한다든지, 그래프를 통해 적절한 내용 요소를 확인해 가는 형태로 제시되는데, 과학·기술 지문의 경우는 글에서 제시된 이론이나 현상 등이 생소하고 난해한 경우가 많기 때문에 해당 문항에 대한 접근이 결코 쉽지 않다.

● 대처 방법 익히기

가. 〈보기〉의 내용 파악하기

　이 유형에 대처하기 위해서는 〈보기〉의 내용이나 표, 그림, 그래프 등에 대한 이해가 우선시되어야 한다. 〈보기〉의 내용이 글로 제시된다면 지문과의 유사점을 바탕으로 차이점까지 정리해 가며 읽어야 하고, 표, 그림, 그래프를 통해 제시가 된다면 지문의 전반적인 이해를 바탕으로 시각 자료에서 유의미한 지점에 초점을 맞추어 접근해야 한다. 과학·기술 지문의 경우는 지문의 내용 요소가 결코 쉽지 않기 때문에 〈보기〉의 내용까지 이해해야만 하는 이 유형은 학생들에게 가장 어려운 문항으로 느껴지는 게 현실이다.

　대체적으로 답이 되는 근거는 〈보기〉가 아닌 지문의 내용 요소를 중심으로 판명될 수밖에 없기 때문에, 지문에 전반적인 내용에 대한 이해가 당연히 우선시되어야 한다. 그리고 〈보기〉에 제시된 외적 준거에 대한 이해도 완전히 이루어져야만 한다. 왜냐하면 이 유형은 단순하게 지문과 〈보기〉의 내용 요소들 간의 내용 일치를 확인하는 것이 아니라, 지문과 〈보기〉 간의 유사점과 차이점을 빠르게 파악할 수 있는 능력이 문제를 해결하는 관건이기 때문이다.

나. 주로 나타나는 발문 살펴보기

　〈보기〉의 내용을 파악한 다음 사례의 핵심 내용이 지문의 어떤 정보와 연관되는지 확인해야 한다. 긴 지문인 경우에는 해당 부분을 찾아 정보를 확인해야 하며, 지문 내용의 이해도가 낮다고 판단될 경우에는 핵심어를 중심으로 해당 부분을 다시 읽는 과정이 필요할 수도 있다.

- 윗글을 바탕으로 〈보기〉를 이해한 내용으로 적절하지 <u>않은</u> 것은?
- 윗글과 〈보기〉를 참고할 때, ○○○을 하기 위한 방법으로 적절한 것은?
- 윗글의 '○○'과 〈보기〉의 '○○'에 대한 이해로 적절하지 <u>않은</u> 것은?
- ⓐ에 따라 〈보기〉의 정보를 활용한 ○○○을 하기 위한 방안으로 적절하지 <u>않은</u> 것은?

공부한 날짜 _____월 _____일

[01-02] 다음 글을 읽고 물음에 답하시오.

원소 기호를 사용하여 화합물을 나타내는 식을 화학식이라고 하며, 그 종류에는 실험식, 분자식, 시성식, 구조식 등이 있다. 먼저 실험식은 화합물의 조성을 원소 기호와 아래 첨자의 수로 가장 간단하게 표시한 화학식이다. 실험식은 단지 화합물을 구성하는 각 원소의 상대적 원자 수만을 나타내기 때문에, 실험식만으로 화합물의 실제 원자 수를 알 수 없다. 반면에 분자식은 분자 하나에 들어 있는 각 원소의 종류와 원자의 개수를 모두 나타내는 화학식으로, 실험식과 달리 분자를 구성하는 실제 원자 수를 알 수 있다. 예를 들어, 당인 글루코오스는 6개의 탄소(C)와 12개의 수소(H)와 6개의 산소(O)를 가지므로 분자식으로는 $C_6H_{12}O_6$으로 표기하는데, 실험식으로는 상대적인 원자 수만 고려하여 CH_2O로 표기한다.

다음으로 시성식은 분자가 가지는 특성을 알 수 있도록 *작용기를 써서 나타낸 화학식을 말한다. 예를 들어 에탄올은 그 성질이 −OH라는 작용기에 의해 결정되기 때문에, C_2H_6O라는 분자식 대신 작용기를 살려서 C_2H_5OH라는 시성식을 쓴다. 이처럼 어떤 물질의 특성을 결정하는 작용기를 가진 물질은 이를 뚜렷이 드러내는 화학식을 사용하는 것이 편리하다. 하지만 시성식은 분자의 성질은 어느 정도 알려 주지만 분자의 구조를 나타내지는 못한다. 이에 반해 구조식은 분자를 구성하는 원자와 원자 사이의 결합 모양이나 배열 상태를 결합선을 사용하여 나타낸다. 예를 들어, H_2O를 구조식으로 나타내면 'H−O−H'와 같다.

[A] 이처럼 다양한 원소 기호로 화합물을 만들다 보면, 화합물의 종류만큼 많은 이름도 필요하다. 따라서 화학자들은 화합물에 이름을 붙이기 위해 몇 가지 규칙을 정하게 되었다. 그 규칙은 체계적이며 복잡하지만, 몇 개의 규칙만 기억해도 쉽게 화합물의 이름을 붙일 수 있다. 먼저, 주기율표에서 왼쪽으로 더 멀리 있는 원소의 이름은 오른쪽으로 더 멀리 있는 원소의 이름 뒤에 온다. 이때 앞에 오는 원소 이름 끝에 '화'를 붙이며, 산소나 염소처럼 끝이 '소'로 끝나는 경우는 '소'를 생략한다. 예를 들어, HCl를 '염화수소'라고 부르는 것이 이에 해당한다. 다음으로, 같은 원소의 화합물들이 원소의 수를 달리하여 두 개 이상의 화합물을 가질 때에는 그 모호함을 없애기 위해 숫자를 이름에 덧붙인다. 예를 들어, CO는 '일산화탄소'라고 부르고, CO_2는 이산화탄소라고 부르는 것이 이에 해당한다. 끝으로, 오랫동안 관용적으로 사용되어 온 이름은 그대로 사용한다. 예를 들어, H_2O를 '물'이라고 부르고, NH_3를 '암모니아'로 부르는 것이 이에 해당한다.

● 작용기: 같은 화학적 특성을 지니는 한 무리의 유기 화합물에서, 그 특성의 원인이 되는 공통된 원자단.

문제 유형 5-정보 추론하기

01 [A]를 참조하여 'N_2O_4'을 명명한 것으로 적절한 것은?

① 산화질소   ② 사산화이질소   ③ 이질화사산소

④ 사산소화이질소   ⑤ 이질소화사산소

• 정답과 해설 • 6쪽

문제 유형 2-구체적 사례에 적용하기

02 윗글과 〈보기〉를 참고하여 아세트산의 화학식을 비교한 것으로 적절한 것은?

┤ 보기 ├

아세트산은 분자 속에 이온화하기 쉽고 산성을 나타내는 작용기인 '카복실기(−COOH)'를 가지는 유기 화합물로, 아세트산 한 분자는 탄소 2개, 산소 2개, 수소 4개로 구성되어 있다.

	분자식	실험식	시성식
①	CH_2O	CH_2O	$CHCOOH$
②	CH_2O	$C_2H_4O_2$	CH_3COOH
③	$C_2H_4O_2$	$C_2H_4O_2$	CH_3COOH
④	$C_2H_4O_2$	CH_2O	$CHCOOH$
⑤	$C_2H_4O_2$	CH_2O	CH_3COOH

문제 유형 5-정보 추론하기

● 유형 이해하기

지문에 제시된 정보를 바탕으로 새로운 정보를 추리할 것을 요구하는 문항이다. 그런데 추론하기는 지문으로부터 완전히 새로운 정보를 이끌어 내는 것이 아니라 지문의 정보를 바탕으로 다른 정보를 이끌어 내는 것이기 때문에, 먼저 지문에 제시된 사실적 정보를 정확하게 파악하는 것이 무엇보다 중요하다. 지문의 정보와 상관없이 자신의 배경지식만으로 문제에 접근하면 오답할 확률이 높아지므로 반드시 지문에서 근거를 찾는 연습을 해야 한다.

● 대처 방법 익히기

가. 사실적 정보 파악하기

이 유형에 대처하기 위해서는 일단 추론해야 하는 내용과 관련된 부분을 지문에서 찾아야 한다. 즉 추론하기를 시작하기 전에 지문에 제시된 사실적 정보를 정확하게 파악하는 것이 우선되어야 한다.

나. 다른 맥락이나 상황과 비교하기

지문의 사실적 정보를 다른 맥락이나 상황 등으로 바꾸어 생각해 본다. 이때도 사실적 정보를 근거로 추론해야 한다는 사실을 잊어서는 안 되며, 담화 표지나 문맥 등의 단서를 활용하여 추론해야 하는 내용을 파악할 수도 있다.

[03-04] 다음 글을 읽고 물음에 답하시오.

생물체를 구성하는 고분자 물질로는 탄수화물, 단백질, 지질 등이 있다. 탄수화물 또는 당은 생물체의 일상 활동에 필요한 주 에너지원을 제공한다. 가장 단순한 형태의 탄수화물은 탄소(C), 수소(H), 산소(O)로 구성되며, 이들은 CH_2O와 같이 각각 1:2:1의 비율로 이루어진다. 탄수화물은 다시 포도당과 같은 단당류, 설탕과 같은 이당류, 셀룰로오스와 같은 다당류로 구분된다. 단당류는 개별 당 분자인데 비해, 이당류는 2개의 단당류가 서로 연결된 것이며, 다당류는 여러 개의 당들이 서로 연결된 긴 사슬 구조의 성질을 ㉠띠고 있는 것을 말한다. 이때 포도당과 설탕은 에너지원으로 사용되는 반면, 셀룰로오스는 주로 식물 세포벽에서 구조적 역할을 담당한다.

한편 단백질은 아미노산이라는 *단량체 소단위들로 구성된 고분자로, 탄수화물과 마찬가지로 기본적으로 탄소, 수소, 산소로 구성되며, 여기에 추가적으로 질소를 포함한다. 단백질은 세포의 주요 구성 요소로 쓰이는데, 특히 효소와 같은 단백질은 세포 내 분자들을 합성하거나 분해하는 모든 화학 반응을 촉진한다. 또한 단백질은 *기질이 세포 내로 들어가는 통로 역할을 하거나, 생물체의 온몸으로 화학적 신호를 보내는 호르몬의 기능을 하기도 한다.

주로 탄화수소로 만들어지는 지질은 지방, 스테로이드 및 인지질로 나뉜다. 지방은 3개의 지방산과 1개의 글리세롤로 구성되며, 지방을 섭취할 경우, 체내로 직접 흡수되거나 소화 효소에 의해서 구성 성분으로 분해된 후 흡수된다. 흡수된 지방은 일단 간이나 피하의 결합 조직, 근육 사이 등에 축적되고, 그 후 필요에 따라 분해 과정을 거쳐 에너지원이 된다. 지방 중 하나인 콜레스테롤은 식물 세포가 아닌 동물 세포에서만 발견되며, 주로 세포막의 유동성을 유지하는 기능을 한다.

한편, 인지질의 경우 세포막의 중요한 구성 성분으로 사용된다. 인지질의 구조는 지방과는 다르게 2개의 지방산과 하나의 인산기로 이루어져 있다. 이때 인지질의 머리 부분은 물과 닿아 있는 것을 선호하고, 인지질의 꼬리 부분은 물로부터 떨어져 있는 것을 선호한다. 이에 인지질의 머리 부분에는 인산기가, 꼬리 부분에는 지방산이 자리한다. 인지질은 세포를 감싸고 있으며, 세포 내에서 구획을 가능하게 하는 막의 중요한 구성 요소로 쓰인다.

- **단량체**: 고분자 화합물을 구성하는 단위가 되는 분자량이 작은 물질.
- **기질**: 효소와 작용하여 화학 반응을 일으키는 물질.

문제 유형 1-핵심 정보, 세부 내용 이해하기

03 윗글에 대한 이해로 적절하지 <u>않은</u> 것은?

① 포도당과 설탕은 모두 생물체의 일상 활동에 필요한 에너지원을 제공한다.
② 콜레스테롤은 주로 식물 세포에서 막의 유동성을 유지하는 기능을 담당한다.
③ 효소는 단백질의 일종으로서 세포 내 분자들의 합성과 분해 과정을 촉진한다.
④ 셀룰로오스는 설탕과 달리 식물 세포벽의 구조적 역할을 담당하는 데 쓰인다.
⑤ 인지질을 구성하는 지방산은 물로부터 떨어져 있는 것을 선호하는 꼬리 부분에 자리한다.

• 정답과 해설 • 7쪽

문제 유형 6 - 어휘의 의미 파악하기

04 ⊙과 문맥적 의미가 가장 유사한 것은?

① 그는 특수한 임무를 띠고 여기에 왔다.
② 그녀는 얼굴에 홍조를 띠면서 역설했다.
③ 바지가 흘러내리지 않게 허리에 띠를 띠다.
④ 할아버지는 노기를 띤 얼굴을 한 채 말을 이어 나갔다.
⑤ 보수적 성격을 띠고 새로운 일을 도모하는 것은 어려울 것이다.

문제 유형 6 - 어휘의 의미 파악하기

● 유형 이해하기

특정 단어의 문맥적 의미와 구체적 쓰임을 제대로 이해하고 있는지 묻는 유형으로, 해당 단어의 기본적 의미와 주변 단어와의 쓰임을 종합적으로 고려하여 어휘의 문맥적 의미를 파악해야 한다. 평소 국어사전에서 수능에 자주 등장하는 단어들의 의미를 찾아보는 습관을 기르는 방법 등으로 어휘력을 꾸준히 쌓아 나가야 이 유형에 근본적으로 대비할 수 있다.

● 대처 방법 익히기

가. 단어의 기본적 의미 살피기

단어가 지니고 있는 사전적 정의를 정확하게 떠올린다. 잘 모르는 단어가 한자어인 경우 그와 관련한 배경지식을 최대한 활용하여 단어의 뜻을 추론해 보는 것이 좋다.

나. 주변 단어와의 개념적 어울림 살피기

해당 단어가 주변의 앞뒤 단어와 어떠한 개념적 관계를 형성하며 문맥을 형성하고 있는지 살펴보는 것이 중요하다. 특히 해당 단어가 서술어일 경우 그와 관련을 맺고 있는 목적어의 성격을 살피는 것이 도움이 된다. 지문에서 판단한 문맥적 의미를 선택지의 용법과 비교하면 문제를 쉽고 정확하게 해결할 수 있다.

PART 2

과학·기술 파헤치기

[01-04] 다음 글을 읽고 물음에 답하시오.

19세기 물리학의 주제는 열의 운동에 관한 연구, 즉 열역학이었다. 산업 혁명으로 증기 기관이 널리 보급되자 물리학자들은 증기 기관과 같은 기계 속에서 무슨 일이 일어나는지 알고 싶어 하였다. 1820년대 중반부터 열역학은 점차 과학의 한 분야로 인정받기 시작했으며, 1860년대 중반에 이르러 기본적인 법칙과 원리들이 세워졌다. 여러 연구의 결과 열도 하나의 에너지라는 것이 밝혀졌고, 이러한 일과 열에 대한 연구들을 법칙으로 정립한 것이 열역학 제1 법칙과 열역학 제2 법칙이다. '엔트로피'라는 개념이 정립된 것도 이 시기이다.

㉠열역학 제1 법칙은 에너지 보존 법칙을 달리 서술한, 즉 일반화한 표현이다. 물이 담긴 단열 용기 안에 프로펠러가 장착되어 있다고 하자. 프로펠러의 회전축은 단열 용기 바깥에서 위아래로 움직일 수 있는 추와 연결되어 추가 움직이면 프로펠러도 회전을 하게 된다. 이 실험 장치에서 추가 움직이는 '일'을 하면 프로펠러가 움직이면서 물의 온도가 상승한다. 이는 추의 일이 열에너지로 바뀐 것이다. 물과 단열 용기, 추 모두를 하나의 '계(system)'라고 본다면 운동 에너지가 열에너지로 에너지의 형태만 바뀌었을 뿐 에너지의 총합은 변화하지 않았다고 할 수 있다. 이와 같이 '어떤 고립된 계 안에서 서로 다른 형태의 에너지 간에는 교환이 가능하며 에너지의 총합은 변하지 않는다.'는 법칙이 열역학 제1 법칙이다.

그러나 이 법칙으로 설명할 수 없는 부분들이 있다. 열역학 제1 법칙대로라면 앞의 실험 장치에서 물의 온도를 내려 방출되는 열을 이용하면 바닥으로 내려간 추를 다시 들어 올릴 수 있어야 한다. 그러나 추가 한 일은 모두 열이 되지만, 열은 100% 일로 전환되지 못한다. 열은 고온에서 저온으로 움직이므로 열에너지를 이용하여 일을 할 때는 손실이 생기기 때문이다. 실제로 열에너지로 일을 할 수 있는 장치인 열기관도 열이 높은 온도의 물체에서 낮은 온도의 물체로 저절로 흘러가 버리기 때문에 공급한 열에너지를 100% 일로 바꾸지는 못한다. 이런 부분을 설명하기 위해 정립한 새로운 물리 법칙이 열역학 제2 법칙이다. 에너지가 흐르는 방향을 설명하는 법칙인 열역학 제2 법칙은, '열은 고온에서 저온으로 이동하며 그 역의 과정은 일어나지 않는다.'로 정의된다.

열역학 제2 법칙을 정립한 클라우지우스는 물체의 열적 상태를 나타내는 물리량을 설정하면서 '엔트로피'라는 이름을 붙였다. 이는 그리스어에서 따온 말로, 변화를 뜻한다. 그는 엔트로피를 무질서함의 정도라고 정의한다. 열이 고온에서 저온으로 이동하고 물이 높은 곳에서 낮은 곳으로 떨어질 뿐 그 역은 나타나지 않는 것처럼 자연계에서 일어나는 대부분의 현상들은 일정한 방향으로만 진행하는 •비가역 현상이며, 이러한 자연계에서는 엔트로피가 증가한다.

고온의 물체에서 저온의 물체로 열이 이동하는 현상은 분자 운동이 질서 있는 상태에서 무질서의 상태로 이동해 가는 과정이다. 이와 같이 엔트로피의 증가는 질서 있는 상태로부터 무질서한 상태로 이동해 가는 자연 현상이다. 이것은 더 활발하고 자유롭게 움직일 수 있는 상태로의 변화이기도 하다. 자연계 안의 자연 현상에 있어서는 어떤 경우에도 엔트로피가 증가하지만, 무질서에서 질서로 진행하는 엔트로피의 감소 과정은 결코 자발적으로 일어나지 않는다.

또한 엔트로피는 에너지의 분산을 뜻하며, 자연적으로 일어나는 과정에서 에너지는 늘 분산되려고 할 뿐 집중되지 않는다. 그릇에 뜨거운 물을 놓아두면 열이라는 형태의 에너지가 그릇과 공기 중으로 분산되며, 그에 따라 물의 온도는 낮아진다. 물의 온도를 다시 높이려면 물보다 뜨거운 불로 데워야 한다. 그러나 이때 물은 물론 그릇의 온도도 불꽃보다 높이 올라갈 수는 없다. 불의 열은 물로, 물의 열은 그릇과 공기 중으로 자연스럽게 퍼지기 때문이다. 이처럼 '에너지는 언제나 흩어지려고 하며 한번 흩어진 에너지는 다시 모이지 않는다.'는 것이 엔트로피 증가 법칙이다.

• **비가역**: 변화를 일으킨 물질이 본디의 상태로 돌아갈 수 없는 일.

01 윗글의 전개 방식에 대한 설명으로 가장 적절한 것은?

① 과학 법칙이 정립되는 과정을 단계별로 소개한 후, 그 과정이 지닌 역사적 의의를 제시하고 있다.

② 과학 법칙이 만들어진 사회적 배경을 언급하고, 그 결과가 실생활에 미친 긍정적인 영향을 사례를 들어 설명하고 있다.

③ 특정 과학 용어의 의미를 규정하고 있는 과학 법칙 두 가지를 제시한 후, 그중 한 가지를 중심으로 다른 하나를 재해석하고 있다.

④ 특정 과학 법칙을 다른 과학 법칙과의 비교를 통해 설명하고, 그것이 지닌 한계점을 보완할 수 있는 다양한 방안을 거론하고 있다.

⑤ 하나의 과학 법칙이 이전의 과학 법칙과 연관되어 정립되는 과정을 소개하고, 관련되는 과학 용어의 개념과 특성을 살피고 있다.

02 윗글의 내용과 일치하지 <u>않는</u> 것은?

① 산업 혁명 시기에 보급된 증기 기관은 열역학에 관한 학자들의 연구를 촉진하였다.

② 에너지는 언제나 분산되려고 하며 흩어진 후에는 다시 모이려는 성질을 갖고 있다.

③ 자연계 안의 자연 현상에서는 무질서에서 질서로 진행하는 과정이 자발적으로 나타날 수 없다.

④ 엔트로피는 변화를 뜻하는 그리스어에서 따온 말로, 물체의 열적 상태를 나타내는 물리량과 관련된다.

⑤ 열역학 제1 법칙은 에너지 보존에 관한, 열역학 제2 법칙은 에너지가 흐르는 방향에 관한 설명을 담고 있다.

03 ㉠과 관련된 사례로 적절하지 <u>않은</u> 것은?

① 수력 발전소에서는 물의 위치 에너지가 터빈의 운동 에너지로 전환되고, 그 운동 에너지는 다시 발전기를 거쳐 전기 에너지로 전환된다.

② 벼가 광합성을 통해 얻은 태양의 에너지를 사람이 쌀을 통해 섭취하고 소화하여 화학 에너지로 만들면 신체 활동에 필요한 에너지로 쓸 수 있게 된다.

③ 주전자에 담긴 물을 끓일 때 투입된 열에너지의 양은, 물과 주변 공기를 데우는 데 소모된 열에너지의 양과 수증기가 뚜껑을 들썩이면서 한 일의 합과 같다.

④ 냉장고는 전기 에너지를 사용하여 내부의 열에너지를 빼앗아 외부로 배출함으로써 물을 얼음으로 바꾸고, 이 과정에서 물 분자의 움직임이 둔화된다.

⑤ 롤러코스터는 높은 곳으로 올라간 다음 본격적인 운행을 시작하는데, 이때 최고점에서 최고치가 된 위치 에너지가 내려오면서 운동 에너지로 바뀌도록 가만히 놓아주는 원리가 이용된다.

물먹는 문제

04 윗글을 바탕으로 〈보기〉를 이해한 내용으로 가장 적절한 것은?

┤ 보기 ├

　병 속에 든 물에 잉크를 떨어뜨리면 잉크는 시간의 흐름에 따라 물 전체에 골고루 퍼져 나간다. 이때 잉크와 물이 들어 있는 병을 하나의 우주라고 가정하면 이 우주에서의 시간은 물에 잉크가 번지는 사건에 의해 그 흐름을 판단할 수 있다. 잉크가 물에 퍼져 나가는 방향으로의 진행을 시간이 흐르는 방향이라고 할 때, 흩어졌던 잉크가 다시 한 점으로 모이는 것이 가능하다면 이 우주에서 시간이 거꾸로 흐르는 것도 가능하여 과거로의 시간 여행이 가능하지 않을까 하는 의문을 가질 수 있다. 그러나 엔트로피 이론을 바탕으로 이 의문에 답을 찾아 가면 답변은 '그렇지 않다'로 도출된다.

① 과거로의 시간 여행이 불가능하다는 것은 열역학 제1 법칙으로도 증명할 수 있다.

② 시간이 거꾸로 흐르는 것이 가능하다는 견해는 열역학 제2 법칙에 부합하는 주장이다.

③ 잉크가 물 전체에 골고루 퍼져 나가는 것은 그것이 포함된 계가 불안정에서 안정 상태로 가고 있다는 것을 의미한다.

④ 물에 흩어졌던 잉크가 다시 한 점으로 모이는 것은 무질서도가 감소하는 것을 의미하므로 이는 엔트로피 증가 법칙에 위배된다.

⑤ 물에 흩어졌던 잉크가 다시 한 점으로 모이는 것과 우주에서 시간이 거꾸로 흐르는 것의 공통점은 비가역 현상에 해당한다는 것이다.

스피드 지문 복습

주제

열역학 제1 법칙과 제2 법칙의 성립과 엔트로피의 특성

문단별 중심 내용

1문단 19세기 물리학의 중심 주제인 □□□

2문단 에너지 보존 법칙인 열역학 □□□□

3문단 열역학 제1 법칙을 보완한 열역학 □□□□

4문단 □□□□□의 개념과 특성

5문단 자연 현상과 엔트로피의 □□

6문단 에너지의 □□과 엔트로피 증가 법칙

[01-05] 다음 글을 읽고 물음에 답하시오.

어휘 수준 ★★★☆☆

권장 시간 7분 20초

나의 시간 --------------------

지문 키워드

#중력 #양력 #추력 #항력

날아가는 비행기에는 여러 가지 힘이 작용한다. 비행기가 일정한 속도, 일정한 높이, 일정한 방향으로 나는 것을 '등속 수평 비행'이라고 하는데, 이때 비행기에는 '중력'과 '양력', '추력'과 '항력'이 같은 크기로, 반대 방향으로 평형을 이루면서 작용한다.

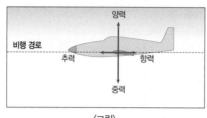
〈그림〉

〈그림〉에서 보는 것처럼 비행기의 위아래를 지나는 축과 평행한 힘에는 중력과 양력이 있는데, 중력은 지구의 중심 방향을 향하고, 양력은 그 반대 방향을 향한다. 중력의 크기를 무게 또는 중량이라고 한다. 비행기의 무게는 비행기 자체의 무게를 기본으로 하여 거기 추가되는 연료, 사람, 짐, 장비 등에 따라 달라진다. 비행기는 가볍고 튼튼한 재료를 사용하여 무게를 줄이려고 한다.

양력은 날개가 공기 속을 지나갈 때 날개의 윗면과 아랫면에 발생하는 공기의 압력 차에 의해 생긴다. 비행기가 앞으로 나아갈 때 날개의 윗면과 아랫면을 지나는 공기는 속력과 방향의 변화를 겪는다. 비행기 날개의 윗면은 아랫면보다 볼록한 형태를 하고 있고, 날개의 앞쪽이 뒤쪽보다 약간 높다. 날개를 만나 위와 아래로 갈라진 공기는 날개 뒤에 동시에 도착해야 하므로 날개 윗면을 지나는 공기는 아랫면을 지나는 공기보다 속도를 높여 빨리 흐른다. 속도가 빨라지면 압력은 낮아지게 된다. 윗면의 압력이 낮아지므로 아랫면의 압력은 상대적으로 커지게 된다. 압력은 항상 고기압에서 저기압으로 움직이려고 하기 때문에 날개의 아래에서 위로 이동하려 한다. 이러한 이유로 날개가 위로 힘을 받게 된다. 이렇게 발생하는 힘을 양력이라고 하는데, 중력보다 양력이 커야 비행기가 떠오를 수 있다.

양력은 공기의 밀도, 비행 속도, 날개 면적, 양력 계수의 영향을 받는다. 밀도란 단위 부피당 질량을 나타내는데, 온도와 고도에 따라 달라진다. ㉠온도가 높아지면 공기가 팽창되어 밀도가 낮아지므로 양력이 덜 발생한다. 고도가 높아지면 공기가 희박해져 밀도가 낮아지기 때문에 양력이 작아진다. 비행 속도와의 관계를 살펴보면, ㉡양력은 비행기 속력의 제곱에 비례한다. 또한 ㉢날개의 면적이 클수록 양력은 커진다. 날개가 커서 양력이 잘 발생한다면 느린 속도에서도 날 수가 있다. 날개가 양력을 얼마만큼 발생시키는지의 정도를 양력 계수로 표시한다. 양력 계수에 영향을 주는 것으로는 날개 단면 형상과 받음각이 있다. 양력이 작아지면 주행 중인 비행기는 고도가 낮아지게 되고, 부족한 양력은 추진력 등으로 보완해야 한다.

한편 비행기의 앞뒤를 지나는 축과 평행한 힘에는 추력과 항력이 있다. 추력은 비행기가 날아가는 쪽을 향하고, 항력은 그 반대쪽을 향한다. 추력은 비행기의 항력에 대항해 비행기를 전진하도록 하는 힘을 말한다. 비행기에서 추력을 발생시키는 동력은 엔진이다. 추력은 비행기가 날아갈 때 앞쪽의 공기를 뒤로 밀쳐 내면서 일어나는 반작용에 의해 생기는 힘이기 때문에 뒤로 밀리는 공기의 양이 많을수록, 공기의 속도 변화가 클수록 커진다.

항력은 비행기가 날아가는 것을 방해하므로 비행기는 기체에 작용하는 항력을 다양한 방법으로 줄이려 한다. 항력에는 여러 가지 종류가 있다. 비행기가 날아갈 때 날개의 윗면은 압력이 낮고 아랫면은 압력이 높은 상태인데, 날개 끝에서는 압력이 높은 아랫면의 공기가 압력이 낮은 윗면으로 돌아간다. 이러한 과정에서 생긴 소용돌이가 항력으로 작용하면 이를 유도 항력이라고 한다. 같은 면적을 가진 날개일지라도 가로세로비에 따라 발생하는 유도 항력은 달라진다. 가로세로비가 큰 경우, 즉 날개가 좁고 긴 경우에는 날개 끝의 시위가 작아져서 소용돌이가 생기는 부분이 작아진다. 그래서 ㉢가로세로비가 큰 날개는 유도 항력이 작다. 다음으로 형태 항력이 있다. 유선형의 물체는 주위를 흐르는 유체가 부드럽게 밀려 났다가 합쳐지기 때문에 큰 항력이 생기지 않는다. 물고기의 모습이 유선형인 것은 항력이 작아지도록 진화했기 때문인데, 비행기 역시 형태 항력을 줄이기 위해 몸체를 유선형으로 만든다. 그 다음으로 표면 마찰 항력이 있다. 일반적으로 표면이 매끈해야 표면 마찰 항력이 작아진다. 마지막으로 날개를 포함하여 비행기 동체에 부착된 물체, 날개와 몸체 사이의 연결에 의해 생기는 유해 항력이 있다. 여러 부착물이 가까이 위치할수록 그 주변을 흐르는 공기가 서로 충돌하여 유해 항력이 커진다. 따라서 ㉣비행기에는 되도록 부착물을 없애고 날개와 몸체의 연결을 매끄럽게 하는 것이 좋다.

각 항력은 비행기의 속력에 따라 그 값이 달라진다. 우선 유도 항력은 비행 속력의 제곱에 반비례한다. 그래서 속도가 증가할수록 유도 항력은 급격히 감소한다. 그러나 나머지 항력들은 비행 속력이 증가할수록 비행 속력의 제곱으로 증가한다. 그렇기 때문에 두 부류의 항력을 합친 전체 항력이 가장 작아지는 비행 속력이 있게 된다. 비행 속력을 이 값 근처에 맞추면 양항비(양력과 항력 사이의 비)가 커져서 필요한 추력이 최소가 되어 연료 소비가 가장 적어진다.

01 윗글에 대한 설명으로 가장 적절한 것은?

① 비행기가 나는 원리를 규명하고, 이러한 원리가 적용된 사례들을 분석하고 있다.
② 비행기의 각 부분의 기능을 설명한 후, 부분들이 작동하는 과정을 보여 주고 있다.
③ 비행기의 운행에 위협이 되는 요소들을 나열하고, 각각의 차이점을 부각하고 있다.
④ 날아가는 비행기에 작용하는 힘을 짝이 되는 것끼리 묶어서 분류하고, 각각이 지닌 특성을 제시하고 있다.
⑤ 비행기에 적용된 과학적 연구 성과를 통시적으로 살핀 다음, 비행 속도를 높이기 위한 여러 가지 비행 방식을 소개하고 있다.

02 윗글에 대한 이해로 적절하지 않은 것은?

① 비행기가 날 때 날개 끝에서는 공기의 흐름에 의한 소용돌이가 발생한다.

② 비행기의 날개와 몸체의 연결을 매끄럽게 하면 유해 항력을 줄일 수 있다.

③ 비행기는 엔진에서 공급된 힘을 통해 항력에 대항하여 전진할 수 있게 된다.

④ 양력이 중력보다 커야 비행이 가능하며, 양력의 감소는 비행기의 고도에 영향을 준다.

⑤ 비행기의 무게를 줄이려는 것은 비행기 앞뒤를 지나는 축과 평행한 힘의 조절과 관련된다.

03 ㉠~㉤과 관련된 사례로 적절하지 않은 것은?

① ㉠: 열대 지방의 공항에서는 비행기의 이륙을 위해 여느 때보다 더 빠른 속도로 달려야 한다.

② ㉡: 자세를 유지하면서 운행 중인 비행기의 속력이 빨라지면 비행기는 점점 고도를 높이게 된다.

③ ㉢: 비행기의 날개 끝에 숨어 있는 플랩은 비행기가 이륙할 때 펼쳐졌다가 비행기가 안정적인 속도를 확보하면 원래 있던 곳으로 들어간다.

④ ㉣: 높은 곳에서 상대 진영을 관찰해야 하는 정찰기는 천천히 움직이며 고도를 유지해야 하기 때문에 가로세로비가 큰 날개를 쓴다.

⑤ ㉤: 날개가 쌍으로 달린 쌍엽기는 위 날개와 아래 날개 사이의 간격을 줄이고, 두 날개를 연결하는 장치의 간격을 좁혀 촘촘히 설치한다.

04 〈보기〉를 바탕으로 양력에 관해 이해한 내용으로 적절한 것은?

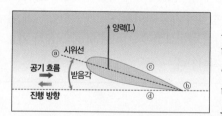

| 보기 |

　　다음은 양력을 높이기 위한 모양을 갖추고 있는 일반적인 비행기 날개의 단면을 나타낸 그림이다. 시위선은 날개의 앞과 뒤를 연결한 직선이다. 받음각은 날개의 시위와 비행 경로가 이루는 각이다. 받음각이 클수록 양력이 커진다. 그렇지만 받음각이 일정한 값 이상이 되면 날개를 따라 흐르던 공기 흐름이 불규칙하게 흐트러지면서 갑자기 양력이 사라지는 실속 현상이 나타나 비행기가 추락하게 된다.

① 받음각이 커질수록 양력 계수도 계속해서 커진다.

② 날개 윗면보다 아랫면을 볼록하게 해야 양력이 커진다.

③ ⓐ에서 갈라진 공기 중 아랫면의 공기가 ⓑ에 먼저 도착한다.

④ ⓒ를 지나는 공기의 속도보다 ⓓ를 지나는 공기의 속도가 늦다.

⑤ ⓒ를 지나는 공기의 압력이 ⓓ를 지나는 공기의 압력보다 높다.

불타는 문제

05 윗글을 바탕으로 〈보기〉를 이해한 내용으로 적절하지 <u>않은</u> 것은?

┤ 보기 ├

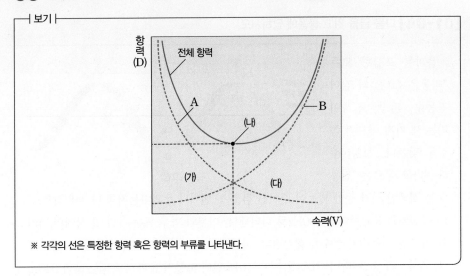

※ 각각의 선은 특정한 항력 혹은 항력의 부류를 나타낸다.

① A의 영향을 적게 하려면 비행기 날개를 이전보다 좁고 길게 설계하는 것이 좋다.

② B는 비행기 속력이 높아질 때 비행기의 추력에 대항하여 기하급수적으로 증가하는 힘이 있음을 보여 준다.

③ (가)는 양항비가 작아지는 부분으로 날개 앞쪽을 뒤쪽보다 약간 높여 비행기의 진행을 방해하는 힘에 대응해야 한다.

④ (나)는 두 부류의 항력을 합친 전체 항력이 가장 낮아 연료 소비가 가장 적은 비행 속도를 보여 주는 지점이다.

⑤ (다)는 비행기가 유선형 몸체를 갖추고 표면을 매끄럽게 하는 이유를 알게 한다.

스피드 지문 복습

주제

비행기에 작용하는 중력과 양력, 추력과 항력

문단별 중심 내용

1문단 ☐☐☐☐ 비행 하는 비행기에 작용하는 여러 힘
2문단 중력과 양력, ☐☐에 대한 대응
3문단 ☐☐의 발생 원리
4문단 양력에 ☐☐을 주는 요소
5문단 추력과 항력, ☐☐의 원리와 특성
6문단 여러 가지 종류의 ☐☐
7문단 항력과 비행 ☐☐

어휘 수준 ★★★☆☆

권장 시간 6분 10초

나의 시간 ----------------------------

지문 키워드

#주파수 #진동수 #배음

[01-04] 다음 글을 읽고 물음에 답하시오.

음파를 포함한 모든 *파동은 〈그림〉과 같이 진동수, 파장, 진폭이라는 세 가지 근본적 특성을 갖는다. 보통 '주파수'라고 부르는 '진동

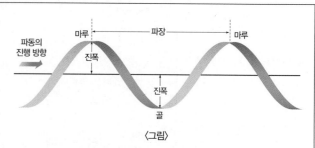

〈그림〉

수'는 정해진 시간 동안 파동이 주어진 점을 몇 번이나 통과하는지를 나타낸 것으로, 1초에 200회 통과했다면 200Hz로 나타낸다. 마루와 마루 또는 골과 골 사이의 거리인 '파장'은 진동수가 클수록 짧아진다. 파동의 속도는 파장에 진동수를 곱한 것과 같다. 피아노의 중간 '라' 음의 진동수는 440Hz인데 파동인 음파의 속도는 초속 340m이므로, 그 파장은 약 0.77m가 된다. 파도 중 어떤 파도는 다른 파도와 파장은 같지만 더 높을 수도 낮을 수도 있다. '진폭'은 이 특성을 가리키는데, 음파의 *진폭은 소리의 크기와 관련되어 진폭이 크면 클수록 더 많은 에너지가 전달되어 소리도 커진다. 기타를 세게 칠수록 더 많은 에너지가 기타 줄에 가해져 진폭이 커진 큰 소리가 생성되는 것이다. 음파가 가진 이러한 파동으로서의 물리적 특성을 이해하면 음악의 음높이와 *배음, 현악기의 연주 원리를 쉽게 이해할 수 있다.

[가] ┌ 음악에서 사용하는 음은 특정한 음높이가 있는데, 진동수가 많을수록 음높이가 높고 낮으면 반대가 된다. 각 음들은 고유한 주파수를 가지고 있으며, 현대 서양 음악 체계에서는 한 옥타브와 그다음 옥타브 사이에 주파수비를 두 배로 정한다. 옥타브 내에서는 12개의 서로 다른 주파수로 음높이를 표현하고, 인접한 두 음높이 사이에는 주파수비율을 1.0595로 일정하게 해서 12 음정의 누적 주파수비율, 즉 한 옥타브의 주파수비는 두 배가 된다. 실제로 피아노 건반을 보면 한 옥타브의 '도'에서 다음 옥타브의 '도'까지 흔히 음계라 부르는 '도-도#-레-레#-미-파-파#-솔-솔#-라-라#-시'에 대응하는 건반이 흰 건반과 └ 검은 건반을 합해 총 12개다.

한편, 음악에는 '기본음'과 '배음'이 있다. 수직으로 세운 두 기둥 사이에 3m 가량의 줄을 매달았다고 하자. 그 한쪽에는 진동수를 조절할 수 있는 모터가 달려 있다. 이 모터로 줄을 위아래로 3cm쯤 진동시키면 줄이 진동하는데, 이때의 진동수가 기본음, 1배음에 해당하는 것이다. 이어서 모터를 더 빠른 속도로 돌리면 진동수가 1배음의 2배가 되는 2배음이 생성된다. 1배음 때 줄이 초당 2번 진동했다면 2배음 때는 초당 4번 진동한다. 3배음이 나타나면 줄은 초당 6번 진동한다. 모든 배음들은 1배, 2배, 3배 등과 같이 기본 진동수의 정수 배의 진동수를 가진다. 악기를 연주할 때 악기마다 소리가 다르게 들리는 것은 소리에 숨어 있는 이 배음 때문이다. 악기의 소리

• 정답과 해설 • 12쪽

는 기본음에 수많은 배음이 어우러져 만들어지므로, 기본음과 배음의 에너지의 합이 소리의 크기이다. 기본음과 배음이 합쳐지면 파동의 중첩이 일어나 서로 같은 *위상의 파동이 만나 진폭이 커지는 보강 간섭이나 서로 다른 위상의 파동이 만나 진폭이 작아지는 상쇄 간섭이 일어난다. 악기마다 배음들의 진폭은 제각각이기 때문에 기본음과 배음이 합해지면 악기마다 독특한 음파의 모양을 갖게 되는데, 이러한 차이 때문에 악기 특유의 음색이 생기는 것이다.

　바이올린과 같은 현악기는 공명통의 양끝에 묶인 현을 튕겨서 공기의 떨림을 만들어 낸다. 현이 특정한 주파수로 진동하면 그 주변 공기도 같이 떨리면서 음파를 만들어 낸다. 현악기의 공명통은 현의 진동에 의해서 만들어진 음파를 공명 현상에 따라 크고 맑게 증폭시키는 역할을 한다. 현을 튕길 때 현의 주파수는 현에 작용하고 있는 현의 팽팽함의 정도인 장력, 현의 굵기와 현의 길이로 결정된다. 장력이 클수록, 현이 얇을수록 그리고 현의 길이가 짧을수록 주파수는 높아진다. 현의 굵기와 장력을 조율하고 난 후 연주자가 손가락으로 현을 짚는 위치를 달리하면, 현의 길이에 따라 음파의 진동수를 조절할 수 있다. 즉 현의 길이에 의해 기본음의 주파수가 결정되고, 현의 적절한 위치를 손가락으로 짚어서 유효 길이를 조절하면 한 옥타브를 이루는 12개 높이의 음을 만들어 낼 수 있는 것이다. 현의 길이를 짧게 짚을수록 더 고음을 낼 수 있다.

• **파동**: 공간의 한 점에 생긴 물리적인 상태의 변화가 차츰 둘레에 퍼져 가는 현상.
• **진폭**: 진동하고 있는 물체가 정지 또는 평형 위치에서 최대 변위까지 이동하는 거리. 전체 진동하는 폭의 절반이다.
• **배음**: 진동체가 내는 여러 가지 소리 가운데, 원래 소리보다 큰 진동수를 가진 소리.
• **위상**: 진동이나 파동과 같은 주기적 현상에서, 일주기(一週期) 내에서 어떠한 상태에 있는가를 특정 지어 나타내는 변수.

01 윗글에서 설명하고 있는 내용이 아닌 것은?

① 파동의 근본적 특성
② 파동의 속도를 구하는 법
③ 현악기에서 공명통의 기능
④ 악기별로 배음의 수가 결정되는 원리
⑤ 현악기에서 현의 주파수를 결정하는 요인

02 [가]를 바탕으로 할 때, ⓐ, ⓑ에 들어갈 수치로 적절한 것은?

음계 ＼ 옥타브	1	……	4
도			
⋮			
솔#			ⓑ
라	ⓐ		440.0Hz

	ⓐ	ⓑ
①	55.0Hz	415.3Hz
②	55.0Hz	466.1Hz
③	110.0Hz	415.3Hz
④	110.0Hz	466.1Hz
⑤	220.0Hz	415.3Hz

03 배음에 대해 이해한 내용으로 적절하지 않은 것은?

① 악기로 특정 음을 연주할 때 기본음과 함께 생성되는 음들을 일컫는다.
② 기본음의 진동수에 대해 1:2와 같은 정수비를 형성하는 진동수를 갖는다.
③ 기본음에서 배수가 높아질수록 음파의 마루와 골 사이의 거리가 넓어진다.
④ 기본음의 에너지를 합하여 산출한 모든 에너지의 값이 그 소리의 크기이다.
⑤ 기본음과 합쳐져 진폭이 커지거나 작아지는 변화를 일으켜 악기의 음색을 결정한다.

04 윗글을 바탕으로 〈보기〉를 이해한 내용으로 가장 적절한 것은?

| 보기 |

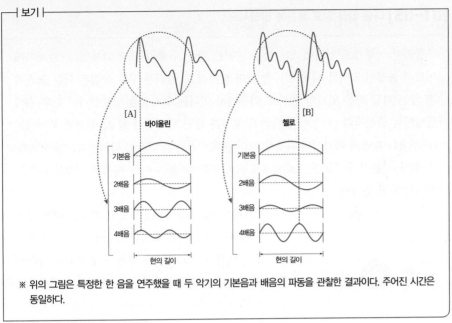

※ 위의 그림은 특정한 한 음을 연주했을 때 두 악기의 기본음과 배음의 파동을 관찰한 결과이다. 주어진 시간은 동일하다.

① 바이올린과 첼로는 기본음의 진폭이 다르기 때문에 음색이 달라질 것이다.

② 바이올린과 달리 첼로는 2배음과 3배음의 진동수가 달라 공명 현상이 커질 것이다.

③ 기본음의 파장이 같다면 3배음에서 파장의 속도가 더 빠른 것은 바이올린일 것이다.

④ 4배음만 비교한다면 바이올린보다 첼로가 더 많은 에너지가 전달되어 더 큰 소리를 낼 것이다.

⑤ 기본음과 배음들 사이에서 [A] 지점에서는 상쇄 간섭이, [B] 지점에서는 보강 간섭이 일어날 것이다.

스피드 지문 복습

주제

음파의 물리적 특성과 음높이, 배음, 현악기 연주의 원리

문단별 중심 내용

1문단 음파를 포함한 ☐☐의 세 가지 근본적 특성

2문단 진동수를 통한 ☐☐☐의 이해

3문단 악기 특유의 음색을 만드는 ☐☐의 이해

4문단 ☐☐☐ 연주 원리의 이해

[01-05] 다음 글을 읽고 물음에 답하시오.

물질이 어떻게 구성되어 있는지를 밝히는 것은 인류의 오랜 과제였다. 17세기에 이르러 물질이 입자로 되어 있다는 것이 밝혀졌고, 돌턴은 모든 물질은 더는 쪼개지지 않는 가장 작은 입자인 원자로 이루어져 있다는 원자설을 발표했다. 그 후 원자 중심에는 중성자와 (+)전하를 띠는 양성자가 뭉친 원자핵이 있고, 원자핵 주변에는 (−)전하를 띠면서 이리저리 자유롭게 이동하는 전자가 있음이 밝혀졌다. '양자 역학'은 원자 · *분자 등 *고전 물리학으로는 이해할 수 없는 아주 미세한 세계를 다루는 물리학의 한 분야이다.

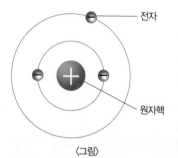

전자

원자핵

〈그림〉

크기가 100억분의 1m 정도인 원자는 내부 구조를 볼 수 없다. 이에 학자들은 측정된 원자의 성질을 설명할 수 있는 원자 모형을 제안하고 검증하여 새로운 원자 모형을 만드는 과정을 반복함으로써 원자의 내부 구조를 규명하려 하였다. 원자핵 주위를 전자가 돌 때 고유한 선 스펙트럼이 방출되는데, 20세기 초 보어는 수소 원자가 내는 스펙트럼에 관해 연구했다. 그는 전자는 특정한 궤도에서만 원자핵을 돌 수 있고 한 궤도에서 다른 궤도로 건너뛰는 양자 도약을 할 때만 전자기파를 방출하거나 흡수한다는 가설을 바탕으로 〈그림〉과 같은 원자 모형을 제시했다. 그의 모형은 수소 원자가 내는 스펙트럼의 종류는 설명할 수 있었지만, 스펙트럼의 세기를 계산할 수는 없었다.

하이젠베르크는 관찰할 수 없는 것은 그대로 두고 관찰 가능한 물리량들만을 받아들여야 한다고 생각하였다. 그래서 관찰할 수 없는 전자의 궤도 대신에 관찰 가능한 것들, 즉 원자가 방출하는 복사선의 진동수와 진폭을 통해 스펙트럼의 세기를 계산할 수 있는 식을 만들었다. 보른은 이를 행렬이라는 수학적 계산법으로 더욱 체계적으로 나타내었다. 행렬 역학을 완성한 둘의 이론은, 전자의 궤도와 같은 원자 내부 구조에 대한 이미지를 잃고 전자가 내는 스펙트럼을 설명하는 행렬식만 남겼다는 비판을 받았다.

이에 불만을 느낀 슈뢰딩거는 드브로이의 물질파 이론을 받아들여 전자의 운동을 나타내는 파동 함수를 만들었다. 빛이 어떤 때는 입자, 어떤 때는 파동의 성질을 나타내는 이중성이 전자와 같은 작은 입자들도 가진 일반적 성질이라는 것이 드브로이가 밝힌 물질파 이론이다. 슈뢰딩거는 파동 함수를 통해 수학적 명료성과 단순성 측면에서 이전의 양자 역학을 획기적으로 발전시켰으나, 양자 도약이 실제로 일어나고 있음에도 이를 인정하지 않고 고전 물리학의 틀 안에만 갇혀 있으려 하는 한계를 드러냈다.

행렬 역학의 완성에 중요한 역할을 한 보른은, 전자를 이용한 이중 슬릿 실험 결과를 검토한 끝에 전자를 입자로 보는 관점을 취하면서도 파동으로 본 슈뢰딩거의 방정식을 적용할 수 있는 새로운 해석을 내놓았다. 앞뒤 이중으로 세운, 구멍이 1개인 슬릿과 구멍이 2개인 슬릿을 차례로 통과하는 실험 대상이 파동성을 가질 때는 슬릿 뒤쪽 스크린에 여러 개의 줄로 형성되는 간섭무늬가 나타나고, 입자성을 가질 때는 간섭무늬가 나타나지 않는다. 빛을 쏘았을 때는 스크린에 간섭무늬가 생긴다. 빛 대신 1개의 전자를 쏘면 자국이 1개만 남는데, 이것은 전자가 직진을 하는 입자의 성격을 지녔음을 보여 준다. 그런데 여러 번 전자를 발사하면 간섭무늬가 나타난다. 이는 전자가 파동이기도 하다는 것을 보여 준다. 이중 슬릿 실험을 자세히 관찰한 보른은 슈뢰딩거의 방정식을 풀어서 구한 파동 함수가 전자의 파동을 나타내는 것이 아니라 전자가 특정한 위치에서 발견될 확률을 나타낸다는 '확률 해석'을 제안했다. 앞의 실험 과정에서 전자를 쏘면 스크린에 닿았을 때 전자가 어디에 있는지 확실히 알게 되며 그 전에 전자는 확률로 존재한다는 것이다. 이러한 확률 해석에 의하면 전자는 발견되기 전까지 다양한 위치에 공존하고 있으며 그 위치를 예상하는 것은 불가능하다.

보어와 하이젠베르크는 보른의 확률 해석을 기반으로 '물질파의 수축'으로까지 나아갔다. 그들은 이중 슬릿을 통과한 전자가 어느 한 지점에서 발견되는 순간 그 지점의 확률은 1이 되고 다른 곳들의 물질파들은 모두 사라지는 것을 '수축'이라고 하였다. 실제 이중 슬릿 실험에서 관측 장치를 두지 않았을 때에는 간섭무늬가 나타나지만, 관측 장치를 두면 간섭무늬가 나타나지 않는 현상이 관찰되었다. 만약 첫 번째 슬릿을 통과하던 전자가 관측이 되었다면 수축이 일어나 파동이 사라지고 입자가 되어 더 이상 파동 형태의 간섭무늬는 나타나지 않는다는 것이다.

전자가 가지는 파동의 성질 때문에 전자의 위치와 전자의 운동량을 동시에 측정하는 것은 불가능하다. 위치를 측정하는 행동이 운동량을 변화시키고, 운동량을 측정하는 동안에 이미 측정해 놓은 위치가 변하기 때문이다. 이것이 바로 하이젠베르크의 '불확정성의 원리'인데 이는 아주 작은 세계에서 일어나는 현상을 나타내는 물리량은 측정이 가능하지 않다는 것을 나타낸다.

이상에서처럼 확률 해석, 물질파의 수축, 불확정성의 원리 등을 제시하여 미시 세계를 다루는 양자 역학의 표준적인 해석을 체계화하려 애쓴 것을 '코펜하겐 해석'이라 부른다. 이는 1927년 보어와 하이젠베르크를 중심으로 한 물리학자들의 회합에서 논의의 대상이 되었던 것들로 20세기 전반에 걸쳐 가장 영향력이 컸던 양자 역학의 해석으로 꼽힌다. 그러나 양자 역학에 대한 코펜하겐 해석은 관측 작용이 대상물의 물리량에 영향을 미친다는 이론처럼 일상적인 경험을 바탕으로 해서는 이해하기 힘든 내용들이었고, 아인슈타인이나 슈뢰딩거와 같은 당대의 최고 물리학자들로부터도 비판을 받기도 했다.

• **분자**: 고유한 특성을 가지고 하나의 단위로 작용할 수 있는 원자들의 결합체.
• **고전 물리학**: 뉴턴의 역학과 맥스웰의 전자기학을 바탕으로 하는 물리학. 20세기의 양자 역학이나 상대성 이론과 같은 현대 물리학과 구별하여 이르는 말이다.

01 윗글의 내용 전개 방식으로 가장 적절한 것은?

① 대상이 연구되는 과정을 소개하고, 주요 원리들을 차례로 설명하고 있다.
② 대상이 등장한 사회적 배경을 부각하고, 미래의 전개 양상을 예측하고 있다.
③ 대상이 지닌 가치를 사례를 들어 검증하고, 대상의 발전 가능성을 평가하고 있다.
④ 대상을 구성하는 요소들을 나열하고, 요소 간의 공통점과 차이점을 분석하고 있다.
⑤ 대상과 대립되는 다른 대상을 소개하고, 둘의 공통분모를 중심으로 타협점을 찾고 있다.

02 윗글에 대한 이해로 적절하지 <u>않은</u> 것은?

① 물질이 입자로 구성되어 있음이 밝혀진 뒤에 원자설이 대두되었다.
② 일상적 경험을 바탕으로 코펜하겐 해석의 내용을 이해하기는 힘들다.
③ 어떤 물질의 원자는 원자핵과 그 주변을 움직이는 전자로 구성되어 있다.
④ 관찰할 수 없는 전자의 궤도를 통해 선 스펙트럼의 세기를 계산할 수 있다.
⑤ 전자가 지닌 파동성의 성질로 인하여 전자의 위치와 운동량은 동시에 측정할 수 없다.

03 전자에 대한 과학자들의 입장이나 주장을 잘못 이해한 것은?

① 보어 – 전자는 특정한 궤도를 따라 원자핵을 도는데 양자 도약이 일어나기도 한다.
② 슈뢰딩거 – 전자가 지닌 파동으로서의 움직임을 수학적으로 명료하게 나타낼 수 있다.
③ 보른 – 전자는 발견되기 전까지 여러 위치에 공존하며 정확한 위치를 예상할 수 없다.
④ 보어, 하이젠베르크 – 전자가 어느 지점에서 관측되면 수축이 일어나 입자가 되어 버린다.
⑤ 하이젠베르크 – 파동 함수는 전자가 특정 위치에서 발견될 확률을 나타낸다.

┌ 불타는 문제 ┐

04 윗글을 바탕으로 〈보기〉를 이해한 내용으로 적절하지 <u>않은</u> 것은?

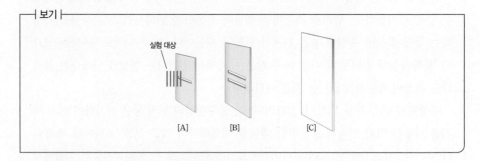

① 실험 대상이 빛일 때에는 [C]에 여러 개의 줄이 나타난다.
② 발사한 한 개의 전자가 [A]에서 발견된다면, [B]에서 발견될 확률은 0%이다.
③ [A] 뒤에 관측기를 달고 계속 전자를 발사하면, [C]에는 여러 개의 줄이 나타난다.
④ 한 번만 발사했을 때 [C]에 하나의 자국만 남았다면, 실험 대상은 입자의 성질을 가진다.
⑤ 여러 번 전자를 발사한 후 간격을 두지 않고 빛을 발사했다면, [C]에는 여러 개의 줄이 지속적으로 나타난다.

05 〈보기〉는 윗글을 바탕으로 〈사례〉를 이해한 내용이다. 〈보기〉에서 적절한 것만을 골라 묶은 것은?

─┤ 사례 ├─

　슈뢰딩거는 코펜하겐 해석을 비판하기 위해 다음과 같은 사고 실험을 고안하였다. 고양이를 가둔 상자에 독가스가 들어 있는 통을 연결하고 실험 시작 한 시간 안에 독가스가 퍼질 확률을 50%가 되도록 해 놓는다. 만약 독가스가 퍼지면 고양이가 죽게 된다. 양자 역학은 상자 속의 고양이가 살아 있을 확률도, 죽어 있을 확률도 50%이며, 지금 이 순간에는 확률적으로 죽은 상태와 살아 있는 상태가 공존할 뿐이라고 설명한다. 슈뢰딩거는 이 상황에서 자신이 만든 파동 함수의 표현이 고양이가 살아 있는 상태와 죽은 상태의 결합으로 나타나는 것을 비판하며, '죽었으며 동시에 살아 있는 고양이'는 실제로 존재하지 않는다는 사실을 통해 양자 역학의 불완전함을 보여 주려 하였다. 하지만 그의 의도와 달리 이 실험은 일반인들이 이해하기 힘들어하는 양자 역학을 거시 세계의 사례를 통해 비유적으로 보여 주어 쉽게 이해할 수 있게 한 사고 실험으로 알려지게 되었다.

─┤ 보기 ├─

ㄱ. 슈뢰딩거가 비판하려고 한 것은, 확률 해석을 바탕으로 한 양자 역학의 해석이군.
ㄴ. 슈뢰딩거가 사고 실험을 통해 보여 주려 한 것은, 자신의 파동 방정식이 양자 역학의 모순을 해결할 수 있다는 것이겠군.
ㄷ. 한 시간 후에 상자를 열었을 때 관찰할 수 있는 장면 중 하나는, 독가스가 퍼지지 않았는데 고양이가 죽어 있는 것이겠군.
ㄹ. 거시 세계에서는 대상이 살았거나 죽었을 확률이 반반인 상황이 존재할 수 없지만, 미시 세계의 대상을 다루는 양자 역학에서는 유사한 상황이 가능하다고 보는군.

① ㄱ, ㄴ　　② ㄱ, ㄹ　　③ ㄴ, ㄷ　　④ ㄴ, ㄹ　　⑤ ㄷ, ㄹ

스피드 지문 복습

주제

양자 역학에서 큰 영향력을 발휘하는 '코펜하겐 해석'의 주요 내용

문단별 중심 내용

1문단 물질의 구성에 대한 탐구와 □□□□의 성립
2문단 □□의 원자 모형과 그 한계
3문단 하이젠베르크와 보른의 □□□□과 그 한계
4문단 슈뢰딩거의 □□□□와 그 한계
5문단 보른의 '□□□□'
6문단 보어와 하이젠베르크의 '물질파의 □□'
7문단 하이젠베르크의 '□□□□의 원리'
8문단 '□□□□ 해석'과 그 의의

[01-04] 다음 글을 읽고 물음에 답하시오.

어휘 수준 ★★☆☆☆

권장 시간 6분

나의 시간 ---------------------------

지문 키워드

#철 #강철

철은 건축물의 철근이나 철골, 자동차나 기차의 몸체나 부품, 다리, 송전선의 철탑 등에 폭넓게 사용된다. 그래서 철을 아주 흔한 금속이라고 생각하기 쉽지만, 사실 순수한 철은 우리 주변에 거의 없다. 순수한 철은 아주 부드러워서 이용하기가 어렵기 때문이다. 실제로 우리 주변에 있는 철은 탄소를 0.035~1.7% 정도 함유한 '강철'이다. 철은 탄소를 함유하면 강도가 올라간다.

광산에서 채굴된 철광석은 대부분 산화철이라는 안정적인 상태를 띠고 있다. 따라서 제철소에서는 이 철광석에 열을 가해 산소를 빼앗는 환원 반응을 일으켜 철을 얻는다. 환원 작업에는 코크스라는 연료를 사용하는데, 이때 코크스의 탄소 일부가 철에 함유되게 된다. 철은 용도에 따라 탄소뿐만 아니라 크롬, 니켈, 망간 등이 더해져 딱딱함, 끈질김, 자성 등이 조절된다. 즉 철은 더해지는 원소에 의해 그 특성을 자유자재로 바꿀 수 있다. 이러한 장점 때문에 오늘날 철은 가장 널리 이용되는 금속이 되었다.

첨가되는 원소 이외에도 철의 성질을 바꾸는 요소로 결정 구조가 있다. 철은 온도에 따라 결정 구조가 바뀌는 특징이 있다. 칼을 만드는 대장장이가 빨갛게 달구어진 칼을 물에 담가 급하게 식히는 장면을 텔레비전에서 본 적이 있을 것이다. 이것은 철의 강도를 높일 목적으로 하는 '담금질'이라는 공정으로, 과학적으로는 결정 구조를 바꾸는 행위에 해당한다. 이 과정은 칼뿐만 아니라 공업용 부품 등을 만들 때 일반적으로 널리 행해진다.

대략 910~1,400℃의 고온 상태에서 철의 결정은 탄소를 많이 함유할 수 있는데, 이를 서서히 식히면 결정 구조가 변해 탄소를 거의 함유하지 않는 ⓐ알파철(alpha 鐵)의 영역과, 탄소를 많이 함유한 ⓑ시멘타이트(cementite)의 영역으로 분리된다. 반면에 고온의 철을 물에 넣어 급속히 식히면 탄소 원자가 이동할 틈이 없어 탄소 원자가 과잉으로 들어간 ⓒ마텐자이트(martensite)가 되는데, 이 때문에 담금질 후의 철이 매우 딱딱해지는 것이다. 그러나 마텐자이트는 균열이 생기기 쉬운 결점이 있기 때문에 담금질한 금속을 다시 적당한 온도로 가열해 강도를 높이는 작업을 거쳐야 한다. 이 과정을 통해 철의 결정 구조를 미세하게 조정하여 용도에 맞는 딱딱함이나 강도를 얻을 수 있는 것이다.

한편 철은 어떤 조치를 취하지 않는 한 ㉠반드시 녹슬게 되어 있다. 녹의 정체는 철이 공기 중의 산소나 물과 반응해 생기는 철의 산화물로, 물이 있으면 철이 이온이 되어 녹기 때문에 녹을 만드는 반응이 계속 일어난다. 철은 건조한 공기 중에서는 안정되지만 습기가 있으면 표면에 엷은 물의 막이 생겨서 녹슬기 쉬워진다. 특히 바다 가까이에서 철이 녹슬기 쉬운 것은 잘 알려져 있는데 그 이유는 염분 때문이다. 소금은 공기 중의 수분을 잘 흡수하므로 철의 표면에 염분이 붙으면 습한 상태가 되어서 녹의 진행을 촉진한다. 바다 가까이에서는 파도가 칠 때 생기는, 염분을 함유한 미세한 물방울이 공기 중을 떠돌고 있으므로 철이 녹슬기가 더 쉬운 것이다.

이에 반해 크롬 등을 섞은 강철인 스테인리스는 녹이 잘 슬지 않는다. 그 이유는 스테인리스 표면의 크롬 원자가 공기 중의 산소나 물과 빨리 반응해 몇 nm 정도 두께의 얇은 피막을 만드는데, 이 피막이 철이 산화되는 것을 막기 때문이다. 그리고 만약 스테인리스의 피막이 벗겨지더라도 즉시 공기와 반응해 피막이 스스로 회복되기 때문에 스테인리스는 쉽게 녹슬지 않는다.

01 윗글을 통해 알 수 있는 내용으로 적절하지 <u>않은</u> 것은?

① 철은 사막보다 바닷가에서 더 빨리 녹슨다.
② 순수한 철은 딱딱하지 않아 이용에 불편이 있다.
③ 더해지는 원소의 종류에 따라 철의 성질이 달라진다.
④ 코크스를 활용한 환원 반응으로 철의 자성을 높일 수 있다.
⑤ 주변에서 흔히 볼 수 있는 철에는 탄소가 일정량 포함되어 있다.

02 ⓐ~ⓒ에 대한 설명으로 적절하지 <u>않은</u> 것은?

① 철을 식히는 방법을 달리하여 ⓐ~ⓒ를 만들 수 있다.
② ⓐ가 ⓑ보다 강도가 약하다.
③ ⓐ, ⓑ와 달리 ⓒ는 재가열의 과정을 거친다.
④ ⓐ, ⓑ도 ⓒ와 같이 담금질의 공정이 필요하다.
⑤ ⓒ는 ⓐ보다 딱딱하지만 균열이 생기기가 쉽다.

03 ㉠의 근본적인 이유에 대한 추론으로 가장 적절한 것은?

① 습한 공기에 염분이 많이 포함되어 있기 때문에
② 철은 일반적으로 산화된 상태로 존재하기 때문에
③ 철에 함유된 탄소가 철의 균열을 유도하기 때문에
④ 담금질을 하지 않으면 철의 강도가 약해지기 때문에
⑤ 다른 원소와 쉽게 결합하여 결정 구조가 바뀌기 때문에

• 정답과 해설 • 16쪽

물먹는 문제

04 윗글과 〈보기〉를 바탕으로 이해한 내용으로 적절한 것은?

┤ 보기 ├

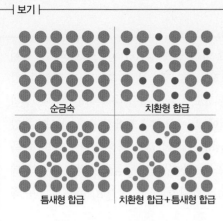

순금속 치환형 합금

틈새형 합금 치환형 합금+틈새형 합금

합금을 구성하는 원자들의 크기가 비슷한 경우에는, 원래 결정 구조를 유지하면서 새롭게 혼합된 금속 원자가 기존의 자리를 일부 치환하는데, 이를 '치환형 합금'이라고 한다. 반면에 구성 원자 간 크기의 차이가 심할 경우, 새롭게 혼합된 금속 원자가 원래 결정 구조의 빈 틈새로 들어가는데, 이를 '틈새형 합금'이라고 한다. 작은 탄소 원자가 철 원자 간 틈새로 들어간 강철이 대표적인 예이다. 그 외에 치환형 합금과 틈새형 합금의 특성이 결합된 사례로 스테인리스가 있다.

① 시멘타이트는 순금속과 비슷한 결정 구조를 보이겠군.
② 건축물의 철근은 스테인리스와 비슷한 결정 구조를 보이겠군.
③ 스테인리스 속 크롬의 원자는 탄소의 원자보다 크기가 작겠군.
④ 크롬은 철의 자리를 일부 빼앗아 스테인리스가 녹이 슬지 않도록 하겠군.
⑤ 담금질의 과정을 통해 마텐자이트는 치환형 합금과 비슷한 결정 구조로 변하겠군.

스피드 지문 복습

주제

철의 다양한 특성

문단별 중심 내용

1문단 우리 주변에 있는 ☐☐
2문단 강철이 만들어지는 과정과 철의 특성
3문단 ☐☐☐의 목적과 사례
4문단 ☐☐☐ 방법에 따라 달라지는 철의 종류
5문단 철이 ☐☐☐ 쉬운 이유
6문단 ☐☐☐☐☐가 녹이 잘 슬지 않는 이유

[01-05] 다음 글을 읽고 물음에 답하시오.

어휘 수준 ★★★☆☆

권장 시간 6분 50초

나의 시간 --------------------

지문 키워드

#콜로이드 #틴들 현상
#브라운 운동 #전기 이동 #엉김
#염석

김 군은 오늘도 어김없이 학교에 가려고 아침 일찍 일어났다. 스마트폰으로 날씨를 확인하니 미세 먼지 수치가 높다. 클렌징폼으로 세수를 한 후 로션도 발랐다. 딸기잼을 바른 토스트와 우유로 아침 식사를 하고 서둘러 집을 나서는데, 실수로 현관문 모서리에 손등을 긁혔다. 급한 대로 집에 있는 구급약 통에서 습윤 밴드를 찾았는데, 포장지를 보니 '하이드로콜로이드(hydrocolloid)'라고 적혀 있다. 그러다 문득 "'하이드로'는 물을 뜻하는데 그럼 '콜로이드'는 뭘까?"라는 궁금증이 생겼다. 그런데 김 군은 습윤 밴드뿐만 아니라, '미세 먼지, 클렌징폼, 로션, 딸기잼, 우유'도 모두 콜로이드에 해당한다는 사실을 알까?

설탕 용액이나 염화나트륨 용액은 투명하지만, 비눗물이나 녹말 용액은 불투명하다. 그 이유는 비눗물이나 녹말 용액에 분산되어 있는 입자들은 그 크기가 커서 빛을 산란하기 때문이다. 이와 같이 빛을 산란할 수 있을 정도로 큰 입자들이 분산되어 있는 것을 '콜로이드' 또는 '콜로이드 용액'이라고 하며, 입자들이 분산된 상태를 *'분산계'라고 한다. 그리고 콜로이드와 구별하기 위해 보통의 투명한 용액을 '참용액'이라고 한다. 콜로이드 입자는 그 지름이 1nm~1,000nm로서 참용액의 용질 입자보다 훨씬 크다. 그러나 콜로이드 입자도 보통 현미경을 사용해서는 볼 수 없으며 거름종이로 거를 수도 없다.

콜로이드 용액에서 참용액의 용질과 용매에 해당하는 것을 분산질과 분산매라고 하며, 분산매와 분산질의 상태에 따라 콜로이드를 다양하게 분류할 수 있다. 특히 연기나 안개와 같이 공기가 분산매인 콜로이드를 '에어로졸(aerosol)'이라 하고, 우유나 크림처럼 액체가 액체에 분산된 것을 '에멀션(emulsion)'이라고 한다. 먹물이나 페인트처럼 액체에 고체가 분산된 것을 '졸(sol)'이라고 하며, '졸'이 고체나 반고체 상태로 굳어지는 것을 '젤(gel)'이라고 한다. 반면에 '서스펜션(suspension)'은 흙탕물처럼 콜로이드 입자보다 더 큰 입자들이 분산되어 있는 것으로서, 가만히 두면 중력에 의해 입자들이 가라앉는다.

콜로이드 용액은 참용액과 다른 몇 가지 특성이 있는데, 그 대표적인 특성으로 빛을 비추면 그 빛이 지나가는 길이 뚜렷이 보이는 '틴들 현상'을 들 수 있다. 콜로이드에서 이 현상이 나타나는 이유는 큰 콜로이드 입자들이 빛을 산란하기 때문인데, 참용액에서는 이러한 현상이 나타나지 않는다. 그리고 *한외 현미경으로 콜로이드를 관찰하면, 콜로이드 입자가 불규칙하게 움직이고 있는 것을 볼 수 있는데, 이를 '브라운 운동'이라고 한다. 이 운동이 일어나는 까닭은 열운동을 하는 분산매 분자들이 콜로이드 입자와 불규칙하게 충돌하기 때문이다.

또한 콜로이드에 전류를 통하게 하면 어느 한쪽 극으로 콜로이드 입자가 이동하는 현상이 나타나는데, 이를 '전기 이동'이라고 한다. 이는 콜로이드 입자가 전하를 띠고 있다는 증거로, 콜로이드 입자는 용액 중의 이온을 흡착하여 전하를 띠는 성질이 있다. 이때 콜로이드 입자는 양이온 또는 음이온을 선택적으로 흡착한다. 예를 들어, $Fe(OH)_3$나 $Al(OH)_3$ 등의 콜로이드 입자는 양이온을 흡착하고 금, 백금, 점토 등의 콜로이드 입자는 음이온을 흡착한다. 그리고 전기장 안에서 양이온을 흡착한 입자는 음극 쪽, 음이온을 흡착한 입자는 양극 쪽으로 이동한다.

그리고 콜로이드 입자는 *전해질에 의해 침전되는 현상이 일어나는데, 이를 일컬어 '엉김'이라고 한다. $Fe(OH)_3$의 콜로이드 입자들은 양이온을 흡착하여 모두 양전하를 띠고 있기 때문에 입자들 사이의 정전기적 반발력에 의해 엉기지 않는다. 그러나 이 콜로이드 용액에 전해질을 가하면 콜로이드 입자 주위에는 그것과 반대 전하를 갖는 이온들이 모이게 되므로 콜로이드 입자가 흡착했던 이온을 잃어버리고 서로 엉겨 앙금이 된다. 금속 산화물이나 금속 수산화물의 콜로이드에는 소량의 전해질만 가해도 쉽게 엉김이 일어나는데, 이와 같은 콜로이드를 '소수 콜로이드'라고 한다. 반면에 녹말, 단백질 등과 같은 콜로이드 입자는 표면에 물 분자와 친한 원자단을 가지고 있어서 물 분자들로 둘러싸여 있다. 따라서 전해질을 조금 가해서는 앙금이 생기지 않는다. 이러한 콜로이드를 '친수 콜로이드'라고 한다.

그런데 친수 콜로이드에도 다량의 전해질을 가하면 이온들에 의해 콜로이드 입자에 붙어 있던 물 분자들이 ㉠떨어져 나간다. 그러면 표면에 붙어 있던 이온들까지도 용액 중의 반대 전하를 가진 이온들에게 빼앗기게 되어 콜로이드 입자들이 엉겨서 앙금이 된다. 이와 같이 친수 콜로이드가 다량의 전해질에 의해 앙금으로 변하는 현상을 '염석'이라고 한다.

• **분산계**: 분산질이 분산매에 분산되어 균일한 상을 이루고 있는 계.
• **한외 현미경**: 미립자에 부딪쳐 반사 또는 회절된 빛만을 관찰하는 특수 현미경.
• **전해질**: 물처럼 극성을 띤 용매에 녹아서 이온을 형성함으로써 전기를 통하게 하는 물질.

01 윗글의 중심 내용으로 가장 적절한 것은?

① 콜로이드의 형성 원리
② 콜로이드의 종류와 특성
③ 콜로이드 입자의 크기와 모양
④ 일상생활 속에 널리 쓰이는 콜로이드
⑤ 콜로이드와 참용액의 공통점과 차이점

02 윗글을 읽고 추론한 내용으로 적절하지 <u>않은</u> 것은?

① 미세 먼지는 빛을 산란시킨다.
② 흙탕물의 입자보다 페인트의 입자가 더 작다.
③ 음이온을 흡착한 백금은 양극 쪽으로 이동한다.
④ 참용액의 용질 입자는 보통 현미경으로 볼 수 없다.
⑤ 염화나트륨 용액의 용질 입자는 거름종이로 거를 수 있다.

03 '소수 콜로이드'와 '친수 콜로이드'의 공통점으로 적절한 것은?

① 콜로이드의 표면에 원자단이 형성되어 있다.
② 전해질을 가하면 양전하를 띠는 이온들만 모인다.
③ 물 분자가 콜로이드 입자의 표면을 둘러싸고 있다.
④ 분산질 분자들이 콜로이드에 불규칙적으로 충돌한다.
⑤ 입자가 엉기는 현상이 일어나기 위해서는 전해질이 필요하다.

04 ㉠의 문맥적 의미와 가장 가까운 것은?

① 소매에서 단추가 <u>떨어졌다</u>.
② 주머니에서 동전이 <u>떨어졌다</u>.
③ 그녀가 자격증 시험에서 <u>떨어졌다</u>.
④ 우리 부서에 중요한 임무가 <u>떨어졌다</u>.
⑤ 그는 발을 헛디뎌서 구덩이로 <u>떨어졌다</u>.

불타는 문제

05 윗글을 바탕으로 〈보기〉의 ⓐ를 해석한 내용으로 적절하지 <u>않은</u> 것은?

┤ 보기 ├

　　강물이 상류에서 하류로 이동하는 동안 무거운 입자들은 바닥에 가라앉고, 상대적으로 밀도가 낮은 부유물이 강물과 섞여 하구로 운반되면서 불투명한 뿌연 상태를 띠게 된다. 이때 ⓐ점토와 같은 입자들은 같은 전하를 띤 입자들과 흡착하여 전하를 띠고 있으므로 정전기적 반발력으로 가라앉지 않고 분산되어 있다. 하지만 이 입자들이 바다에 도달하여 해수의 전해질 입자와 엉기게 되면 덩어리가 만들어지고, 그 덩어리가 바닥으로 가라앉아 삼각주와 같은 평야가 만들어진다.

① 하구의 강물에서 분산질의 역할을 하겠군.
② 빛을 산란할 수 있을 정도로 입자의 크기가 크겠군.
③ 강물에 섞여 불규칙하게 움직이면서 하구로 이동하겠군.
④ 흙탕물의 입자와 마찬가지로 가만히 두면 중력에 의해 가라앉겠군.
⑤ 흡착한 이온을 잃지 않으면 덩어리가 만들어지지 않으므로 가라앉지 않겠군.

스피드 지문 복습

주제

콜로이드의 종류와 특성

문단별 중심 내용

1문단 일상에서 접할 수 있는 ☐☐☐☐의 예
2문단 콜로이드의 정의와 ☐☐☐과의 차이점
3문단 콜로이드의 종류
4문단 콜로이드의 특성 ① – ☐☐☐☐과 브라운 운동
5문단 콜로이드의 특성 ② – ☐☐☐
6문단 콜로이드의 특성 ③ – ☐☐
7문단 콜로이드의 특성 ④ – ☐☐

[01-04] 다음 글을 읽고 물음에 답하시오.

어휘 수준 ★★☆☆☆

권장 시간 6분 40초

나의 시간 --------------------------

지문 키워드

#액체 #동적 평형 #증기 압력
#상평형

뚜껑이 없는 용기에 물을 담아 두면 일정 시간이 지난 후 물의 양이 줄어드는 것을 쉽게 관찰할 수 있다. 그렇다면 이런 현상은 왜 일어나는 것일까? 액체 상태에서는 분자들을 한데 묶어 두는 분자 간의 인력이 존재한다. 그런데 액체의 표면에 있는 분자들은 제각기 다른 운동 에너지를 지닌다. 이때 운동 에너지가 큰 분자들은 분자 간의 인력을 이겨 내고 액체 표면으로부터 떨어져 나와 기체 상태가 되기도 하는데, 이를 '증발'이라고 한다. 특히 휘발성이 강한 액체를 밀폐되지 않은 공간에 두면, 끓는점 이하의 온도에서도 증발이 일어나 모두 기화해 버린다.

그러나 액체가 들어 있는 용기를 밀폐된 공간에 두면 액체의 양이 얼마간 줄어들다가 어느 순간 멈추게 된다. 이러한 현상은 다음과 같이 설명할 수 있다. 기체의 증발 속도가 일정하다고 할 때, 액체 표면으로부터 증발한 기체 상태의 분자들이 많아지면 그중 일부가 다시 액체 상태로 되돌아가는 응축 속도가 빨라진다. 그러다가 일정한 시간이 지나면, 결국 액체 상태의 분자들이 증발하는 속도와 기체 상태의 분자들이 *응결하는 속도가 같아지는 지점에 도달하게 된다. 이러한 상태를 일컬어 ⓐ'동적 평형 상태'라고 한다.

실제로 동적 평형 상태에 도달하면 분자 수준에서는 계속 증발과 응결이 일어나고 있지만, 기체 상태의 분자 수와 액체 상태의 분자 수가 변하지 않으므로 겉으로는 아무런 변화가 없는 것처럼 보인다. 그리고 이와 같이 기체와 액체가 동적 평형을 이루었을 때의 기체 압력을 '증기 압력'이라 하고, 온도에 따른 액체의 증기 압력의 변화를 그래프로 나타낸 것을 '증기 압력 곡선'이라고 한다. 이 곡선은 액체와 기체가 평형을 이루어 공존할 수 있는 온도와 압력을 나타낸 것이다.

증기 압력은 일반적으로 온도가 높아질수록 올라간다. 왜냐하면 온도가 높을수록 액체의 분자 운동이 활발해져서 분자들 사이의 인력을 극복하고 기체 상태로 변하기가 쉽기 때문이다. 액체의 증기 압력이 높아져서 외부 압력과 같아지면, 액체의 표면에서뿐만 아니라 내부에서도 기화가 격렬하게 일어난다. 이러한 형태의 기화를 '끓음'이라고 하고, 이때의 온도를 '끓는점'이라고 한다. 특히 외부 압력이 1기압일 때의 끓는점을 '기준 끓는점'이라고 하는데, 우리가 흔히 물의 끓는점이라고 말하는 100℃가 기준 끓는점에 해당한다.

그런데 액체의 끓는점은 특정한 환경에서 그 값이 달라질 수 있다. 예를 들어, 끓음은 외부 압력의 영향을 받는 현상이기 때문에, 외부 압력의 변화에 따라 끓는점이 달라질 수 있다. 지표면보다 공기가 희박한 산에서 밥을 할 때 밥이 설익는 현상이 그 대표적인 예다. 원래 지표면에서 물의 끓는점은 100℃이지만, 산에서는 외부 압력이 낮아지므로 끓는점이 낮아져서 밥이 충분하게 익지 않게 된다.

그런데 액체의 표면에서 일어나는 증발처럼 고체의 표면에서도 승화가 일어날 수 있다. 따라서 고체와 기체 사이에서도 동적 평형이 성립될 수 있는데, 이처럼 두 상태 사이에 평형이 이루어졌을 때를 '상평형'이라고 한다. 물질은 온도와 압력에 따라 상태가 변하며, 온도와 압력에 따른 물질의 상태를 나타낸 그림을 '상평형 그림'이라

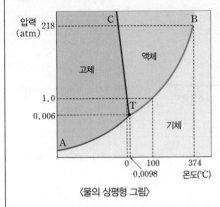

〈물의 상평형 그림〉

고 한다. 왼쪽의 ⓒ〈물의 상평형 그림〉을 살펴보면, 곡선 TA는 승화 곡선으로 기체와 고체가 평형을 이루고, 곡선 TB는 앞에서 언급한 증기 압력 곡선으로 액체와 기체가 평형을 이루며, 곡선 TC는 융해 곡선으로 액체와 고체가 평형을 이루고 있다. 그리고 세 곡선이 만나는 점 T는 얼음, 물, 수증기의 세 가지 상태가 평형을 이루어 함께 존재하는 '삼중점'에 해당한다.

• **응결하다**: 포화 증기의 온도 저하 또는 압축에 의하여 증기의 일부가 액체로 변하다.

01 윗글을 통해 알 수 있는 내용으로 적절하지 <u>않은</u> 것은?

① 액체, 기체, 고체의 세 가지 상태가 평형을 이룰 수도 있다.
② 액체 표면의 분자들 간에는 서로 당기는 힘이 존재하지 않는다.
③ 액체의 증기 압력이 외부 압력과 같아지면 끓음 현상이 일어난다.
④ 휘발성이 강한 액체는 끓는점에 도달하지 않더라도 기화할 수 있다.
⑤ 용기에 담겨 있는 액체의 증발 정도는 용기의 밀폐 여부에 따라 달라진다.

02 ⊙이 되는 과정을 표현한 그래프로 가장 적절한 것은?

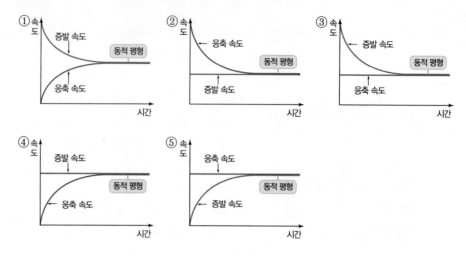

03 ⓛ에 대한 설명으로 옳지 않은 것은?

① 0℃, 1기압에서 압력을 가하면 물이 언다.

② 0℃에서 물은 압력에 따라 고체, 액체, 기체가 될 수 있다.

③ 100℃, 1기압에서는 물과 수증기 사이에 평형이 이루어진다.

④ 100℃, 1기압에서 온도를 올리면 물은 모두 수증기로 바뀐다.

⑤ 100℃의 수증기는 압력의 세기에 상관없이 얼음이 될 수 없다.

• • •
물먹는 문제

04 윗글과 〈보기〉를 참고하여 A∼D에 대해 설명한 것으로 적절하지 <u>않은</u> 것은?

┤ 보기 ├

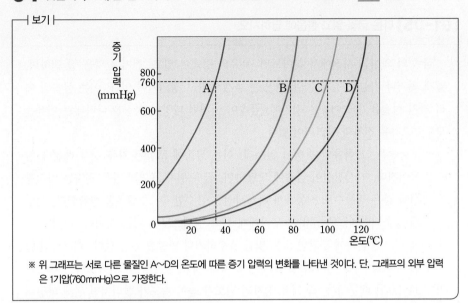

※ 위 그래프는 서로 다른 물질인 A∼D의 온도에 따른 증기 압력의 변화를 나타낸 것이다. 단, 그래프의 외부 압력
은 1기압(760mmHg)으로 가정한다.

① 체온에서 가장 많이 증발하는 것은 A이다.
② B의 기준 끓는점은 80℃보다 낮다.
③ 기준 끓는점에 따르면 C는 '물'일 가능성이 크다.
④ 같은 온도에서 증기 압력은 D가 가장 높다.
⑤ 압력솥처럼 높은 압력을 견디는 용기에서 A∼D의 끓는점은 모두 높아진다.

스피드 지문 복습

주제

증기 압력과 끓는점의 관계와 상평형

문단별 중심 내용

1문단 ☐☐의 사례와 증발이 일어나는 과정
2문단 ☐☐☐ 상태가 되는 과정
3문단 ☐☐☐과 증기 압력 곡선의 정의
4문단 증기 압력의 특성 및 끓음과 기준 ☐☐☐의 정의
5문단 끓는점이 달라지는 조건과 해당 사례
6문단 ☐☐☐의 정의와 〈물의 상평형 그림〉에 대한 분석

[01-05] 다음 글을 읽고 물음에 답하시오.

'금속'의 의미를 사전에서 찾아보면 '특유의 광택이 있고, 전기나 열을 잘 전하며, 얇게 펴거나 가늘고 길게 늘일 수 있는 물질'이라고 정의되어 있다. 이는 금속의 여러 가지 성질을 ⓐ늘어놓은 것인데, 금속이 이처럼 다양한 성질을 나타내는 이유는 모두 ㉠*자유 전자와 관련되어 있다.

[가] 금속은 그 특유의 광택이 있는데, 이는 금속에 포함된 자유 전자 때문에 만들어진다. 가시광선이 금속에 도달하면, 금속 원자 표면의 자유 전자는 가시광선과 같은 진동수로 진동해서 가시광선을 흡수한 후 그 일부를 방출한다. 이렇게 방출되어 나오는 *빛이 우리에게 금속 광택으로 보이는 것이다. 하지만 자유 전자가 금속에 도달한 모든 빛을 흡수하거나 방출할 수는 없다. 왜냐하면 단위 부피당 자유 전자의 밀도 차이에 따라 자유 전자의 최고 속도가 금속마다 ⓑ다르기 때문이다. 즉 자유 전자의 밀도가 높아 속도가 빨라지면 전체 파장대의 빛을 잘 흡수하고 방출할 수 있다. 하지만 자유 전자의 밀도가 낮아 속도가 느려지면 상대적으로 짧은 파장대의 빛을 흡수하거나 방출하기가 어렵다. 그래서 어떤 금속의 자유 전자는 특정 가시광선을 흡수하고 방출하는 데 어려움을 겪기 때문에, 그 금속에 도달한 특정 가시광선은 금속 원자 표면의 자유 전자에 흡수되거나 방출되지 않고, 그 금속 원자의 표면 안으로 들어가 금속 원자 안쪽의 전자껍질에 있는 전자에 흡수된다.

또한 금속은 전기를 잘 전달할 수 있는데, 그 이유도 자유 전자에서 찾을 수 있다. 금속에 전기가 흐르는 까닭은 금속의 자유 전자가 양극을 향해 이동하기 때문이다. 다만 *도선 안을 이동하는 자유 전자가 반드시 빠른 속도로 회로를 ⓒ도는 것은 아니다. 예컨대 구리(Cu)로 된 단면적 $1mm^2$의 도선에 1A의 전기가 흐를 때, 자유 전자의 이동 속도는 초속 0.1mm 정도밖에 되지 않는다. 그런데 어떻게 이렇게 느린 속도로 회로에 전기를 흐르게 할 수 있을까? 그 이유는 전지의 전압이 도선 안에 가득 차 있는 자유 전자를 계속해서 밀어내기 때문이다. 그래서 전지에서 나온 자유 전자가 회로를 따라 돌지 않아도 전기는 흐르게 된다.

금속이 열을 잘 전할 수 있는 이유도 금속에 자유 전자가 있기 때문이다. 열이란 입자 운동의 격렬한 정도라고 할 수 있는데, 금속에 열을 가하면 열에너지를 흡수한 자유 전자가 심하게 운동한다. 그러면 금속 원자도 열에너지를 흡수하게 되고 마찬가지로 심하게 진동한다. 그리고 격렬한 자유 전자의 운동은 주위의 자유 전자와 금속 원자에 점차 전달된다. 이리하여 금속은 가열된 부분에서 가열되지 않은 부분으로 열을 효율적으로 전달하게 되는 것이다.

한편 금속이 얇게 펴지는 성질을 '전성(展性)'이라 하고, 가늘고 길게 늘어나는 성질을 '연성(延性)'이라 하는데, 금속을 변형시켜 얇게 펴거나 가늘고 길게 늘일 수 있는 이유도 자유 전자에서 찾을 수 있다. 금속에 힘이 가해져 금속 원자가 원래 있던 위치에서 벗어나도, 자유 전자가 즉시 ⓓ움직여 금속 원자끼리의 새로운 결합을 만든다. 이 때문에 금속은 쉽게 부서지거나 끊어지지 않는다. 그런데 금속 가운데는 금(Au)과 같이 특별히 잘 늘어나는 것이 있는가 하면, 그다지 잘 늘어나지 않는 것도 있다. 예컨대 철(Fe)은 금만큼 늘어나지 않고 타이타늄(Ti)이나 마그네슘(Mg)은 철보다 늘어나지 않는 금속이다. 그렇다면 왜 이런 차이가 생길까?

　그 해답은 금속의 결정 구조에 있다. 금속의 주요 결정 구조에는 '면심입방격자', '체심입방격자', '조밀육방격자' 세 가지가 있다. 이 중에서 가장 잘 늘어나는 구조가 면심입방격자이고, 그다음으로 늘어나기 쉬운 것이 체심입방격자, 그리고 가장 늘어나기 어려운 것이 조밀육방격자 구조이다. 금속에 힘이 가해졌을 때 금속에서는 '미끄럼면'이라는 면을 경계로 해서 금속 원자의 이동이 ⓔ일어나며, '미끄럼 방향'이라는 방향으로 금속 원자가 이동한다. 즉 면심입방격자는 미끄럼면과 미끄럼 방향이 많이 포함되어 있기 때문에, 면심입방격자 결정 구조로 된 금속은 쉽게 부서지거나 끊어지지 않고 잘 늘어나는 것이다.

- **자유 전자**: 금속을 이루는 원자에 속한 전자 중에서 원자핵에만 구속되어 있지 않고, 금속 내에서 자유롭게 이동할 수 있는 전자.
- **빛**: 일종의 전자기파로, 가시광선, 전파, 적외선, 자외선, X선, 감마선 등으로 구성된다.
- **도선**: 전기를 통하게 하는 금속선.

01 윗글의 표제와 부제로 가장 적절한 것은?

① 금속의 결정 구조
　– 미끄럼면과 미끄럼 방향을 중심으로
② 금속의 다양한 성질
　– 자유 전자와의 연관성을 중심으로
③ 금속의 사전적 정의
　– 자유 전자의 개념을 중심으로
④ 금속의 종류에 따른 특성
　– 자유 전자의 존재 유무를 중심으로
⑤ 금속의 표면에 존재하는 자유 전자
　– 다른 전자와의 차이점을 중심으로

02 ㉠에 대한 설명으로 적절하지 <u>않은</u> 것은?

① 금속의 결정 구조를 결정한다.
② 금속에 전기가 흐를 수 있게 한다.
③ 우리 눈에 보이는 금속의 광택을 만든다.
④ 어긋난 금속 원자의 위치를 새롭게 연결해 준다.
⑤ 격렬하게 운동하면 열을 더 효율적으로 전달할 수 있다.

03 윗글로 미루어 알 수 있는 내용이 <u>아닌</u> 것은?

① 금(Au)의 결정 구조는 면심입방격자이다.
② 철(Fe)이 마그네슘(Mg)보다 미끄럼면이 더 많다.
③ 금속의 미끄럼 방향이 많을수록 전성과 연성이 커진다.
④ 이동 속도가 느린 자유 전자는 회로를 돌아야 전기가 흐른다.
⑤ 자유 전자의 밀도에 따라 흡수하거나 방출하는 빛의 파장대가 달라진다.

04 ⓐ~ⓔ를 바꾸어 쓴 말로 적절하지 <u>않은</u> 것은?

① ⓐ: 나열(羅列)한
② ⓑ: 상이(相異)하기
③ ⓒ: 우회(迂廻)하는
④ ⓓ: 이동(移動)하여
⑤ ⓔ: 발생(發生)하며

불타는 문제

05 [가]를 바탕으로 〈보기〉를 이해한 내용으로 적절하지 **않은** 것은?

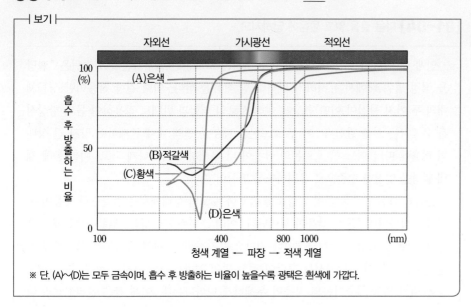

| 보기 |

※ 단, (A)~(D)는 모두 금속이며, 흡수 후 방출하는 비율이 높을수록 광택은 흰색에 가깝다.

① (A)~(D)의 자유 전자는 최고 속도가 서로 다르다.

② (A)는 파장이 긴 가시광선의 반사율이 상대적으로 낮다.

③ (B)는 적갈색 계열의 가시광선이 금속 원자 안쪽의 전자껍질에 있는 전자에 대부분 흡수된다.

④ (C)는 황색에 비해 푸른색이나 초록색 계열의 가시광선을 흡수하거나 방출하기가 상대적으로 어렵다.

⑤ (D)는 단위 부피당 자유 전자의 밀도가 높아 흰색 계열의 광택을 나타낸다.

스피드 지문 복습

주제

금속의 다양한 성질에 영향을 끼치는 자유 전자

문단별 중심 내용

1문단 금속의 사전적 정의와 금속의 성질에 영향을 끼치는 ☐☐ ☐☐

2문단 자유 전자의 영향 ① – 금속의 ☐☐

3문단 자유 전자의 영향 ② – 금속의 ☐☐ 전도성

4문단 자유 전자의 영향 ③ – 금속의 ☐ 전도성

5문단 자유 전자의 영향 ④ – 금속의 ☐☐과 ☐☐

6문단 전성과 연성에 영향을 끼치는 금속의 ☐☐ 구조

[01-04] 다음 글을 읽고 물음에 답하시오.

어휘 수준 ★★★☆☆

권장 시간 6분 40초

나의 시간 -----------------------

지문 키워드

#글루카곤 #인슐린 #포도당

#동화 작용

　　인체 내 이자의 내분비 세포에서 분비되는 호르몬인 글루카곤과 인슐린은 °혈당을 적정 범위 내에서 유지하기 위해 길항 작용을 한다. 이때 길항 작용이란 생물체 내의 두 가지 물질이 어떤 현상에 대해 서로의 역할과 반대로 작용하여 몸의 항상성을 유지하는 것을 말한다. 이 두 호르몬은 대부분 혈액 내에 존재하며 양자 간 상대적 비율에 따라 어느 한 호르몬의 작용이 더 우세하게 나타나게 되고, 이를 통해 체내 혈당을 일정한 수준으로 유지하도록 만들어 준다.

　　음식물 섭취 등으로 몸이 영양소를 흡수하는 포만 상태에서는 인슐린의 작용이 우세하게 나타나며 °동화 작용이 일어난다. 이때 소화된 포도당은 에너지 생산에 이용되고, 남은 포도당은 글리코겐이나 지방으로 저장된다. 한편 음식물을 섭취하지 않는 상황, 즉 절식 상태에서는 혈당이 정상 범위 이하로 ⓐ낮아지는 현상, 즉 저혈당증을 막기 위해 글루카곤의 작용이 우세하게 나타나는데, 이때 간은 글리코겐과 다른 비포도당 중간 물질을 사용하여 포도당을 합성한 후 이를 혈액으로 분비하게 된다. 일반적으로 절식 상태에서 정상인의 혈당은 약 90°mg/dL 정도이며, 이때 ㉠인슐린의 분비 정도는 낮게 조절되고, 혈장의 글루카곤은 상대적으로 높게 유지된다. 그런데 절식 상태에서 새로운 음식물 섭취를 통해 영양소가 흡수되면 혈당은 높아지게 되는데, 이러한 포도당의 증가 현상이 글루카곤의 분비는 억제하고 인슐린의 분비를 촉진해 세포 내로 포도당이 흡수되도록 한다. 이로써 혈당이 식사 후 점진적으로 절식 상태의 수준으로 ⓑ돌아가게 된다.

　　인슐린은 다양한 생리적 조건에 따라 분비 또는 억제되는 조절 작용을 한다. 펩티드 호르몬의 일종인 인슐린의 분비는 혈당 농도 100mg/dL 이상의 상태에서 촉진되기 시작하며, 식사를 하는 동안이나 직후에 부교감 신경 자극에 의해 베타 세포가 인슐린의 분비를 촉진하게 된다. 한편 인슐린의 분비는 교감 신경 자극에 의해 억제된다. 가령 위험 상황 등에 의해 스트레스가 증가하면 교감 신경 자극이 강화되어 인슐린 분비가 억제되는데, 이때 부신 수질의 카테콜아민 분비에 의해서도 이러한 교감 신경 자극이 촉진될 수 있다.

[A]
　　인슐린은 호르몬 작용하여 특정한 변화를 일으킬 수 있는 세포인 표적 세포의 세포막 수용체에 결합하여 작용한다. 인슐린의 세포 활성 메커니즘은 다음과 같은 과정을 거쳐 ⓒ일어난다. 먼저 세포 외 액에 존재하는 인슐린이 티로신 인산화 효소 수용기에 결합하고, 이러한 수용기가 인슐린-수용체 기질(IRS)이라 불리는 여러 단백질들을 인(P)과 결합된 상태로 인산화하게 된다. 다음으로 2차 전달자 경로로 진행되는 과정에서 다양한 단백질 합성이 이루어지게 되며, 이러한 단백질들에 의해 GLUT와 같은 수송체가 세포막에 삽입되게 된다. 이러한 수송체의 작용에 따라 포도당이 세포 내로 흡수되고 세포의 물질대사가

• 정답과 해설 • 24쪽

└ 활성화된다.

이렇게 인슐린은 포도당의 세포 내 이용과 저장을 촉진하며, 또한 글리코겐 합성에 이용되는 효소들을 활성화하고, 글리코겐 분해나 지질 분해 효소들을 억제해 물질대사를 동화 작용의 방향으로 ⓓ이끄는 역할을 한다. 이때 에너지와 합성 반응에 필요한 양보다 더 많은 포도당이 흡수되면 초과된 양은 글리코겐이나 지방산으로 만들어진다. 또한 인슐린은 단백질 합성 효소를 활성화하고, 단백질 분해 효소를 억제한다. 단백질성 음식물을 섭취할 경우 아미노산은 간과 근육에서 단백질 합성에 이용되고 초과된 아미노산은 지방산으로 ⓔ바뀐다. 인슐린은 지방산의 베타 산화를 억제하고 초과된 포도당이나 아미노산을 중성 지방으로 변형시키며, 이때 초과된 중성 지방은 지방 조직에 지방 덩어리로 저장된다. 이렇게 인슐린은 글리코겐, 단백질, 지방의 합성을 촉진하는 동화 작용 호르몬으로 작용하며, 인슐린이 부족할 경우 세포는 이화 작용을 하게 된다.

• **혈당**: 혈액 속에 포함되어 있는 당. 척추동물의 혈당은 주로 포도당이며, 뇌와 적혈구의 에너지원이 되고, 그 양은 운동, 식사 따위에 의하여 달라진다.

• **동화 작용**: 간단한 물질을 복잡한 물질로 합성하는 반응을 말하는 것으로, 에너지를 흡수하여 저분자 물질을 고분자로 합성하는 경우가 대표적이다. 그리고 이와 반대의 방향으로 이루어지는 반응을 이화 작용이라고 한다.

• **mg/dL**: 1데시리터(즉 0.1리터)당 포함되어 있는 특정 물질의 mg 양을 뜻한다.

01 윗글에 대해 이해한 내용으로 적절하지 않은 것은?

① 글루카곤과 인슐린은 모두 이자의 내분비 세포에서 분비된다.
② 아미노산은 간과 근육에서 단백질의 합성 과정에 이용되기도 한다.
③ 인슐린은 글리코겐을 합성하는 효소들을 활성화하는 기능을 수행한다.
④ 인슐린은 부교감 신경 자극과 관련하여 베타 세포에 의해 분비 작용이 촉진된다.
⑤ 영양소가 체내에 흡수되는 상황에서는 인슐린보다 글루카곤의 작용이 우세하게 된다.

02 ㉠의 이유로 가장 적절한 것은?

① 인체 내에서 이화 작용보다 동화 작용을 좀 더 우세하게 활성화하고자 함이다.

② 혈액 내 포도당의 농도를 일정한 수준으로 조절하여 인체의 항상성을 유지하고자 함이다.

③ 에너지 생산에 이용되고 남은 포도당이 글리코겐이나 지방으로 저장되는 작용을 촉진
하기 위함이다.

④ 스트레스 상태에서 부신 수질의 카테콜아민 분비를 최소화하여 교감 신경 자극을 감소
시키기 위함이다.

⑤ 글리코겐 및 비포도당 중간 물질을 통해 합성된 포도당이 혈액으로 분비되는 작용을
제어하기 위함이다.

물먹는 문제

03 [A]를 바탕으로 〈보기〉를 이해한 내용으로 적절하지 않은 것은?

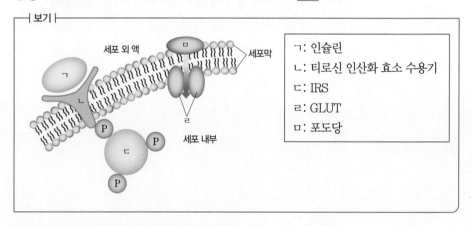

┤ 보기 ├

세포 외 액   세포막

세포 내부

ㄱ: 인슐린
ㄴ: 티로신 인산화 효소 수용기
ㄷ: IRS
ㄹ: GLUT
ㅁ: 포도당

① 세포 활성 메커니즘은 세포 외 액에 존재하는 ㄱ이 ㄴ에 결합함으로써 시작된다.

② ㄴ은 ㄱ이 표적 세포의 세포막 수용체에 결합하여 작용하는 현상과 관련이 있다.

③ 단백질의 일종인 ㄷ은 ㄴ에 의해 인(P)과 결합된 상태로 세포막에 삽입되게 된다.

④ ㄹ은 2차 전달자 경로로 진행되는 과정에서 형성된 단백질들의 영향을 받아 ㅁ의 이동
을 돕는다.

⑤ ㅁ은 ㄹ과 같은 수송체의 작용에 따라 세포 내로 흡수되어 세포의 물질대사가 활성화
된다.

04 문맥상 ⓐ～ⓔ와 바꿔 쓰기에 적절하지 않은 것은?

① ⓐ: 감소(減少)하는

② ⓑ: 복구(復舊)하게

③ ⓒ: 발생(發生)한다

④ ⓓ: 유도(誘導)하는

⑤ ⓔ: 전환(轉換)된다

스피드 지문 복습

주제

글루카곤과 인슐린의 작용 및 기능

문단별 중심 내용

1문단 글루카곤과 인슐린의 ☐☐ 작용

2문단 ☐☐ 상태와 ☐☐ 상태에서 각각 나타나는 호르몬의 작용 양상

3문단 인슐린 분비의 촉진 및 억제 조건

4문단 인슐린의 세포 ☐☐ 메커니즘

5문단 ☐☐ 작용 호르몬으로서 인슐린의 다양한 기능

[01-05] 다음 글을 읽고 물음에 답하시오.

어휘 수준 ★★★★☆

권장 시간 8분

나의 시간 ----------------------------

지문 키워드

#DNA #DNA의 다형성
#DNA 감식 #전기영동 기법

DNA는 '당-인산-염기'로 이루어진 뉴클레오타이드라는 단위 물질이 일렬로 @배열되어 있는 고분자 물질을 말한다. DNA는 두 가닥이 한 쌍을 이루는 형태로 이중 나선 구조를 띠며, 약 30억 쌍으로 구성된 DNA 염기는 수소 결합에 의해, 아데닌(A)은 티민(T)과, 사이토신(C)은 구아닌(G)과 선택적으로 결합한다. DNA는 염색체의 형태로 대부분 세포의 핵 속에 존재하지만 세포질이나 미토콘드리아라고 하는 세포 내 기관에 존재하기도 한다.

동일한 하나의 세포가 세포 분열 과정에서 둘로 나뉜 경우, 즉 일란성 쌍둥이의 사례를 제외하고 DNA의 염기가 처음부터 끝까지 서로 일치하는 경우는 없다. 한편, 개개 인간의 유전체는 전부 다르지만, 개인별 차이가 나는 부분은 전체 DNA 중 0.1% 정도에 지나지 않으며, 인간과 침팬지의 염기 서열 역시 전체 중 2~3% 정도밖에 차이가 나지 않는다. 하지만 이러한 미세한 차이가 인간과 침팬지의 주요 특성을 구별하는 변수로 작용하게 된다.

그렇다면 이러한 차이는 어떻게 일어나는 것일까? 개인별 DNA가 지닌 차별적 특징을 나타내는 DNA의 다형성은 두 유형, 즉 단일 염기 다형성(SNP)과 길이 다형성(LP)으로 나누어 살펴볼 수 있다. 먼저 SNP는 여러 DNA 염기들 중 하나에 나타나는 염기의 ⓑ변이를 가리키는 것으로, 가령 어떤 사람은 AGACTAAG……인데, 다른 사람은 AGATTAAG……인 경우를 말한다. 양자를 비교하면, 후자의 네 번째 염기가 C에서 T로 바뀐 것을 알 수 있는데, 이러한 SNP는 대략 500~1,000 염기 당 1개 꼴로 나타나는 것으로 알려져 있다.

한편, 길이 다형성(LP)은 STR이라는 DNA 부위에서 주로 나타나는데, DNA 염기 서열에서 반복되는 염기 서열의 횟수가 달라지는 것을 말한다. 예컨대, 일정한 STR 염기 서열 단위가 어떤 사람은 3번 반복되지만, 또 다른 사람은 2번 반복되는 등 개인마다 서로 길이가 다른 부분이 존재하게 되는 것을 말한다. 이러한 STR은 전체 DNA 중 아무런 유전 정보를 지니지 않는 부분에 존재하지만 DNA ©감식 등에서는 바로 이 부분을 활용하기 때문에 매우 중요한 역할을 한다.

이러한 특징을 바탕으로 현실 속 범죄 수사 등에서 활용되는 DNA의 감식은 어떻게 이루어질 수 있을까? DNA 분자의 무게는 약 3˚pg이며 세포 하나에는 동일한 염색체가 두 개씩 존재하므로 약 6pg의 DNA가 들어 있다고 볼 수 있다. 보통 1˚ng 이상의 DNA만 있으면 유전자 감식이 가능하며, 최근에는 현대 기술의 발달로 이보다 훨씬 적은 양의 DNA만으로도 DNA 감식이 가능해졌다. 하지만 DNA를 제대로 감식하기 위해서는 0.1ng 이상의 DNA가 필요하다.

㉠DNA 감식 과정에서는 DNA 전체가 아닌 STR과 같은 특정한 일부분만을 분석하게 된다. 이를 위해 해당 DNA 부분을 양적으로 ⓓ증폭하는 과정을 거치는데, 이

때 PCR이라는 분자생물학 기술이 활용된다. 그리고 전기영동 기법을 통해 길이 다형성을 지닌 것을 분리해 DNA형을 분석함으로써 DNA 감식이 최종적으로 이루어진다. 그런데 DNA 감식에서는 한 부분의 STR만 분석하는 것이 아니라 여러 STR을 동시에 PCR로 증폭하여 분석하는데, 이렇게 함으로써 보다 식별력을 높이고 정확한 결과를 얻을 수 있기 때문이다. 이렇게 동시에 10개 이상의 여러 STR을 분석하는 것을 멀티플렉스 PCR이라고 한다.

이렇게 길이가 서로 다르게 증폭된 DNA 조각은, 전기영동의 과정을 통해 길이에 따라 분리되어 최종적으로 DNA형을 분석하는 과정을 거치게 된다. DNA는 음전하를 띠고 있어 전기장을 걸어 주면 음극에서 양극으로 이동하게 되는데, 이때 음극과 양극 사이에는 미세한 그물 구조를 지닌 화학 물질이 존재하여 DNA 조각이 통과하면서 짧은 것은 빠르게, 긴 것은 느리게 양극으로 이동하게 되어 길이별로 분리가 이루어진다. 전기영동은 자동화된 전기영동 장치를 사용하며, 길이에 따라 분리된 DNA 조각으로부터 특정 수치값을 얻게 된다. 또한 이 값을 분석 소프트웨어를 통해 분석하여 유전자형 분석 수치 자료를 ⓔ확보할 수 있게 된다.

• pg(피코그램): 1조 분의 1g을 의미한다.
• ng(나노그램): 10억 분의 1g을 의미한다.

01 윗글의 내용 전개 방식에 대한 이해로 가장 적절한 것은?

① DNA의 개념과 다형성의 두 유형을 바탕으로 DNA 감식 과정과 원리를 설명하고 있다.

② DNA의 다형성이 발생하는 원인을 바탕으로 전기영동 기술의 한계와 해소 방안에 대해 설명하고 있다.

③ DNA가 세포 분열 과정에서 나누어지는 현상을 바탕으로 길이 다형성이 발생하는 유전적 원인에 대해 서술하고 있다.

④ DNA 분자의 무게에 대한 이해를 바탕으로 멀티플렉스 PCR의 기술적 장점과 단점을 균형 있게 서술하고 있다.

⑤ DNA의 염기가 결합하는 방식을 바탕으로 단일 염기 다형성과 길이 다형성이 지니는 공통점을 중점적으로 서술하고 있다.

02 윗글에 대해 이해한 내용으로 적절하지 <u>않은</u> 것은?

① DNA는 단위 물질인 뉴클레오타이드의 배열 구조로 이루어진 고분자 물질이다.

② 동일한 염색체를 두 개씩 가지고 있는 하나의 세포에는 약 6pg의 DNA가 함유되어 있다고 볼 수 있다.

③ DNA 염기는 약 30억 쌍으로 구성되어 있으며, 수소 결합에 의해 특정 유형끼리 선택적으로 결합한다.

④ 일란성 쌍둥이를 비롯한 모든 생물체에서 DNA 염기가 처음부터 끝까지 일치하는 경우는 존재하지 않는다.

⑤ DNA 다형성의 한 유형인 단일 염기 다형성(SNP)은 여러 DNA 염기들 중 한 부분에서 나타나는 염기의 변이를 의미한다.

불타는 문제

03 윗글을 바탕으로 〈보기〉를 이해한 내용으로 적절하지 <u>않은</u> 것은?

┤ 보기 ├

　용의자 갑과 을의 DNA를 분석하여 범죄를 저지른 범인을 찾는 수사를 진행하였다. 이때 갑의 염기 서열 중 일부분을 분석한 결과 CGATTGAC……이고, 을의 염기 서열은 CGATTGTC……였다. 또한 갑과 을의 STR 부위를 비교해 보니, 일정한 염기 서열 단위가 갑은 2번 반복되었고, 을은 4번 반복되고 있음을 확인할 수 있었다. (단, 갑의 DNA는 0.15ng, 을의 DNA는 0.05ng을 채취하여 수사를 진행하였다.)

① 갑과 을은 길이 다형성(LP)이라는 개인별 DNA의 차별적 특징을 나타내는 경우임을 알 수 있겠군.

② 갑과 을의 염기 서열을 참고할 때, 단일 염기 다형성(SNP)을 통해 두 DNA에 차이가 있음을 알 수 있겠군.

③ 갑과 달리 을의 경우, DNA 감식을 제대로 진행하기 위해서 더 많은 양의 DNA 분자량 확보가 필요하겠군.

④ 갑의 염기 서열이 DNA 한 쌍의 두 가닥 중 하나라면, 그에 대응하는 다른 가닥은 GCTAACTG가 되겠군.

⑤ 갑과 을의 경우, 각각 10개 이상 복수의 STR이 확보된다면 멀티플렉스 PCR 기술의 적용 없이도 전기영동 과정을 통해 보다 정확한 유전자형 분석 결과를 확보할 수 있겠군.

04 ㉠의 이유로 가장 적절한 것은?

① DNA는 '당-인산-염기'의 구성으로 이루어지며 두 가닥이 한 쌍을 이루는 형태이기 때문이다.

② DNA는 세포질이나 미토콘드리아라고 하는 세포 내 기관에도 존재하는 특성을 지니기 때문이다.

③ DNA는 음전하를 띠고 있어 전기장을 걸어 주면 음극에서 양극 방향으로 이동하는 성질을 지니고 있기 때문이다.

④ STR은 단일 염기 다형성(SNP)에 활용되는 특정 부위로 대략 500~1,000개의 염기 당 1개 꼴로 나타나기 때문이다.

⑤ STR은 유전 정보로서 의미를 지니고 있지는 않지만 각 개체마다 반복되는 염기 서열의 횟수가 달라지는 변별적 특징을 보이기 때문이다.

05 ⓐ~ⓔ의 사전적 의미로 적절하지 않은 것은?

① ⓐ: 일정한 차례나 간격에 따라 벌여 놓음.

② ⓑ: 모양이나 형태가 달라지거나 달라지게 함.

③ ⓒ: 범죄 수사에서 필적, 지문, 혈흔(血痕) 따위를 과학적으로 감정함.

④ ⓓ: 사물의 범위가 늘어나 커짐. 또는 사물의 범위를 넓혀 크게 함.

⑤ ⓔ: 확실히 보증하거나 가지고 있음.

스피드 지문 복습

주제

DNA의 다형성 유형을 활용한 유전자 감식의 원리

문단별 중심 내용

1문단 □□□□의 개념과 특징

2문단 DNA의 차이 정도 및 DNA가 종의 특성에 작용하는 영향력

3문단 □□□□ 다형성(SNP)의 개념과 특징

4문단 □□ 다형성(LP)의 개념과 특징

5문단 DNA를 통한 유전자 □□의 기본적 요건

6문단 PCR과 □□□□ 기법을 활용한 DNA 감식 과정

7문단 전기영동 과정을 통한 DNA의 분석 원리

어휘 수준 ★★☆☆☆

권장 시간 6분 30초

나의 시간 --------------------------

지문 키워드

#원핵 세포 #진핵 세포

#식물 세포 #동물 세포 #세포막

[01-04] 다음 글을 읽고 물음에 답하시오.

　세포는 생물체를 이루는 기본 단위로, 핵막이나 세포 소기관의 유무에 따라 원핵 세포와 진핵 세포로 @나뉜다. 원핵 세포를 가진 생물을 원핵 생물이라 하고, 진핵 세포를 가진 생물을 진핵 생물이라 한다. 세균과 남조류 등이 원핵 생물에 해당하고, 아메바나 동식물을 비롯한 대부분의 생물은 진핵 생물에 해당한다. 원핵 세포는 핵막이 없어 핵 물질이 세포질에 퍼져 있고 세포 소기관도 존재하지 않는다. 반면 진핵 세포는 핵막이 있어 핵 물질과 세포질이 구분되고 세포질에는 다양한 세포 소기관들이 존재한다.

　진핵 세포의 세포 소기관으로는 호흡에 관여하는 미토콘드리아, 세포 내 또는 세포 간 물질 수송에 관여하는 소포체, 단백질 합성에 관여하는 리보솜이 있다. 또한 골지체는 소포체가 전달해 온 물질을 저장하고 이를 세포 밖으로 ⓑ내보내거나 세포 내 소기관으로 수송하는 등 물질을 전달하는 역할을 한다. 리소좀은 여러 분해 효소를 가지고 있어 세포 내에 필요 없는 물질이 생기거나 병균이 침입했을 때 이러한 물질들을 분해하여 세포를 지키는 역할을 한다.

　동식물의 세포는 모두 진핵 세포이지만 모양이나 구성 성분에서 차이를 보인다. ㉠식물 세포는 세포막 주변을 셀룰로오스로 구성된 세포벽이 둘러싸고 있어 모양이 비교적 고정적이고 다면체를 이루고 있는 반면 ㉡동물 세포는 세포벽이 존재하지 않아 모양이 유동적이며 대체로 구형을 이루고 있다. 또한 식물 세포에는 엽록체와 액포가 존재하는 반면 동물 세포는 그렇지 않으며, 그 대신 동물 세포는 식물 세포에는 없는 중심체를 지니고 있다. 엽록체는 광합성을 통해 빛 에너지를 화학 에너지로 전환하여 물과 이산화탄소로부터 포도당과 같은 유기물을 합성하고, 액포는 세포의 삼투압을 조절하고 형태 유지에 관여한다. 한편 동물 세포에 존재하는 중심체는 세포 분열이 ⓒ일어날 때 방추사 형성에 관여한다.

　세포막은 세포의 안과 밖을 나누는 막으로, 세포 안에서 밖으로, 또는 세포 밖에서 안으로 다양한 물질의 출입을 관리하는 기능을 한다. 세포막은 인지질 및 단백질 분자로 구성된 얇고 구조적인 인지질 이중 층으로 되어 있으며, 이온 등의 전하를 띤 물질을 통과시키지 않는 선택적인 투과성을 지닌다. 이온 채널은 막을 관통하는 터널과 같은 구조를 가진 단백질로서, 칼슘이나 나트륨 이온 등을 통과시키는 기능을 한다. 채널의 통로가 열려 있을 때 이온의 농도가 높은 쪽에서 낮은 쪽으로 ⓓ움직이게 되며, 이러한 이온은 단백질을 활성화하거나 세포 안과 밖의 전기적 평형을 변화시킨다.

　세포막에는 세포 안의 세포 골격과 결합해 세포의 모양을 유지하는 단백질, 이웃 세포와의 접착을 돕는 단백질 등도 있으며, 막을 통해 통과시키고자 하는 물질과 결합하여 자신의 구조를 변화시킴으로써 물질을 통과시키는 수송체도 존재한다. 물질

• 정답과 해설 • 28쪽

의 농도가 낮은 쪽에서 높은 쪽으로 특정 물질을 수송하고자 할 경우, 단순히 이온 채널만으로는 물질이 역류하는 문제가 발생하게 되어 별도의 방법이 필요하다. 이를 위해 수송체라는 단백질 그룹이 수송하려고 하는 물질과 결합한 다음 자신의 구조를 변화시켜 해당 물질을 ⓔ나르는 기능을 하게 되는데, 이때 수송체의 구조를 변화시키기 위해 ATP와 같은 에너지원을 활용하게 된다.

또한 세포막에 존재하는 수용체는 신호 전달 물질과 결합하여 외부 신호를 받아들이고, 이를 세포 내부로 전하는 역할을 한다. 즉 주변의 다른 세포로부터 다양한 신호 전달 물질이 분비되는데, 세포막에는 이러한 물질을 받아들이기 위한 수용체가 존재하며, 이러한 수용체가 신호 전달 물질과 결합한 상태로 활성화되어 세포 내부의 다른 단백질로 신호를 전달하게 된다.

01 윗글에 대한 설명으로 가장 적절한 것은?

① 액포의 기능과 관련한 삼투압의 원리를 구체적 사례를 들어 상세하게 설명하고 있다.
② 세포막을 구성하고 있는 인지질 및 단백질 분자의 공통점과 차이점을 분석적으로 서술하고 있다.
③ 진핵 세포의 소포체가 세포 간 물질 수송을 어떻게 수행하는지 그 작용 원리에 대해 서술하고 있다.
④ 원핵 세포와 진핵 세포의 개념을 구분하고 동식물의 세포 구성 요소 및 기능을 중심으로 서술하고 있다.
⑤ 원핵 세포의 기본적 특징을 소개하고, 이를 바탕으로 원핵 생물이 진핵 생물로 진화하게 된 과정을 고찰하고 있다.

02 윗글을 통해 알 수 있는 내용으로 적절하지 않은 것은?

① 아메바는 세균이나 남조류와 달리 진핵 생물에 해당한다.

② 리소좀은 병균의 침입 시 이를 분해하여 세포를 정상적 상태로 유지시켜 준다.

③ 세포막은 이온 채널을 통해 칼슘이나 나트륨 이온 등을 통과시키는 역할을 수행한다.

④ 인지질 이중 층으로 이루어져 있는 세포막은 물질을 선택적으로 투과시키는 성질을 지니고 있다.

⑤ 세포막에 존재하는 수용체는 다른 물질과의 결합 없이 외부 신호를 직접 수용하여 세포 내부로 전달한다.

03 ㉠과 ㉡을 비교하여 이해한 내용으로 적절하지 않은 것은?

① ㉠은 세포의 삼투압을 조절하고 형태 유지 기능을 담당하는 액포를 지니고 있다.

② ㉡은 세포 분열이 이루어질 때 방추사 형성에 관여하는 중심체를 지니고 있다.

③ ㉠은 ㉡과 달리 광합성을 통해 물과 이산화탄소로부터 포도당을 합성할 수 있다.

④ ㉡은 ㉠과 달리 셀룰로오스로 구성된 세포벽을 통해 고정적인 다면체 형태를 띠고 있다.

⑤ ㉠과 ㉡은 모두 핵막에 의해 핵 물질과 세포질이 구분되며 세포질에는 세포 소기관을 지니고 있다.

04 문맥상 ⓐ~ⓔ와 바꿔 쓰기에 적절하지 않은 것은?

① ⓐ: 구분(區分)된다

② ⓑ: 유입(流入)시키거나

③ ⓒ: 발생(發生)할

④ ⓓ: 이동(移動)하게

⑤ ⓔ: 운반(運搬)하는

스피드 지문 복습

주제

식물 세포와 동물 세포의 구분과 세포막의 기능

문단별 중심 내용

1문단 원핵 세포와 진핵 세포의 개념

2문단 □□ 세포의 다양한 세포 소기관과 기능

3문단 □□ 세포와 □□ 세포의 차이점

4문단 □□□의 특징과 기능

5문단 세포막의 구성 요소와 기능

6문단 □□□가 외부 신호를 세포 내부로 전달하는 원리

[01-05] 다음 글을 읽고 물음에 답하시오.

활성 산소는 호흡 과정에서 산소(O_2)가 4개의 전자를 얻어 독성이 없는 물(H_2O)이 생성되는 과정에서 ⓐ부산물로 발생한다. 산소 분자에 전자 한 개가 옮겨 붙으면 '슈퍼옥사이드아니온'이라는 활성 산소가 생기는데, 건강한 몸에서는 효소 작용 등을 통해 활성 산소를 과산화수소(H_2O_2)로 변화시키고, 체내에서 적절한 양의 과산화수소는 카탈라아제, 퍼옥시데이스에 의해 물로 전환된다. 하지만 체내에 과도한 양의 과산화수소가 쌓일 경우 모두 물로 전환되지 못하는 상황이 발생하는데, 이때 산소가 전자 하나를 더 얻으면 독성이 강한 하이드록실 라디칼이라는 물질이 체내에 생성된다. 이 물질은 단백질과 DNA는 물론 지질도 산화시키는 등 우리 몸에 해로운 영향을 미치게 된다.

이러한 활성 산소는 우리 몸속 어디에서 생성되는 것일까? 세포 안에는 세포체, 세포 골격, 미토콘드리아 등이 존재하는데, 이 중 활성 산소는 생체 에너지인 ATP를 생성하는 세포 내 소기관인 미토콘드리아에서 주로 만들어진다. 미토콘드리아의 내부 막에서는 산화 환원 반응이 연쇄적으로 일어나고 이 과정에서 전자가 이동하며 활성 산소가 생성된다. 활성 산소 생성 비율은 일반적으로 체내 총 산소 소비량의 2% 정도인데, 유해 환경에 ⓑ노출되면 7% 이상이 되기도 한다. 이 경우 우리 몸은 더 이상 활성 산소를 조절하지 못하고, 제거되지 못한 활성 산소는 단백질, 지질, 핵산 등 우리 몸의 주요 물질을 산화시키게 된다.

그런데 실제로 활성 산소는 양면성을 지니고 있어, 농도에 따라 세포에 부정적 영향을 미치기도 하고 긍정적 영향을 미치기도 한다. 즉 ㉠인체에 유해한 활성 산소도 있지만 이와 달리 ㉡인체에 유익한 활성 산소도 존재한다. 이때 전자는 지속적으로 생성되는 반면, 후자는 일시적으로 소량만 생성되는 특징을 지닌다. 유해한 활성 산소의 생성 기관은 병적인 상태의 미토콘드리아와 리소좀이고, 관련 효소 체계는 리폭시제네이스, 잔신옥시게나아제 등인 반면, 유익한 활성 산소는 외부의 자극과 연결된 효소 체계, 즉 NADPH 옥시데이스를 통해 생성되며, 생체 방어, 호르몬 생성, 세포 성장 및 분화 등 다양한 생리 작용에 중요한 역할을 한다.

인체에 유익한 활성 산소에 대해 좀 더 알아보자. 외부의 성장 인자 또는 사이토카인 등에 의해 활성 산소 생성 효소 체계인 NADPH 옥시데이스가 활성화되고, 이 효소를 통해 생성된 활성 산소는 세포 증식 및 분화와 같은 생리 현상을 돕는다. 즉 세포막 외부에서 G-단백질 수용체, 사이토카인 수용체, 성장 인자 수용체가 자극을 받거나 또는 세균이 침입하면 생체 방어를 위해 체내에서 활성 산소가 생성되며 이때 NADPH 옥시데이스라는 효소가 작용하게 된다. 이러한 활성 산소는 세포의 성장과 분화 및 세균 ⓒ사멸의 기능을 수행하며, 해당 작용을 마친 후에는 세포 내 항산화 효소 체계에 의해 제거된다.

NADPH 옥시데이스는 세포막을 여러 번에 걸쳐 통과하며 작용하고, 막 투과성 구조와 긴 세포질에 꼬리가 달려 있는 구조를 지니고 있다. 막 투과성 구조는 그 중심에 헴(H)을 ⓓ보유하고 있고 세포질에 늘어뜨린 꼬리에는 NADPH와 FAD가 결합한다. 이때 NADPH가 $NADP^+$가 되면서 나온 전자(e^-)가 FAD로 이동하고, 이러한 전자가 막 투과성 구조 중심부에 있는 헴을 통해 산소(O_2)에 전달되고, 이것이 $O_2 \cdot ^-$와 결합하여 최종 결과물인 활성 산소가 만들어지게 된다.

이러한 활성 산소는 체내에서 다양한 이로운 작용을 수행한다. 먼저 외부에서 침입한 해로운 균을 잡아먹는 대식 세포의 작용을 활발하게 하는 데 도움이 된다. 외부에서 침투한 균은 혈류를 통해 매우 빠른 속도로 이동하는데, 이때 대식 세포가 균을 표적으로 활성 산소를 방출하면 그 동작이 느려져 보다 쉽게 균을 제거할 수 있게 된다. 또한 장내 세균의 생존을 조절하기 위해 활성 산소가 활용된다. 인체에서 외부의 균과 가장 많이 ⓔ접촉하는 곳은 점막인데, 이러한 점막은 코, 목, 대장에 주로 분포한다. 특히 대장에는 100조 개 정도의 많은 세균이 존재하는데, 장 점막에는 몸에 좋은 균과 해로운 균이 섞여 있고 이들 간의 균형이 잘 이루어져야 건강 상태를 유지할 수 있다. 활성 산소는 점막에 존재하는 균의 적절한 조절을 이루는 데 중요한 영향을 미친다.

01 윗글의 표제와 부제로 가장 적절한 것은?

① 활성 산소의 생성 원리와 기능
 - 활성 산소가 인체에 미치는 양면성과 그 특징을 중심으로
② 활성 산소와 미토콘드리아의 상호 작용
 - ATP가 생체 에너지를 생성하는 원리를 중심으로
③ 활성 산소와 체내 총 산소 소비량의 상관관계
 - G-단백질 수용체의 활성 산소 생성 촉진 원리를 중심으로
④ 활성 산소의 독성이 인체에 미치는 다양한 유해성
 - 하이드록실 라디칼이 체내에 축적되는 원리를 중심으로
⑤ 활성 산소가 인체에 미치는 유익한 영향력과 작용 원리
 - 병균의 침투와 대식 세포의 식균 작용 과정을 중심으로

02 윗글의 내용과 일치하지 <u>않는</u> 것은?

① 미토콘드리아의 내부 막에서는 산화 환원 반응이 연쇄적으로 발생한다.

② 산소 분자가 전자 한 개를 얻으면 활성 산소인 슈퍼옥사이드아니온이 생성된다.

③ 활성 산소는 농도에 따라 세포에 긍정적 또는 부정적 영향을 미치는 양면성을 지니고 있다.

④ 유해 환경에 노출되면 활성 산소 생성 비율이 체내 총 산소 소비량의 7% 수준까지 오를 수 있다.

⑤ 활성 산소는 코, 목, 대장과 같은 체내 점막에 존재하는 모든 균을 사멸하여 생리적 균형을 유지한다.

불타는 문제

03 〈보기〉는 NADPH 옥시데이스 구조를 도식화한 것이다. 윗글을 바탕으로 〈보기〉를 이해한 내용으로 적절하지 <u>않은</u> 것은?

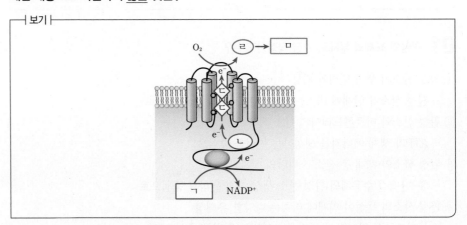

① ㄱ은 전자(e^-)를 ㄴ에게 전달하고 $NADP^+$로 변한 것으로 보아 'NADPH'에 해당하겠군.

② ㄴ은 ㄱ으로부터 받은 전자(e^-)를 막 투과성 구조의 ㄷ으로 전달하는 것으로 보아 'FAD'에 해당하겠군.

③ ㄷ은 막 투과성 구조의 중심에 위치하여 전자(e^-)를 산소(O_2)에 전달하고 있는 것으로 보아 '헴'에 해당하겠군.

④ ㄹ은 막 투과성 구조를 거쳐 전달된 전자(e^-)를 얻어 최종 결과물인 ㅁ을 산출하는 것으로 보아 '성장 인자 수용체'에 해당하겠군.

⑤ ㅁ은 NADPH 옥시데이스 효소 체계의 복합적 과정에 의해 최종적으로 얻어진 '활성 산소'에 해당하겠군.

04 ㉠과 ㉡에 대한 이해로 가장 적절한 것은?

① ㉠은 외부로부터 침입한 해로운 균을 제거하는 대식 세포의 작용을 활성화하는 데 도움을 준다.
② ㉡은 리폭시제네이스와 같은 효소 체계를 바탕으로 기능이 활성화되는 특징을 지닌다.
③ ㉠은 일시적으로 소량만 생성되는 반면, ㉡은 지속적으로 생성되는 특징을 지닌다.
④ ㉡은 ㉠과 달리 NADPH 옥시데이스를 통해 생성되어 세포의 분화에 중요한 역할을 한다.
⑤ ㉠과 ㉡ 모두 강한 독성을 지녀 단백질과 DNA는 물론 지질까지도 산화시키는 특징을 보인다.

05 ⓐ~ⓔ의 사전적 의미로 적절하지 않은 것은?

① ⓐ: 어떤 일을 할 때에 부수적으로 생기는 일이나 현상.
② ⓑ: 겉으로 드러나거나 드러냄.
③ ⓒ: 여러 가지 방법으로 일정한 물질 속에 있는 미량 성분을 분리하여 잡아 모으는 일.
④ ⓓ: 가지고 있거나 간직하고 있음.
⑤ ⓔ: 서로 맞닿음.

스피드 지문 복습

주제

활성 산소의 생성 원리와 기능

문단별 중심 내용

1문단 ☐☐☐☐의 생성 과정과 영향
2문단 활성 산소의 생성 기관 및 생성 비율
3문단 인체에 ☐☐☐ 활성 산소와 유익한 활성 산소의 특징
4문단 인체에 ☐☐☐ 활성 산소의 생성 원리 및 기능
5문단 NADPH 옥시데이스의 구조 및 유익한 활성 산소의 생성 과정
6문단 활성 산소가 ☐☐에서 수행하는 이로운 작용들

[01-04] 다음 글을 읽고 물음에 답하시오.

어휘 수준 ★★★☆☆

권장 시간 6분 10초

나의 시간 --------------------------

지문 키워드

#극한기후사상 #기후 변화
#지구 온난화

　　최근 100년 동안 지구 대기 중, 온실 기체의 농도가 지속적으로 증가됨에 따라 지구의 지표 기온이 예년보다 0.74℃ 상승했다. 이렇게 온난해진 기후는 극한기후사상을 유발시켜서 인류에 다양한 영향을 미치고 있다. 극한기후사상이란 특정 장소와 시간에 드물게 발생하는 기상 현상을 일컫는데, 열대야, 폭염, 폭설, 한파, 호우, 혹한 등의 자연재해를 동반한다는 특징이 있다. 최근 연구 결과에 따르면 인구가 밀집되어 있는 북반구 중위도에서 지구 온난화가 활발히 진행되었으며, 이로 인해 극한기후사상의 발생 빈도와 강도도 타 지역에 비해 상대적으로 빠르게 증가하는 경향을 보이고 있다.

　　이때 '드물게' 발생한다는 것은 통계적으로 보면 상위 또는 하위 10% 밖의 영역에서 나타나는 현상으로 규정할 수 있다. 〈그림〉과 같이 평균과 그 주변의 기온에 해당하는 값은 발생 확률이 높지만, 평균에서 멀어지면서 발생 확

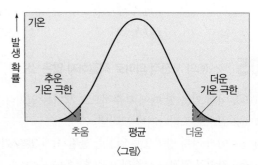
〈그림〉

률이 급격하게 줄어든다. 예를 들어 서울의 연 평균 기온이 영상 12.2℃라면, 이러한 기후 평균값과 유사한 일 평균 기온은 자주 발생한다. 그러나 서울에서 가장 무더웠던 날의 최고 기온인 영상 38.4℃ 또는 가장 추웠던 날의 최저 기온인 영하 23.1℃는 기후 평균값과는 차이가 있으므로 이는 기상 관측 사상 '드물게' 발생한 극한기후사상에 해당한다고 볼 수 있다. 이처럼 상위 또는 하위 10%의 극한 영역에 속하는 추운 기온 극한과 더운 기온 극한의 발생 빈도는 매우 적다.

　　극한기후사상은 인류에 의한 지구 온난화가 진행됨에 따라 이에 비례하여 발생 빈도가 증가하는 것으로 알려져 있다. 지구 온난화로 인해 지금보다 평균 기온이 상승하고 이에 따라 예전의 추운 기온 극한의 발생 빈도는 감소하게 되지만, 더운 기온 극한의 발생 빈도는 증가하게 되어 결과적으로 더운 낮밤은 증가하고 추운 낮밤은 감소하게 된다. 이때 더운 기온 극한의 영역에서는 예전에 발생한 적이 없었던 극단적인 고온 현상이 발생할 가능성이 새롭게 생기게 되어 이에 따른 피해가 우려된다. 실례로 스페인, 포르투갈 등 남유럽 지역의 기온이 47℃까지 올라가자 열사병, 탈진, 경련 등을 앓는 온열 환자의 수가 급증하여 많은 사상자가 발생하게 되었다.

　　그러나 극한기후사상은 대체로 인류에 피해를 입히기는 하지만, ㉠때로는 혜택을 주는 자연 현상이 되기도 한다. 대표적인 극한기후사상인 태풍과 허리케인은 강풍과 폭우 등의 자연재해를 동반하여 인류에 치명적인 피해를 주지만, 이와 더불어 부족한 강수량을 보충하는 긍정적인 작용을 하기도 한다. 예를 들어 1994년 여름에는 우

리나라 전역이 연일 일 최고 기온을 경신하며 무덥고 건조한 날씨가 지속되었는데, 같은 해 8월에 내습한 태풍 더그가 우리나라의 여름철 평균 기온을 낮추고, 부족했던 강수량을 보충하여 가뭄 피해를 해결하는 데 중요한 역할을 하였다.

인류에 의한 지구 온난화 문제가 고착되면서 이에 따라 유발된 극한기후사상 역시 인류가 대응해야 하는 문제로 새롭게 자리 잡게 되었다. 심각한 자연재해를 동반하는 극한기후사상의 발생은 이미 생태계, 사회적·경제적 측면에 전반적인 영향을 미치고 있으며 수자원 수급 문제, 농업 생산성 저하, 보건 위생 문제 등 인류의 삶과 직결된 문제들을 초래하여 극한기후사상으로 인한 인류의 피해는 더욱 커질 것으로 예상된다. 그러나 극한기후사상의 발생 원인을 근본적으로 해소하기 어렵기 때문에 미래의 극한기후사상의 변화에 대한 해결 전망은 결코 낙관적이지만은 않다.

01 윗글을 통해 해결할 수 없는 질문으로 적절한 것은?

① 더운 기온 극한이 인류에 어떤 피해를 줄 수 있는가?
② 지구의 지표 기온이 예년에 비해 상승하는 까닭은 무엇인가?
③ 추운 기온 극한과 더운 기온 극한이 동반하는 자연재해는 무엇인가?
④ '드물게' 발생하는 기상 현상을 통계적으로 어떻게 규정할 수 있는가?
⑤ 북반구와 남반구의 극한기후사상의 발생 빈도 차이는 어느 정도인가?

02 극한기후사상에 대해 이해한 내용으로 적절하지 않은 것은?

① 수자원 수급과 보건 위생 문제 등을 초래한다.
② 특정 장소와 특정 시간에만 국한되어 발생한다.
③ 발생 원인을 근본적으로 해소하는 것이 가능하다.
④ 지구의 온난해진 기후로 인해 발생 빈도가 증가한다.
⑤ 인류에 피해를 입히기는 하지만 때로는 혜택을 주기도 한다.

03 ㉠의 경우에 해당하는 내용으로 적절한 것은?

① 칠레에서는 173개월 동안 가뭄이 지속되어서 농작물을 정상적으로 수확하지 못하였다.
② 호주에서는 최대 강풍이 113.2m/s에 이르러서 송전선의 절단에 의한 정전 사고를 초래하였다.
③ 아프리카에서는 24시간 동안 1,825mm의 비가 내려서 부족했던 농업용수를 확보할 수 있었다.
④ 리비아에서는 낮 최고 기온이 57.8℃까지 상승하여 열사병에 걸리고 탈진하는 사람들이 속출하였다.
⑤ 방글라데시에서는 평균 기온이 31℃여서 통풍이 잘 되고 햇빛을 가릴 수 있는 전통 의상이 발달하였다.

물먹는 문제

04 윗글을 통해 〈보기〉를 이해한 내용으로 적절하지 <u>않은</u> 것은?

| 보기 |

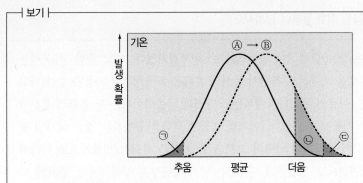

  Ⓐ는 이전 기후이고, Ⓑ는 지구 온난화로 인해 새롭게 변한 기후이다. ㉠은 추운 기온 극한, ㉡과 ㉢은 더운 기온 극한과 관련이 있다.

① Ⓑ에서는 Ⓐ에 비해 평균 기온이 상승하겠군.
② Ⓑ에서는 Ⓐ와 달리 열대야와 폭설의 발생 가능성이 동시에 증가하겠군.
③ Ⓑ에서는 Ⓐ에 비해 ㉡의 발생 빈도가 증가되어 더운 낮밤의 일수가 늘어나겠군.
④ Ⓑ에서는 Ⓐ에 비해 ㉠의 발생 빈도가 감소되어 한파의 발생 가능성이 줄어들겠군.
⑤ Ⓑ에서는 Ⓐ와 달리 ㉢이 발생되어 기록적인 폭염으로 인한 피해가 새롭게 초래될 수 있겠군.

스피드 지문 복습

주제

지구 온난화가 초래하는 극한기후사상

문단별 중심 내용

1문단 □□□□□□의 정의와 특징
2문단 '드물게' 발생하는 극한기후사상의 의미
3문단 □□□□□에 따른 극한기후사상의 발생 변화
4문단 □□에 혜택을 주기도 하는 극한기후사상
5문단 극한기후사상으로 인한 인류의 □□와 □□ 전망

[01-06] 다음 글을 읽고 물음에 답하시오.

어휘 수준 ★★★★☆

권장 시간 8분 10초

나의 시간 ----------------------

지문 키워드

#천문역법 #태음 태양력
#달의 공전 #24절기 #윤달

우리나라에서는 2010년에 천문법이 법률로 ⓐ제정되었다. 이 천문법 제5조에는 양력인 그레고리력을 기준으로 하면서 동시에 음력을 ⓑ병행하여 사용할 수 있다고 규정되어 있는데, 이로써 우리나라에서는 ㉠양력과 ㉡음력이라는 두 종류의 천문역법을 공식적으로 사용하게 되었다. 이처럼 법률로 역법을 규정하는 것은 국가의 공무를 집행함에 있어 공식적인 날짜와 그로 인한 기록을 사회적·법률적으로 약속하기 위함이다. 일반적으로 일상에서 사용하는 날짜는 대부분 양력이지만, 필요에 따라 음력을 사용하기도 한다. '관공서의 공휴일에 대한 규정'에 따르면 법령에 포함된 음력은 설날(음력 1월 1일), 부처님 오신 날(음력 4월 8일), 추석(음력 8월 15일) 등이 있고, 나머지 정부 기념일은 모두 양력을 기준으로 결정한다.

우리나라에서 공식적으로 사용하는 역법은 중국의 시헌력과 기본적으로 맥을 같이 하는데, 시헌력은 서양의 구면 천문학을 ⓒ도입한 태음 태양력으로, 정기법이 공식적으로 적용되었다. 이때 정기법이란 지구 또는 태양의 실제 위치를 기준으로 24절기를 결정하는 것으로, 지구 또는 태양의 1회전인 360°를 24등분하여 정하는 역법이다. 그러나 현재 우리나라와 중국은 동일하게 정기법을 적용했음에도 불구하고 두 국가의 음력 날짜에는 서로 차이가 있다. 대부분의 국가에서는 지역 또는 국가의 *표준 자오선에 따른 표준시를 일상의 시각 제도로 사용하고 있는데, 우리나라와 중국이 적용하고 있는 표준 자오선이 서로 다르기 때문에 음력 날짜에도 차이가 생기는 것이다.

음력은 달의 ⓓ운행과 밀접한 관련이 있다. 〈그림〉과 같이 달은 지구의 주위를 공전하면서 *천구상에서 태양과의 상대적 위치가 계속 달라진다. 만일 달의 *황경이 태양의 황경값과 일치하게 되면, 천구상에서 달은 태양과 같은 방향에 놓이게 된다. 이때 달의 위치를 합삭이라 하고, 달이 이 위치에 오는 때를 합삭 시간이라 한다. 동일한 원리로, 달이 지구의 주위를

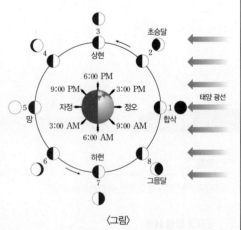

〈그림〉

ⓔ공전하면서 달의 황경이 태양과 90°, 180°, 270° 차이 나는 위치를 각각 상현, 망, 하현이라고 한다.

그리고 달이 처음의 합삭에서 운행을 시작하여 다시 합삭의 위치로 되돌아오는 데 걸리는 기간은 약 29.5306일인데 태음 태양력에서는 이를 1삭망월, 즉 한 달로 규정한다. 합삭 시간이 포함되는 날을 항상 음력 초하루로 정하고, 순서대로 날짜를 하루

씩 증가시켜 나가는 방식을 따른다. 이후 다시 합삭 시간이 드는 날은 다음 달의 초하루가 되고, 해당 달의 명칭이 바뀌게 되는 것이다. 음력 달의 크기는 큰달(대월)과 작은달(소월)로 구분하는데, 합삭 시간의 위치에 따라 30일은 큰달로, 29일은 작은 달로 구분하여 결정한다.

　그러나 달의 운행만을 고려하여 달력을 만든다면, 1년간을 주기로 나타나는 계절 변화를 알 수 없게 되는 문제가 발생한다. 계절 변화는 달의 공전과는 무관하기 때문이다. 계절 변화는 *황도상의 태양 위치와 직접적인 관계가 있으므로, 달력으로 계절 변화를 적절히 예측하기 위해서는 태양의 위치와 관련된 요소를 역법에 포함시켜야 하는데, 우리나라에서는 음력에 24절기라는 양력의 요소를 도입하여 쓰고 있다. 태양이 운행하고 있는 황도를 춘분점으로부터 운행 방향에 따라 15° 간격으로 나누게 되면 전체 24개의 위치가 정해지는데, 이들의 위치에 24절기의 명칭을 붙이고, 태양이 그 지점들을 통과하는 양력 날짜를 해당 절기의 날로 설정하는 것이다. 예를 들어 태양이 춘분점을 통과하는 날이 춘분날이 되고, 추분점을 통과하는 날이 추분날이 되는데, 이와 같이 24절기의 각각의 날짜 자체는 양력 날짜와 같은 의미를 가진다.

　열두 개의 삭망월을 이용하여 만든 태음력의 길이는 1태양력의 길이보다 10.8751일이 짧으므로, 계절 변화와 주기적으로 어긋나는 문제가 생긴다. 이를 일치시키기 위한 방법은 3년 정도마다 *삭망월 사이의 적당한 시기에 윤달을 넣는 것이다. 윤달을 넣는 기준으로 19태양년과 235삭망월의 길이를 사용하는데, 이는 19년간 7삭망월의 윤달을 두는 방식이다. 19태양년은 365.242196일×19년=6,939.6017일이고, 235삭망월은 29.530588일×235달=6,939.6882일로 거의 동일하다. 이처럼 19태양년과 235삭망월의 길이가 같아지게 되는 주기인 6,940일을 동양에서는 장 주기라하고, 서양에서는 메톤 주기라고 한다. 이러한 주기는 태음 태양력이 계절과 일치하는 주기인 동시에, 달의 삭망이 태양년에 대하여 복귀하는 주기이다.

• **표준 자오선**: 표준시를 정하는 기준이 되는 자오선. 대개 15도로 나누어 떨어지는 경도를 채택하고 있다.
• **천구**: 천체의 시위치(視位置)를 정하기 위하여 관측자를 중심으로 하는 무한 반경의 큰 구면(球面). 모든 천체가 실제 거리와는 관계 없이 이 구면 위에 투영되어 있는 것으로 본다.
• **황경**: 황도 좌표의 경도(經度). 춘분점을 기점으로 하여 황도를 따라서 동쪽으로 돌아 0도에서 360도까지 잰다.
• **황도**: 태양의 둘레를 도는 지구의 궤도가 천구(天球)에 투영된 궤도. 천구의 적도면(赤道面)에 대하여 황도는 약 23도 27분 기울어져 있으며, 적도와 만나는 두 점을 각각 춘분점, 추분점이라 한다.
• **삭망월**: 보름달이 된 때부터 다음 보름달이 될 때까지의 시간. 또는 초승달이 된 때에서 다음 초승달이 될 때까지의 시간. 평균 29일 12시간 44분 2초이다.

01 윗글에서 언급한 내용이 아닌 것은?

① 태음 태양력이 계절 변화와 일치하는 주기
② 우리나라와 중국에서 정기법을 적용하는 방식
③ 정부 기념일의 일부를 음력을 기준으로 제정한 이유
④ 우리나라에서 공식적으로 사용하는 천문역법의 종류
⑤ 24절기의 각 날짜가 양력 날짜와 동일한 의미를 지니는 까닭

02 윗글의 내용 전개 방식에 대한 설명으로 가장 적절한 것은?

① 양력과 음력을 정하는 과학적 원리를 설명한 후, 각 역법의 장단점을 제시하고 있다.
② 우리나라에서 규정한 천문법에 대해 언급한 후, 음력을 사용하는 방식을 설명하고 있다.
③ 양력과 음력의 특징을 설명한 후, 법률로 역법을 규정해야 하는 필요성을 부각하고 있다.
④ 양력과 음력을 병행 사용할 때의 문제점을 제시한 후, 음력만을 사용하기 위한 절차를 소개하고 있다.
⑤ 음력 제정 시 달과 태양의 관계를 언급한 후, 음력 대신 양력을 사용하게 될 때의 한계를 지적하고 있다.

03 ㉠과 ㉡에 대해 이해한 내용으로 적절하지 <u>않은</u> 것은?

① ㉠은 일상에서 사용하는 대부분의 날짜에 해당한다.
② ㉡은 달이 지구의 주위를 공전하는 것과 관련 있다.
③ ㉠은 ㉡과 달리 1년간을 주기로 나타나는 계절 변화를 알기 어렵다.
④ ㉡은 ㉠과 달리 해당 국가에서 선택한 표준시에 따라 타국의 날짜와 차이가 생긴다.
⑤ ㉠과 ㉡은 모두 각각의 달에 포함된 일수가 동일하지 않다.

불타는 문제

04 윗글을 참고하여, 〈보기〉를 이해한 학생의 반응으로 적절하지 <u>않은</u> 것은?

| 보기 |

계절 구분	...	봄 (양력 1월~3월)	여름 (양력 4월~6월)	...	가을 (양력 7월~9월)	...	겨울 (양력 10월~12월)	...
양력	...	3월	6월	...	9월	...	12월	...
음력	...	2월	5월	...	8월	...	11월	...
절기 및 태양의 황경	...	→ 경칩 (345°) → 춘분(0°)	→ 망종 → 하지	...	→ 백로 → 추분 (180°)	...	→ 대설 → 동지	...

① '춘분'으로부터 열여덟 번째 절기인 '동지'일 때의 '태양의 황경'은 270°겠군.
② '입하'가 '춘분'으로부터 세 번째 절기라면, 그때의 '태양의 황경'은 45°겠군.
③ '대한'이 '춘분'으로부터 스무 번째 절기라면 그때의 '태양의 황경'은 315°가 되겠군.
④ 3년 정도마다 윤달을 추가하지 않는다면 '양력'과 '음력'의 차이는 점차 심해지겠군.
⑤ '절기'는 지구 또는 태양의 1회전을 15°씩 등분한 것이므로 총 24개의 절기가 있겠군.

05 윗글을 바탕으로, 〈보기〉의 ㉮~㉰에 들어갈 내용으로 가장 적절한 것은?

| 보기 |

달이 지구의 주위를 공전할 때, 달의 황경이 태양의 황경값과 일치하게 되면, 달과 태양은 [㉮]에 놓인다. 이때 달의 위치를 [㉯]이라고 한다. 그리고 달이 계속해서 운행하여 달의 황경이 180° 차이 나는 위치에 오면, 이를 [㉰]이라고 한다.

	㉮	㉯	㉰
①	동일한 방향	합삭	상현
②	동일한 방향	합삭	망
③	동일한 방향	삭망	하현
④	정반대 방향	합삭	망
⑤	정반대 방향	삭망	상현

06 ⓐ~ⓔ의 사전적 의미로 적절하지 <u>않은</u> 것은?

① ⓐ: 제도나 법률 따위를 만들어서 정함.
② ⓑ: 둘 이상의 일을 한꺼번에 행함.
③ ⓒ: 기술, 방법, 물자 따위를 끌어 들임.
④ ⓓ: 천체가 그 궤도를 따라 운동하는 일.
⑤ ⓔ: 천체가 스스로 고정된 축을 중심으로 회전함.

스피드 지문 복습

주제

우리나라에서 사용하고 있는 천문역법

문단별 중심 내용

1문단 우리나라에서 사용하는 [ ][ ][ ][ ]의 특징
2문단 우리나라와 중국의 [ ][ ] 날짜가 다른 이유
3문단 달의 [ ][ ] 시 위치 변화에 따른 명명
4문단 달의 [ ][ ]에 따른 음력 달의 규정
5문단 양력의 요소인 [ ][ ][ ][ ]의 도입
6문단 [ ][ ]을 넣어 태음 태양력과 계절을 일치시킴.

[01-04] 다음 글을 읽고 물음에 답하시오.

어휘 수준 ★★☆☆☆

권장 시간 6분 10초

나의 시간 ------------------

지문 키워드

#열대성 저기압 #태풍 #전향점
#가항 반원 #위험 반원

열대성 저기압은 열대 해상에서 폭풍우를 수반하여 발생하는 자연 현상으로, 저위도에서 고위도 쪽으로 진행한다. 열대성 저기압은 때로 육지에 상륙하여 인명 및 재산에 피해를 주고, 점차 온대 저기압으로 변하여 소멸하는 소용돌이 현상이다. 열대성 저기압이 발달하여 중심 최대 풍속이 17m/s 이상의 폭풍우를 동반하는 것을 태풍이라 하는데, 발생 지역에 따라 허리케인, 윌리윌리, 사이클론 등으로 구분되어 명명한다. 그중 우리나라에 영향을 주는 태풍은 북태평양의 남부 해상의 서쪽 부분인 북위 5°~25°, 동경 120°~170° 범위 내에서 주로 발생한다. 이 지역은 해수면의 평균 수온이 전 세계 평균보다 높은 지역으로, 대기는 수분을 많이 함유하여 불안정한 상태이기 때문에 태풍의 발생에 적당한 조건을 가지고 있다.

태풍은 그 지역의 기압 배치의 상황에 따라 고위도 쪽으로 이동하게 되는데, 태풍의 월별 평균 진로는 〈그림〉과 같다. 그중 ㉠우리나라에 영향을 주는 태풍은 대개 7월에서 11월 사이에 발생한다. 이렇게 발생한 태풍은 처음에는 서북서쪽 방향으로 진행하다가 차츰 북쪽으로 방향을 바꾸고, 북위 약 30° 부근에서 방향을 완전히 바꾸어 북동쪽으로 진행하는 것이 일반적이다. 이처럼 태풍의 진로가 대체로 포물선 형태를 띠는 것은 편서풍의 영향에 의한 것이며 이를 정상 진로라고 하는데, 이 기간에 정상 진로로 진행하는 태풍은 우리나라를 통과하는 경우가 많다.

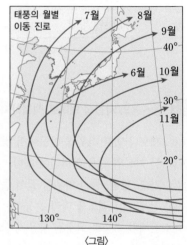

〈그림〉

태풍은 우리나라에 강풍, 집중 호우, 폭풍 해일 등 다양한 자연재해를 일으켜 연간 1조 3,800억 원의 피해를 입히는 것으로 추산된다. 따라서 이러한 피해를 최소화하기 위해 태풍의 진로를 예측하는 것이 중요하다. 태풍은 직선 형태가 아니라 포물선 형태로 이동하는데, 태풍이 진행 방향을 바꾸는 지점을 전향점이라고 한다. 태풍이 전향점에 도착하기 전까지의 평균 이동 속도는 약 20km/h이다. 하지만 태풍이 전향점에 가까워짐에 따라 이동 속도는 서서히 느려지고, 태풍이 전향점에 도착하면 그 이동 속도는 10km/h 이하로 떨어지는 것이 일반적이다. 이렇게 전향점에 도착한 태풍 중 일부는 전향점 부근에서 며칠 간 정체하는 현상을 보이기도 한다. 이후 태풍이 전향점을 지나서 북동쪽으로 이동 방향을 변경하게 되면 태풍의 이동 속도는 처음보다 세 배 이상 가속되어 더욱 빠른 속도로 진행하게 된다.

전향점에서 태풍이 진행 방향을 바꾸는 이유는 태풍이 기압 배치에 따라 기압골이 형성되어 있는 쪽으로 이동하기 때문이다. 예를 들어 7월에는 우리나라의 서쪽 내지

・정답과 해설・36쪽

북서쪽 지역에 고기압이 자리 잡게 되는데, 기압골의 형성으로 인해 태풍의 이동 방향이 일본 쪽으로 더욱 휘어져 이동하게 되고 9월에는 태풍이 일본을 통과하게 되는 것이다. 이때 태풍의 구역 안에서 가항 반원과 위험 반원으로 구분할 수 있다. 그중 전자에서는 태풍의 방향과 일반적으로 부는 바람의 방향이 서로 반대가 되기 때문에 태풍의 위력이 일부 약화된다. 따라서 가항 반원은 위험 반원에 비해 태풍의 위험으로부터 비교적 안전하다는 특징이 있다. 이와 달리 후자에서는 태풍 자체의 바람과 더불어 일반적으로 부는 바람이 함께 작용하므로 태풍의 위력이 강해서 위험하다는 특징이 있다.

그렇다면 배를 운행하다가 태풍을 만난다면 어떻게 해야 할까? 이때에는 배를 태풍의 가항 반원 쪽으로 이동시키면 안전을 확보할 수 있을 뿐 아니라 태풍의 중심 부분으로부터 멀리 벗어날 수 있다. 이와 같이 조치하기 위해서는 무엇보다 태풍의 중심 방향이 어디인지를 파악하는 것이 필요한데, 태풍의 중심부는 바람을 등진 상황에서 왼쪽 방향에 위치하므로 배를 오른쪽 방향으로 이동하면 태풍의 위험으로부터 벗어날 수 있다.

물먹는 문제

01 〈보기〉는 윗글을 읽은 학생의 독서 기록 중 일부이다. 윗글을 참고할 때, '점검 결과'로 적절하지 **않은** 것은?

┤ 보기 ├

• 읽기 계획: 도입부인 1문단을 훑어보면서 이어지는 내용을 예측하고 질문 만들기를 한 후, 글을 읽고 점검하기

예측 및 질문 내용	점검 결과
지역별로 태풍의 명칭이 다른 이유가 제시되어 있을 것이다.	예측과 다름. ·················· ①
태풍으로 인한 재산상 피해 규모가 어느 정도인지 제시되어 있을 것이다.	예측과 같음. ·················· ②
열대성 저기압이 온대 저기압으로 변하는 원인이 소개되어 있을 것이다.	예측과 다름. ·················· ③
왜 북태평양의 남부 해상의 서쪽 부분 해수면은 다른 지역보다 평균 수온이 높을까?	질문의 답이 제시됨. ·········· ④
왜 태풍은 대기가 불안정한 상태일 때 잘 발생할까?	질문의 답이 제시되지 않음. ······· ⑤

02 윗글에서 사용한 설명 방식으로 가장 적절한 것은?

① 열대성 저기압의 정의를 바탕으로 우리나라를 지나는 태풍의 특징을 설명하고 있다.
② 태풍의 진행 방향을 가항 반원과 위험 반원으로 구분해야 하는 필요성을 부각하고 있다.
③ 우리나라에 영향을 주는 태풍의 사례를 들어 남반구 태풍과의 차이점을 대조하고 있다.
④ 열대성 저기압이 태풍으로 발달하여 세력이 확장되는 과정을 순차적으로 소개하고 있다.
⑤ 이동 중인 태풍이 특정 지점에서 진행 방향이 바뀌게 되는 원인을 여러 기준으로 분류하고 있다.

03 ㉠이 진행하는 과정에 대해 이해한 내용으로 적절하지 않은 것은?

① 전향점을 지나면 속도가 처음보다 세 배 이상 빨라지게 된다.
② 전향점 부근에서 정체하여 진행이 일시 중단되는 경우가 있다.
③ 편서풍의 영향으로 인해 직선이 아닌 포물선 형태로 진행하게 된다.
④ 처음에는 서북서쪽을 향하다가 점차 북동쪽으로 방향을 바꾸게 된다.
⑤ 우리나라의 서쪽에 자리 잡은 저기압의 영향으로 일본을 통과하게 된다.

04 윗글을 바탕으로 할 때, 〈보기〉의 ㉮, ㉯에 들어갈 말로 가장 적절한 것은?

┤보기├

　　태풍의 가항 반원에서와는 달리, 위험 반원에서는 [　　　　㉮　　　　] 폭풍이 발생된다. 만약 배를 타고 가다가 태풍을 만난다면, 바람을 등지고 [　　　　㉯　　　　] 배를 안전하게 대피시킬 수 있다.

① ┌ ㉮: 태풍 내 바람과 일반류 바람이 합쳐져서 강한
　 └ ㉯: 왼쪽으로 이동하여 태풍의 중심부에서 멀어지면

② ┌ ㉮: 태풍 내 바람과 일반류 바람이 합쳐져서 강한
　 └ ㉯: 오른쪽으로 이동하여 태풍의 중심부에서 멀어지면

③ ┌ ㉮: 태풍의 중심부에서 가장자리로 밀려 나가는 강한
　 └ ㉯: 앞쪽으로 이동하여 태풍의 중심부에서 멀어지면

④ ┌ ㉮: 태풍 내 바람과 일반류 바람이 일부 상쇄되어 약한
　 └ ㉯: 오른쪽으로 이동하여 태풍의 중심부와 가까워지면

⑤ ┌ ㉮: 태풍 내 바람과 일반류 바람이 반대 방향으로 부는 약한
　 └ ㉯: 왼쪽으로 이동하여 태풍의 중심부와 가까워지면

스피드 지문 복습

주제

우리나라에 영향을 주는 태풍의 진행 방향과 특징

문단별 중심 내용

1문단 [　][　]의 개념과 발생 조건
2문단 [　][　][　]에 영향을 주는 태풍의 진로 변화
3문단 [　][　]의 개념과 태풍의 속도 변화
4문단 [　][　] 반원과 [　][　] 반원의 특징
5문단 태풍의 피해에서 벗어나는 방법

어휘 수준 ★★★☆☆

권장 시간 8분 10초

나의 시간 --------------------------

지문 키워드

#우주의 수축과 팽창 #빅뱅 이론

#표준 이론 #인플레이션 현상

#임계 밀도 #열린 우주

#닫힌 우주 #평탄한 우주

[01~06] 다음 글을 읽고 물음에 답하시오.

인간은 지구 표면에서 살고 있는데, 지구로부터 약 1억km 떨어진 거리에 태양이 있다. 이 태양에서 약 4광년 떨어진 곳에는 또 다른 수많은 별들이 있으며 우주의 크기는 정확히 측정하기 어려울 정도로 넓다고 과학자들은 주장한다. 은하수라고 불리는 약 1천억 개의 별들의 집단을 우리은하라고 부르는데, 지구가 속해 있는 우리은하의 크기는 15만 광년 정도이며 이와 유사하거나 더욱 큰 다른 은하들이 존재할 것이라고 천문학자들은 예상하고 있다.

또한 천문학자들은 우주가 팽창하고 있다는 점에 주목하고 있다. 이는 1923년 미국 천문학자 허블이 수많은 외부 은하들의 시선 방향의 속도를 관측하여, 멀리 있는 은하일수록 지구로부터 더 빨리 멀어져 가고 있다는 것을 발견함으로써 알려졌다. 현재 우주가 팽창하고 있다는 사실을 인정하면 Ⓐ과거로 갈수록 우주는 더 작고, 고온도·고밀도 상태에 있었을 것으로 추정할 수 있으며, 이를 통해 태초에 빅뱅이 있었음을 알 수 있다. 빅뱅 이론에 따르면 우주의 장래는 우주 안의 물질의 양에 의해 좌우되는데, 물질의 평균 밀도가 $1cm^3$의 부피 안에 10^{-29}g 이상, 즉 임계 밀도 이상이면 우주는 언젠가 팽창을 멈추고 다시 수축하게 된다고 보고, 이와 반대로 임계밀도 이하이면 우주가 영원히 팽창하게 된다고 본다.

이처럼 우주 공간이 유한한지 혹은 무한한지에 대한 문제의 답을 제시하는 대표적인 우주론이 바로 우주 생성의 표준 이론이다. 표준 이론은 허블이 우주의 팽창을 발견함으로써 형성된 빅뱅 이론, 우주 초기에 급격한 공간의 팽창이 있었다는 인플레이션 가설, 우주의 대부분의 질량은 빛을 ㉠발하지 않는 차가운 암흑 물질에 의한다는 생각, 우주 거대 구조·은하 등이 중력 수축에 의하여 생성되었다는 생각 등으로 정리할 수 있다.

[A] 표준 이론에 따르면 '플랭크의 시간'이라고 불리는 우주 생성 초기에는 우주를 지배하고 있는 네 개의 힘, 즉 강한 핵력, 약한 핵력, 전자기력, 중력이 모두 한 개의 응집된 힘으로 통합되어 있다가, 팽창이 계속됨에 따라 온도가 낮아지면서 중력이 나머지 세 힘에서 분리된다. 이렇게 힘이 분리되며 대칭성이 깨지는 시기에는 인플레이션 현상이 일어나게 된다. 인플레이션 현상은 우주의 크기가 빠르게 커지는 것과 관련된 것으로, 우주가 이전의 고에너지 상태에서 저에너지 상태로 바뀌는 동안 그 에너지의 반발력은 우주를 그 이전보다 약 10^{50}배 이상의 크기로 급격히 팽창시키게 된다.

이후 인플레이션 현상이 끝나면 우주는 고전적인 빅뱅의 모습으로 서서히 팽창이 진행된다. 우주의 나이가 10^{-9}초가 되어 온도가 $10^{50°}$K까지 떨어지면 전자기력과 약한 핵력이 마지막으로 분리되어 네 개의 힘이 현재와 같이 모두 분리된다. 그리고 우주는 쿼크와 렙톤 등의 소립자와 빛이 뒤섞인 뜨거운 죽과 같은 상태로 팽창하게 되고, 곧이어 쿼크 소립자들이 결합해 양성자, 중성자를 만들게 되며, 빅뱅 이후 3분이 지나면 원자핵이 만들어지기 시작한다. 이러한 과정을 거침으로써 고에너지 상태의 소립자의 세계는 끝나게 되고 오늘날 우주 공간에서 쉽게 볼 수 있는 물질인 수소, 헬륨 등이 생성되는 것이다.

우주 공간이 유한한지 무한한지에 대한 문제는 우주 안의 물질의 양에 달려 있다. 현재 천문학자들은 관측을 통해, 우주에는 빛을 발하지 않는 차가운 암흑 물질이 90% 이상의 질량을 차지하고 있다고 추측하고 있다. 아인슈타인의 일반 상대성 이론에 의한 공간의 구조는 물질에 의해 결정되며, 또 역으로 물질의 운동은 공간의 구조에 의해 결정된다. 이 이론에 의하면 우주의 평균 밀도가 임계 밀도보다 크면 우주의 크기는 유한하다고 보아 닫힌 우주가 되고, 평균 밀도가 그보다 작으면 무한한 크기를 갖게 되어 열린 우주가 된다. 만약 평균 밀도가 정확히 임계 밀도 값을 가지면 역시 우주의 크기는 무한하지만 공간적으로 피타고라스 정리가 성립하는 평탄한 구조를 갖는 평탄한 우주가 된다. 그중 닫힌 우주의 경우 우주는 자체 중력에 의하여 현재의 팽창을 언젠가 극복하여 다시 수축을 시작하여 빅뱅의 상태로 되돌아갈 것이다. 반면 열린 우주의 경우 우주는 끊임없이 팽창하여 처녀자리 은하단, 우주 거대 구조 등은 너무나 멀어져 관찰이 불가능해질 수 있다. 그리고 평탄한 우주의 경우 우주는 팽창을 계속하지만 그 팽창 속도가 점점 느려져 궁극적으로 팽창이 멈추게 된다.

01 윗글에 대한 설명으로 가장 적절한 것은?

① 우주의 범주와 유형을 분석하고, 각각을 구체적 사례를 통해 설명하고 있다.
② 우주론 중 표준 이론의 특징을 제시하고, 우주가 생성되는 과정을 설명하고 있다.
③ 우주가 팽창한다는 허블의 이론을 설명하고, 이에 대한 비판적 견해를 밝히고 있다.
④ 우주 공간에 관한 다양한 우주론을 소개하고, 빅뱅 이론이 지닌 한계를 지적하고 있다.
⑤ 우주의 생성 과정에 대해 의문을 제기하고, 전문가의 견해를 들어 답을 제시하고 있다.

02 천문학자들의 견해로 적절하지 않은 것은?

① 우주 대부분의 질량은 차가운 암흑 물질이 차지하고 있을 것이다.
② 태양을 넘어선 우주 공간에서 수많은 별들을 관측할 수 있을 것이다.
③ 우리은하와 유사한 형태의 또 다른 은하가 존재할 가능성이 있을 것이다.
④ 인플레이션 현상으로 인해 우주는 저에너지에서 고에너지 상태로 변할 것이다.
⑤ 우주 물질의 평균 밀도와 임계 밀도를 비교하면 우주 공간의 유한성 여부를 판단할 수 있을 것이다.

03 [A]를 바탕으로 우주의 생성 과정을 정리할 때, 〈보기〉의 ㉮～㉰에 들어갈 말로 적절한 것은?

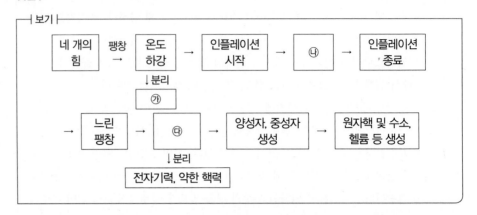

	㉮	㉯	㉰
①	중력	급격한 팽창	온도 상승
②	중력	급격한 팽창	온도 하강
③	중력	완만한 팽창	온도 상승
④	강한 핵력	급격한 팽창	온도 하강
⑤	강한 핵력	완만한 팽창	온도 상승

04 Ⓐ의 이유로 가장 적절한 것은?

① 멀리 있는 은하일수록 지구로부터 빠르게 멀어지고 있기 때문에

② 우주의 팽창 속도에 비례하여 우주의 온도가 상승하고 있기 때문에

③ 우주의 팽창과 관계 없이 차가운 암흑 물질의 밀도는 변하지 않기 때문에

④ 과거의 우주는 미래의 우주보다 우주 공간에 포함된 물질의 양이 많았기 때문에

⑤ 우주의 팽창 속도가 빨라질수록 우주의 에너지가 전환될 때의 저항이 커지기 때문에

• 정답과 해설 • 37쪽

불타는 문제

05 윗글을 바탕으로, 〈보기〉에 대해 이해한 내용으로 적절하지 <u>않은</u> 것은?

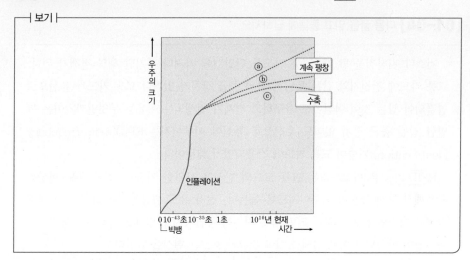

① ⓐ는 열린 우주로, 임계 밀도가 평균 밀도에 비해 작은 우주겠군.

② ⓑ는 평탄한 우주로, 크기는 무한하지만 공간적으로는 평탄한 형태겠군.

③ ⓒ는 닫힌 우주로, 자체 중력에 의해 수축하여 다시 빅뱅의 상태가 되겠군.

④ ⓐ는 ⓑ, ⓒ와 달리 우주의 크기가 지속적으로 팽창되겠군.

⑤ ⓒ는 ⓐ, ⓑ와 달리 우주의 크기가 유한하다고 보겠군.

06 밑줄 친 단어 중, ㉠과 가장 가까운 의미로 사용된 것은?

① 한겨울 눈 속에서 매화가 <u>발하고</u> 있었다.

② 새벽 일찍 서울을 <u>발하는</u> 기차에 탑승했다.

③ 왕은 영토를 지키기 위해 대군을 <u>발하였다</u>.

④ 시장은 공문을 <u>발하여</u> 주민의 협조를 구했다.

⑤ 그는 건강을 회복하고 생기를 <u>발하게</u> 되었다.

스피드 지문 복습

주제

표준 이론에서 말하는 우주 공간의 유한성과 무한성

문단별 중심 내용

1문단 우주와 ☐☐☐의 크기

2문단 빅뱅 이론에 따른 우주의 수축과 ☐☐

3문단 우주 공간에 대한 대표적 우주론인 ☐☐ 이론

4문단 ☐☐☐☐☐ 현상의 발생

5문단 인플레이션 현상 이후 우주의 팽창 과정

6문단 ☐☐ 밀도와 ☐☐ 밀도에 따른 우주의 팽창과 수축

[01-04] 다음 글을 읽고 물음에 답하시오.

어휘 수준 ★★★☆☆

권장 시간 6분 20초

나의 시간 ------------------------

지문 키워드

#교통 카드 #RFID 기술
#전자 유도 현상

버스나 지하철을 탈 때, 교통 카드를 단말기에 가져다 대기만 해도 결제가 된다. 교통 카드에 건전지와 같은 특별한 전원 공급 장치가 있거나 교통 카드가 유선으로 연결되어 있는 것이 아님에도 불구하고 결제가 진행되는 이유는 무엇일까? 이는 특별한 전원 공급 장치 없이도 무선으로 통신이 이루어지는 RFID(radio frequency identification) 기술이 교통 카드에 적용되었기 때문이다.

RFID 기술은 바코드라는 판독 코드의 단점을 보완한 기술로, 전자 유도 현상을 활용해서 무선 통신이 이루어지도록 돕는다. 전자 유도 현상은 코일과 자석이 상호 간에 상대적인 운동을 하게 되면 따로 전류를 공급하지 않더라도 자석의 운동만으로 자기장이 형성되고 이로 인해 코일에 전류가 흐르는 현상을 말한다.

교통 카드는 카드 내부에 정보를 저장하고 단말기와 정보를 주고받아야 하기 때문에 일정한 전류를 필요로 한다. 하지만 교통 카드 내부에 전원 공급 장치를 내장하게 되면 교통 카드를 소형화하기 어렵고 매번 충전하거나 전원 공급 장치를 바꿔 주어야 한다. 따라서 전자 유도 현상을 이용해 전원 공급 장치가 없더라도 전류가 흐를 수 있도록 한 것이다.

우선 교통 카드 내부에는 축전기와 코일이 내장되어 있다. 코일은 교통 카드 전체에 걸쳐 펼쳐져 있고, 축전기는 코일과 연결되어 있다. 그리고 단말기에서는 자기장이 포함된 전자기파를 송신하는데, 교통 카드를 단말기에 가져다 대면, 이 전자기파가 교통 카드 내부의 코일을 관통하게 되면서 전자 유도 현상에 따라 전류가 흐르게 된다. 즉 교통 카드와 단말기의 상대적인 운동이 코일과 자석의 상대적인 운동과 동일한 역할을 하는 것이다. 그리고 이 전류를 축전기에 저장했다가 교통 카드의 메모리 칩에 담겨 있는 결제 관련 정보를 단말기로 보내는 데 사용한다.

이처럼 RFID 기술은 전파를 통해 일정한 거리 내에 있는 태그를 인식함으로써 태그가 부착된 물체에 저장된 데이터를 읽어 내거나 물체의 위치를 파악할 수 있다는 장점이 있다. 이를 활용하여 회사와 같은 곳에서 출입 기능을 갖는 카드로 사용할 수 있다. 또한 개인의 정보를 수록하고 인식하는 태그 등을 통해 범죄자의 소재를 파악하거나 환자의 치료 이력 등에 대한 정보를 가져오는 데에 사용할 수도 있다.

하지만 아직까지 RFID 기술은 무선으로 전류를 발생시키고 통신까지 가능한 물리적 거리가 길지 않다는 단점이 있다. 전자 유도 현상 대신에 마이크로파 방식을 활용하면 통신이 가능한 거리가 늘어나지만, 마이크로파 방식을 사용하기 위해서는 단말기와 물체에 각각 안테나를 설계해야 한다. 하지만 안테나를 제작하는 비용이 비싼 편이라는 단점이 있다. 또한 RFID 기술을 범죄자의 소재를 파악하는 것과 같은 경우에 사용할 때는 개인 정보가 유출될 수 있다는 위험성을 지니고 있다.

그럼에도 불구하고 RFID는 현재 많은 분야에서 쓰이고 있다. 기존의 바코드는 한

・정답과 해설・40쪽

정된 양의 정보만 처리할 수 있고 주변 환경에 의해 훼손되기가 쉬우며 한번 정보를 기록하면 이를 수정하기가 어렵다. 하지만 RFID는 많은 양의 정보 교환이 가능하고 환경의 변화에 영향을 거의 받지 않으며 정보의 수집이 자유롭다. 그리고 여러 개의 태그가 동시에 한 단말기에 정보를 전달할 수도 있다. ㉠RFID와 관련한 기술이 조금 더 발전한다면 더 많은 생활의 변화를 가져올 수 있을 것이다.

물먹는 문제

01 윗글의 서술 방식으로 가장 적절한 것은?

① 대상에 대해 비판적 태도를 보이고 있다.

② 대상과 관련된 구체적인 일화를 들어 설명하고 있다.

③ 대상의 변화 과정을 제시하고 그 이유를 서술하고 있다.

④ 핵심 개념을 살펴보고 유형을 나누어 그 특징을 설명하고 있다.

⑤ 대상의 현재에 대한 진단을 바탕으로 인간 생활의 미래를 예측하고 있다.

02 윗글을 바탕으로 〈보기〉를 이해한 내용으로 적절하지 <u>않은</u> 것은?

┤보기├

　스마트폰의 무선 충전 패드에 전류를 공급하면, 선을 직접 연결하지 않아도 스마트폰을 충전할 수 있다. 우선 전원이 연결되면 충전 패드의 구리 코일에서 자기장이 발생한다. 그리고 이 자기장이 스마트폰의 전력 수신기를 감싸는 코일로 이동해서 전류를 발생시킴으로써 배터리 충전이 가능해진다. 이는 RFID 기술이 적용되었기 때문에 가능한 것이다.

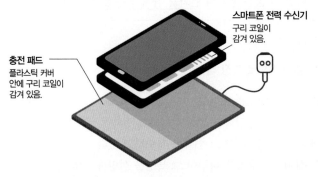

① 충전 패드의 구리 코일에서 자기장이 발생하는 것은 전자 유도 현상에 따른 것이겠군.
② 스마트폰의 전력 수신기를 감싸고 있는 코일에서는 전자 유도 현상에 따라 전류가 흐르게 되겠군.
③ 충전 패드의 구리 코일과 스마트폰이 가까워지는 것은 자석과 코일의 상대적인 운동과 유사하겠군.
④ 스마트폰의 전력 수신기의 코일에서 생성된 전류가 저장됨으로써 배터리 충전이 이루어지는 것이겠군.
⑤ 충전 패드의 구리 코일에서 자기장이 발생하는 것은 단말기에서 전자기파를 송신하는 것과 유사하겠군.

03 RFID 기술 에 대한 설명으로 적절하지 <u>않은</u> 것은?

① 다양한 분야에서 활용할 수 있는 통신 기술이다.
② 바코드 형식이 가장 일반적으로 사용되는 편이다.
③ 무선으로 통신이 가능한 물리적 거리가 길지 않다.
④ 기술이 적용되는 방식에 따라 통신 거리가 달라진다.
⑤ 전파를 통해 데이터를 읽거나 위치를 찾아내는 기술이다.

04 ㉠의 이유로 가장 적절한 것은?

① 개인의 정보를 수록하고 인식할 수 있기 때문이다.
② 기록된 정보를 임의로 조작하기가 어렵기 때문이다.
③ 처리할 수 있는 정보의 종류를 제한할 수 있기 때문이다.
④ 정보 처리에 미치는 환경적인 영향이 거의 없기 때문이다.
⑤ 안테나를 설치하면 다양한 정보 교환이 가능하기 때문이다.

스피드 지문 복습

주제

RFID 기술의 원리와 특징

문단별 중심 내용

1문단 교통 카드에 적용된 ☐☐☐☐ 기술
2문단 RFID 기술의 원리 - ☐☐☐☐☐
3문단 전자 유도 현상을 활용하는 이유
4문단 전자 유도 현상의 작동 원리
5문단 RFID 기술의 ☐☐
6문단 RFID 기술의 ☐☐
7문단 RFID 기술의 ☐☐

[01-05] 다음 글을 읽고 물음에 답하시오.

어휘 수준 ★★★★☆

권장 시간 7분 30초

나의 시간 --------------------

지문 키워드

#퍼스널 모빌리티 #전동 휠
#가속도 센서 #자이로 센서

최근 도심에서 지하철이나 버스를 이용하기 위해 작은 이동 수단을 타고 움직이는 사람들을 종종 볼 수 있다. 특히 지하철에서는 이것을 들고 타는 사람들도 있다. 이처럼 도심 속에서 가까운 거리를 이동할 때 활용하는 소형 이동 수단을 퍼스널 모빌리티라고 한다. 퍼스널 모빌리티는 기존의 오토바이나 자전거와는 다르게 휴대가 가능하고 전기를 기반으로 구동하는 개인용 이동 수단을 통칭한다. 일반적으로 알려진 퍼스널 모빌리티로는 전기 자전거, 전동 휠, 전동 킥보드 등이 있다.

다양한 형태의 퍼스널 모빌리티가 있지만 전동 휠의 경우는 다른 종류의 퍼스널 모빌리티와는 다른 특징을 ㉠지니고 있다. 전동 킥보드를 비롯한 대부분의 퍼스널 모빌리티는 발보다는 손을 사용해서 방향이나 속도를 조작한다. 하지만 전동 휠은 이와 다르게 손으로 조작하는 도구가 별도로 설치되어 있지 않다. 따라서 발을 이용해서 기구를 직접 조종해야 하기 때문에 이동과 관련한 신체의 능력이 확장된 것과 같은 느낌을 줄 수 있다. 그리고 발을 이용하는 부분만 필요하기 때문에 다른 퍼스널 모빌리티보다 크기를 작게 만들 수 있어서 휴대가 용이하고, 전력의 소모도 줄일 수 있다는 장점을 지닌다. 그렇다면 전동 휠은 특별한 가속 및 제동 장치가 없이 어떻게 이동할 수 있는 것일까?

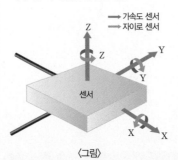

→ 가속도 센서
→ 자이로 센서

〈그림〉

전동 휠에는 다른 퍼스널 모빌리티와는 다르게 자이로스코프 센서라는 것이 부착되어 있다. 자이로 센서라고도 불리는 이 센서는 물체의 회전 운동이 균형을 잃지 않고 유지하도록 돕는다. 〈그림〉에서 보는 것처럼, 전동 휠은 물체의 움직임을 인식할 수 있는 두 개의 센서를 가지고 있다. 이 중 가속도 센서를 통해서 전동 휠이 직선 운동을 하는 경우에 방향과 거리, 속도 등을 측정하고, 자이로 센서를 통해 전동 휠이 회전축을 중심으로 이루어지는 움직임을 측정한다. 만약 전동 휠이 〈그림〉의 x축 방향으로 이동 중이라면 직선 운동이 되기 때문에 가속도 센서가 인식한다. 만약 속도를 높이려면 y축의 회전 방향을 직선 운동과 같은 방향으로 높이면 되고, 속도를 줄이려면 y축의 회전 방향을 직선 운동의 반대 방향으로 하면 된다. 한편 전동 휠이 z축을 중심으로 좌우로 방향을 바꿀 때에는 회전 운동이 되기 때문에 자이로 센서가 인식하는 것이다. 동일한 원리로 y축을 중심으로, x축을 중심으로 이루어지는 앞뒤 혹은 전동 휠의 좌우 기울기가 달라지는 회전 운동을 인식할 수 있다.

이렇게 자이로 센서를 통해 회전 운동을 인식하는 데에는 회전 운동을 하는 물체에 작용하는 물리적 특성이 바탕이 된다. 우선 물체가 고속으로 회전 운동을 하고 있는 경우에는 외부로부터 어떠한 힘이 작용하지 않는다면 회전 관성에 의해 물체에 작용하는 회전축의 방향이 변하지 않는다. 회전축은 물체의 균형을 유지시켜 주기 때문에 회전축과 연결된 물체는 조금씩 기울어지더라도 균형을 잃지 않는다. 다음으로, 물체가 회전 운동을 하고 있는 경우에 외부로부터 어떤 힘이 작용한다면 힘이 가해진 축이 아니라 이와 직각을 이루는 방향으로 힘이 전달된다. 〈그림〉의 z축을 중심으로 물체가 회전 운동을 하고 있는 상황이라면, 이와 직각을 이루는 물체의 측면에 힘이 가해지면, 직각 방향인 z축으로 힘이 전달되어 더 빠른 회전 운동이 일어나면서 균형을 잃지 않는 것이다. 그리고 이때 z축과 x축 혹은 y축과 이루는 각이 변하게 되고, 자이로 센서는 이를 측정하여 물체가 기울어진 방향과 정도를 알 수 있게 된다.

이처럼 자이로 센서는 회전하는 물체의 회전각과 기울기 등을 감지할 수 있기 때문에 물체의 가속도나 충격의 세기를 측정하는 가속도 센서와 함께 사용되어 동작 인식을 효과적으로 하게 된다. 그리고 이를 바탕으로 한 전동 휠은 탑승자가 전동 휠의 발판에 두 발을 모두 올리고 중심을 잡은 상태에서 원하는 방향으로 이동하기 위해 몸의 무게 중심을 앞뒤 혹은 좌우로 옮기면 이를 인식할 수 있기 때문에 속도와 방향이 자동으로 결정되면서 이동이 가능해진다. 즉 전동 휠의 가속과 감속, 정지 등의 모든 동작들을 신체적 움직임으로 조종할 수 있는 것이다.

이처럼 전동 휠은 다른 퍼스널 모빌리티와는 다르게 탑승자의 무게 중심 이동에 따라 원하는 움직임을 만들어 낼 수 있기 때문에 탑승자 개인의 신체 능력에 따라 움직임이나 구동에 현저한 차이를 나타낼 수 있다. 또한 작동법을 익히는 데까지 시간이 오래 걸리고, 전동 휠 자체의 기술을 통해 속력을 제한해야 하는 번거로움도 있다. 하지만 이러한 점들을 극복해 낸다면, 휴대가 간편하여 도심 이동의 편의를 높여 줄 수 있다는 장점 때문에 활용도가 높아질 수 있다.

01 윗글의 서술 방식에 대한 설명으로 가장 적절한 것은?

① 대상의 구성 요소를 기능에 따라 구분하여 설명하고 있다.
② 대상의 구조 변화가 초래할 수 있는 결과를 예측하고 있다.
③ 대상의 형성과 발달 과정을 중심으로 내용을 전개하고 있다.
④ 대상이 지닌 문제점의 원인을 다양한 측면에서 분석하고 있다.
⑤ 대상의 유용성과 한계를 지적하며 미래의 전망을 제시하고 있다.

02 '전동 휠'에 대한 설명으로 적절하지 <u>않은</u> 것은?

① 손을 사용하는 제동 장치가 별도로 설치되어 있지 않다.
② 크기가 작고 휴대가 가능하며 전력 소모가 적은 편이다.
③ 작동하는 사람의 신체 능력에 따라 움직임의 차이가 크다.
④ 전기를 기반으로 구동하는 개인용 이동 수단 중의 하나이다.
⑤ 작동법을 익히기가 쉽고 신체적 움직임으로 이동이 가능하다.

• • • •
불타는 문제

03 윗글을 바탕으로 〈보기〉를 이해한 내용으로 적절하지 <u>않은</u> 것은?

┤ 보기 ├

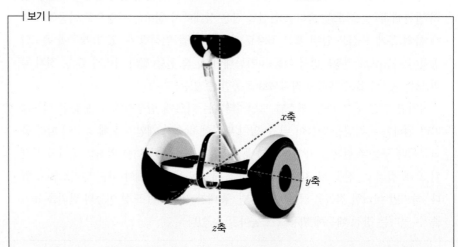

• 현재 전동 휠은 x축의 화살표 방향으로 직선 운동을 하고 있다. 그리고 전동 휠의 센서는 정상적으로 작동하고 있다.

① 전동 휠의 속도가 높아지는 경우, y축을 기준으로 한 전동 휠의 회전 운동을 감지하는 자이로 센서에 의해 각의 변화가 측정되겠군.
② 전동 휠이 좌우로 방향을 바꾸는 경우, z축을 기준으로 한 전동 휠의 회전 운동을 감지하는 자이로 센서에 의해 각의 변화가 측정되겠군.
③ 전동 휠의 속도가 줄어드는 경우, y축을 기준으로 한 전동 휠의 직선 운동을 감지하는 가속도 센서에 의해 거리와 속도 등이 측정되겠군.
④ 전동 휠을 한쪽 방향으로 기울이는 경우, x축을 기준으로 한 전동 휠의 회전 운동을 감지하는 자이로 센서에 의해 각의 변화가 측정되겠군.
⑤ 전동 휠이 동일한 속도로 움직이는 경우, x축을 기준으로 한 전동 휠의 직선 운동을 감지하는 가속도 센서에 의해 거리와 속도 등이 측정되겠군.

04 윗글을 참고할 때 〈보기〉의 ⓐ~ⓒ에 들어갈 말로 가장 적절한 것은?

┌─ 보기 ├─

　돌아가고 있는 팽이는 아무런 힘이 작용하지 않으면 (ⓐ)에 의해 회전축의 방향이 변하지 않기 때문에 균형을 잃지 않는다. 돌아가고 있던 팽이가 쓰러지려고 할 경우 팽이의 측면을 채로 쳐서 힘을 가하면 측면의 (ⓑ) 방향으로 힘이 전달되어 더 빠른 회전 운동이 일어나며 팽이가 쓰러지지 않는다. 즉 회전축과 팽이의 (ⓒ)이/가 변하게 된다.

	ⓐ	ⓑ	ⓒ
①	회전 관성	수평	각
②	회전 관성	직각	각
③	회전 운동	직각	각
④	회전 운동	수평	속도
⑤	회전 관성	직각	속도

05 밑줄 친 단어의 문맥적 의미가 ㉠과 가장 유사한 것은?

① 내 친구는 착한 성품을 지니고 있다.
② 어머니의 유언을 마음에 지니고 있다.
③ 친구가 준 목걸이를 몸에 지니고 있다.
④ 그녀는 계약 성사의 책임을 지니고 있다.
⑤ 그는 어릴 때 모습을 그대로 지니고 있다.

스피드 지문 복습

주제

전동 휠이 움직이는 원리와 자이로 센서의 역할

문단별 중심 내용

1문단 퍼스널 □□□□의 개념과 종류
2문단 □□□의 특징
3문단 □□□ 센서와 □□□ 센서의 기능
4문단 □□ 운동 인식을 위한 자이로 센서
5문단 □□□을 작동하는 방법
6문단 전동 휠의 □□과 전망

어휘 수준 ★★★☆☆

권장 시간 6분 10초

나의 시간 -------------------

지문 키워드

#연료 전지 #수소 #전기 에너지

[01-04] 다음 글을 읽고 물음에 답하시오.

연료 전지란 연료의 화학 에너지를 전기 화학 반응에 의해 전기 에너지로 직접 변환하는 발전 장치를 말한다. 일반적으로 화학 전지(건전지)는 전극을 구성하는 물질과 전해질을 용기 속에 넣어 화학 반응을 시키지만, 연료 전지는 외부에서 수소와 산소를 계속 공급해서 계속 전기 에너지를 낸다. 이는 연료와 공기의 혼합물을 엔진 속에 공급하여 연소시키는 것과 유사하다. 하지만 연료 전지에 공급된 수소는 물질을 연소시키는 것이 아니라 수용액에서 전자를 교환하는 산화·환원 반응을 일으킨다. 그 과정에서 수소와 산소가 물로 바뀌고, 이때 화학 에너지가 전기 에너지로 전환된다. 그렇다면 연료 전지의 원리는 무엇일까?

물을 전기 분해 하면 수소와 산소가 발생하게 된다. 연료 전지는 이와 반대로 수소와 산소를 결합하여 물과 전기를 얻는다. 연료 전지는 기본적으로 연료극, 전해질 층, 공기극으로 접합되어 있는 셀이며, 다수의 셀을 적층함으로써 원하는 전압이나 전류를 얻을 수 있다. 일반적으로 연료 전지의 기본 셀에서 전기를 발생시키기 위해 연료인 수소를 연료극 쪽으로 공급하면, 수소는 연료극의 촉매 중에서 수소 이온과 전자로 산화된다. 공기극에서는 공급된 산소와 전해질을 통해 이동한 수소 이온과 외부 도선을 통해 이동한 전자가 결합하여 물을 생성시키는 산소 환원 반응이 일어난다. 이 과정에서 전자의 외부 흐름이 전류를 형성하여 전기를 발생시킨다.

이러한 연료 전지는 다음과 같은 특징을 지닌다. 첫째, 높은 발전 효율이다. 기존의 발전 방식은 연료의 에너지로부터 전기를 얻기까지의 과정에서 열에너지나 운동 에너지를 포함하고 있기 때문에 여러 곳에서 에너지 손실이 발생한다. 하지만 연료 전지는 이러한 손실의 발생이 적은 편이다. 두 번째로 자연 친화적이다. 수소와 산소를 전기 화학적으로 반응시켜 전기를 발생하는 장치이기 때문에 연소 과정이 없다. 따라서 이산화탄소와 질소 산화물 등의 배출이 전혀 없는 무공해 에너지 시스템이다. 마지막으로 발전 규모 조절이 용이하고 설치 장소의 제약이 적은 편이다. 연료 전지는 모듈 형태로 제작이 가능하고 에너지 전환 효율의 변화가 크지 않기 때문에 소형으로 제작해도 높은 에너지 전환 효율이 가능하다. 또한 소음이나 유해 가스 배출을 낮추기 때문에 도심에도 설치가 가능하다.

연료 전지는 전해질의 종류에 따라 고분자, 인산형, 용융 탄산염, 고체 산화물, 알칼리, 직접 메탄올 등으로 구분된다. 그리고 이들은 다시 작동 온도에 따라 고온형과 저온형으로 구분된다. 고온형은 발전 효율이 높고 일반 금속 촉매를 사용할 수 있다는 장점이 있다. 하지만 시동 시간이 오래 걸리기 때문에 발전소나 대형 건물 등에 적합하다. 저온형은 시동 시간이 짧고 부하 변동성이 뛰어난 장점이 있지만, 고가의 백금 전극이 필요하다는 단점이 있다.

㉠연료 전지는 새로운 에너지 대체재로 각광을 받고 있다. 특히 이를 소형 전자 제

품에도 적용할 수 있는 기술이 개발되고 있다는 점에서 더욱 기대를 모으고 있다. 하지만 연료 전지에 사용되는 수소가 폭발의 위험이 있는 물질이기 때문에 보관이나 저장을 안전하게 해야 한다는 부담과 이를 해결하기 위한 비용의 증가가 과제로 남아 있다. 또한 화석 연료에 비해서 단위 질량당 출력과 전체 출력이 낮아 무게가 무겁고 큰 설치 공간이 필요하다는 단점 역시 해결해야 할 과제이다. 이러한 부분만 보완한다면 연료 전지는 앞으로의 전망이 더욱 기대되는 에너지 자원이다.

01 '연료 전지'에 대한 설명으로 적절하지 않은 것은?

① 화학 에너지를 전기 에너지로 직접 변환하는 장치이다.
② 다수의 셀을 쌓아 놓음으로써 원하는 전류를 얻어 낸다.
③ 전해질의 종류에 따라 다양한 종류의 연료 전지가 있다.
④ 물을 전기 분해하는 과정에서 전기 에너지를 만들어 낸다.
⑤ 화석 연료보다 전체 출력이 낮아 큰 설치 공간이 필요하다.

●●●●
물먹는 문제

02 〈보기〉는 연료 전지의 원리를 그린 것이다. 윗글을 바탕으로 〈보기〉를 이해한 내용으로 적절하지 <u>않은</u> 것은?

┤보기├

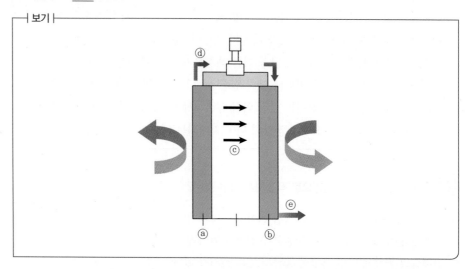

① ⓐ에서는 수소가 수소 이온과 전자로 분해되는 과정을 거치게 되겠군.

② ⓑ에서는 각자 다른 경로로 이동한 수소 이온과 전자가 결합하는 과정을 거치겠군.

③ ⓒ는 산소와 전자가 전해질을 통해 이동하는 과정이겠군.

④ ⓓ는 외부 도선을 통한 전자의 이동으로 전기가 발생하는 과정을 나타내는군.

⑤ ⓔ는 산소 환원 반응을 거치면서 발생한 물이 배출되는 모습을 보여 주는군.

03 〈보기〉는 윗글을 읽은 학생이 정리한 내용의 일부이다. ㉮～㉰에 들어갈 말로 가장 적절한 것은?

┤보기├

  연료 전지는 전해질의 작동 온도에 따라 고온형과 저온형으로 나뉜다. 고온형 연료 전지는 상대적으로 발전 효율이 (㉮). 저온형 연료 전지는 상대적으로 시동 시간이 (㉯), 부하 변동성이 (㉰).

	㉮	㉯	㉰
①	높다	짧고	뛰어나다
②	높다	길고	뛰어나다
③	높다	짧고	떨어진다
④	낮다	짧고	뛰어나다
⑤	낮다	길고	떨어진다

04 ㉠의 이유로 적절하지 <u>않은</u> 것은?

① 전기를 얻는 발전 과정에서 에너지 손실이 적다.
② 수소 보관이 용이하기 때문에 비용 부담이 적다.
③ 연소 과정이 불필요하기 때문에 공해 발생이 적다.
④ 소음을 낮출 수 있기 때문에 주거 지역에 설치할 수 있다.
⑤ 에너지 전환 효율의 변동이 적어 소형으로 제작해도 유용하다.

스피드 지문 복습

주제

연료 전지의 원리와 특성

문단별 중심 내용

1문단 연료 전지의 ☐☐
2문단 연료 전지의 ☐☐ 발생 원리
3문단 연료 전지의 세 가지 ☐☐
4문단 연료 전지의 ☐☐에 따른 장점과 단점
5문단 연료 전지의 ☐☐

겁먹지 마, 불수능

어휘 수준 ★★★☆☆

권장 시간 7분 50초

나의 시간 --------------------------

지문 키워드

#메타 물질 #굴절률 #위상 속도
#유전율 #투자율

[01~05] 다음 글을 읽고 물음에 답하시오.

　한 번쯤 공상 과학 영화에 등장하는 투명 망토를 보면서 나도 투명 망토가 있으면 좋겠다는 생각을 해 봤을 것이다. 만약 현실 세계에서 영화에서처럼 투명 망토를 만들 수 있다고 가정한다면 그것은 메타 물질에 의해 가능할 것이다. 메타 물질은 자연계에 존재하지 않는 특이한 물성을 갖도록 인위적으로 구조를 설계한 물질을 의미한다. 적절하게 설계된 ㉠메타 물질은 빛과 같은 전자기파나 소리와 같은 음파를 반사시키지 않고 투과시킨다. 그렇다면 메타 물질은 어떻게 이런 일이 가능한 것일까?

　일반적으로 빛의 파동은 물체에 닿으면 흡수되거나 반사되며 물체를 투과하는 경우에는 굴절을 하게 된다. 이때 굴절되는 정도를 굴절률이라고 하는데, 이것은 빛의 특성인 위상 속도와 함께 작용하여 정해진다. 어떤 물질의 위상 속도가 기준 물질의 위상 속도보다 클수록 굴절률이 작아져서 빛이 조금만 꺾이게 되는 것이다.

　메타 물질은 위상 속도와 굴절률을 어떻게 설계하느냐에 따라 정해진다. 위상 속도는 다시 외부에서 전기장이 가해졌을 때 전하가 얼마나 펼쳐지는지를 나타내는 ㉡유전율과 어떤 매질이 주어진 자기장에 대해 얼마나 잘 전달하는지를 나타내는 ㉢투자율에 의해 정해진다. 그리고 굴절률은 위의 과정을 통해 결정된 위상 속도의 역수에 비례한다.

[A] 　메타 물질의 특성은 위에서 언급한 매개 변수인 유전율과 투자율을 어떻게 설계하느냐에 따라 정해진다. 두 매개 변수가 모두 양수이면 빛의 위상 속도와 굴절률이 모두 양의 값을 갖는다. 일반적으로 자연계에 존재하는 물질들이 여기에 속한다. 반대로 두 매개 변수가 모두 음수이면 빛의 위상 속도와 굴절률이 모두 음의 값을 갖는다. 이때는 앞서 양의 값을 갖는 경우와 정반대의 굴절 방향이 나타나고, 이를 통해 입력한 파장보다 작은 형상을 구분할 수 있게 된다. 두 매개 변수 중 한 가지만 음수인 경우에는 위상 속도의 값이 없어진다. 이때는 빛이 전파되지 못하는 구간이 특정 주파수 영역에 형성된다. 마지막으로 두 매개 변수 중 한 가지가 0의 값인 경우, 위상 속도는 무한대이고 굴절률은 0의 값을 갖는다. 이때는 입력된 빛의 파장이 동일한 위상으로 물질의 끝단에서 방사된다.

[B] 　이런 현상이 가능한 것은 나노 기술의 발달로 빛의 파장보다 작은 규모의 구조를 만들어 낼 수 있기 때문이다. 어떤 물체에 부딪혀 반사된 빛은 우리 눈에 들어와 그 위치에 특정 물체가 존재한다는 것을 인식하게 한다. 물체 표면의 분자 구조는 해당 물질의 색깔이나 광택 등을 결정짓기도 한다. 물체에 빛이 흡수되는 경우는 물체가 주변보다 어둡게 보여 존재를 확인할 수 있으며, 물체가 빛을 투과시키는 경우라도 공기 중과 다른 물질이라면 빛이 굴절을 일으켜 그 존재를 드러낼 수밖에 없다. 메타 물질은 가시광선의 파장인 400~700나노미터

보다 작은 규모로 이루어진 구조에서 가능하다. 투명 장치를 가능케 하는 메타 물질은 이와 같은 원리로 만들어질 수 있다.

최근에는 메타 물질을 빛의 영역에서 소리의 영역으로도 확장했다. 빛의 굴절을 제어해서 망토를 투명하게 만드는 것처럼, 음향의 굴절을 제어하여 진동이나 소음을 원하는 방향으로 우회시킬 수 있다. 이를 통해 층간 소음이나 기계 소음을 저감시킬 수 있고, 메타 물질을 건축 구조물 등에 이용하면 진동과 음파를 한 곳으로 모아서 에너지를 얻어 내는 효과도 기대할 수 있다.

이처럼 메타 물질은 다양한 형태로 연구가 이루어지고 있다. 물론 주파수 범위가 좁거나 전자기파가 투과될 수 있는 방향이 좁다는 등의 한계 때문에 많은 연구자들이 노력하고 있는 것에 비해서 실생활에서의 활용도가 아직은 적은 편이다. 하지만 하나의 주파수에만 적용되는 필터를 만들거나, 단일 방향에만 집중할 수 있는 음파 수집기 등을 만드는 것과 같은 방법으로 단점을 장점으로 바꿀 수 있다. 메타 물질과 관련한 제품들이 우리의 삶을 풍요롭게 만들 수 있는 날이 가까워지고 있는 것이다.

01 윗글의 내용으로 적절하지 않은 것은?

① 굴절률은 위상 속도의 영향을 받지 않는다.
② 메타 물질은 자연계에 존재하지 않는 물성을 갖는다.
③ 연구 노력에 비해서 메타 물질의 활용도는 낮은 편이다.
④ 메타 물질을 건축 구조물의 설계에 이용하여 진동을 조정할 수 있다.
⑤ 빛의 파동은 물체에 닿으면 흡수되거나 반사되거나 굴절하여 투과한다.

02 ㉮의 이유로 가장 적절한 것은?

① 가시광선의 파장보다 작은 규모로 설계하기 때문이다.
② 표면의 분자 구조가 빛을 흡수하도록 설계하기 때문이다.
③ 빛이나 진동, 소음을 원하는 방향으로 설계하기 때문이다.
④ 빛을 한 방향으로만 투과할 수 있도록 만들어지기 때문이다.
⑤ 위상 속도와 굴절률을 함께 높일 수 있도록 만들어지기 때문이다.

03 ㉠과 ㉡에 대한 설명으로 가장 적절한 것은?

① ㉠은 전하가 펼쳐지는 정도를 나타낸다.
② ㉡은 자기장을 흡수하는 정도를 나타낸다.
③ ㉡은 항상 양의 값을 갖는다.
④ ㉠은 ㉡과 달리, 굴절률에 영향을 준다.
⑤ ㉠과 ㉡은 모두, 위상 속도의 역수에 비례한다.

불타는 문제

04 [A]를 바탕으로 〈보기〉를 이해한 것으로 적절하지 <u>않은</u> 것은?

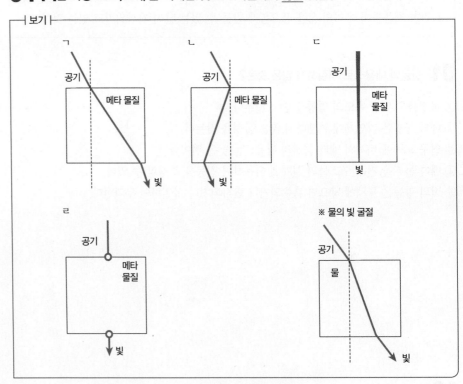

① ㄱ은 위상 속도와 굴절률이 모두 양의 값을 갖는 물질이겠군.
② ㄴ은 ㄱ과 달리, 유전율과 투자율이 모두 음의 값을 갖고 있겠군.
③ ㄷ은 유전율과 투자율 중에 하나만 음의 값이고 위상 속도의 값이 없겠군.
④ ㄹ은 유전율과 투자율 중에 하나의 값이 0이고 굴절률이 무한대이겠군.
⑤ ㄷ은 빛이 특정한 영역에서 전파되지 못하고, ㄹ은 물질의 끝단에서 입력된 빛의 파장이 나타난다.

05 [B]를 바탕으로 〈보기〉를 이해한 것으로 가장 적절한 것은?

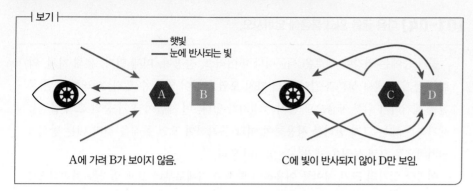

| 보기 |

① A는 가시광선을 투과시켜 빛이 굴절을 일으키기 때문에 존재가 드러난다.
② C는 빛을 흡수함으로써 주변보다 어둡게 보여 존재를 감출 수 있도록 설계되었다.
③ D는 빛의 굴절을 제어해서 투명하게 인식되도록 하는 대상이다.
④ B와 D는 모두, 빛이 부딪혀 반사된 빛으로 인해 존재하고 있음을 인식하게 된다.
⑤ C는 A와 달리, 가시광선의 파장보다 작은 규모의 구조로 이루어져 있다.

스피드 지문 복습

주제

메타 물질의 특징과 실생활에서의 활용 가능성

문단별 중심 내용

1문단 ☐☐☐☐의 개념
2문단 ☐☐☐과 ☐☐☐☐의 관계
3문단 ☐☐☐☐와 ☐☐☐에 따라 설계되는 메타 물질
4문단 메타 물질의 특성
5문단 ☐☐ 장치가 가능한 메타 물질의 원리
6문단 ☐☐의 영역에서 활용 가능한 메타 물질
7문단 다양한 형태의 연구가 계속되는 메타 물질

어휘 수준 ★★★☆☆

권장 시간 6분 30초

나의 시간 ------------------

지문 키워드

#공기 청정기 #필터 방식

#헤파 필터 #울파 필터

#이온화 방식 #활성탄 필터

[01-04] 다음 글을 읽고 물음에 답하시오.

공기 중에는 건강에 해로운 세균이나 바이러스, 곰팡이, 미세 먼지, 유해 기체, 악취를 풍기는 냄새 성분과 같이 여러 가지 오염 물질이 있을 수 있다. 이러한 오염 물질을 제거하기 위한 제품으로 공기 청정기가 있다. 이 제품이 공기 중의 오염 물질을 제거하는 데는 크게 필터를 사용하여 여과·흡착하여 오염 물질을 걸러 내는 방식과 전기적으로 오염 물질을 제거하는 방식이 있다.

여과란 입자의 크기 차이를 이용하여 액체나 기체로부터 고체 입자를 물리적으로 분리하는 과정이고, 흡착은 고체의 표면에 기체나 용액의 입자들이 달라붙는 것이다. 필터의 종류에 따라 제거할 수 있는 입자의 크기는 달라지는데 미세한 입자를 여과할수록 필터의 능력이 뛰어나다고 할 수 있다. 공기가 이러한 필터를 지나가면서 고체 입자들이 필터에 걸려 분리되는 것이다. 공기 중의 고체 입자의 분포는 0.001~500마이크로미터(1마이크로미터$=10^{-6}$미터)로 눈에 보이는 것부터 보이지 않는 것까지 다양한데, 이 가운데 10마이크로미터 이하의 직경을 가진 고체 입자를 미세 먼지라 한다.

필터 방식으로 먼지를 제거할 때는 보통 섬유 필터를 사용한다. 요즘 많이 사용하는 필터는 헤파(HEPA) 필터인데, 0.3마이크로미터 이상의 입자를 1회 통과시켰을 때 99.97% 이상 제거한다고 알려져 있다. 헤파 필터는 미국에서 방사성 먼지를 제거하기 위해 개발되었는데, 진드기, 바이러스, 곰팡이 등을 제거할 수 있는 까닭에 현재는 공기 청정기 뿐만 아니라 에어컨, 청소기 등에 널리 쓰이고 있다. 헤파 필터는 불규칙하게 배열된 섬유들의 집합으로, 공기 중의 입자는 이들 섬유에 의해 차단되면서 정전기적 힘으로 섬유에 붙잡힌다. 헤파 필터를 사용할 경우 세척이 가능한 프리 필터를 먼저 통과시켜 크기가 더 큰 입자를 제거한다. 헤파 필터를 자주 갈아야 하는 불편을 줄이는 것이다. 참고로 시중에 판매되는 헤파 필터 뒤에는 필터의 등급을 나타내는 숫자가 있는데 이 숫자가 클수록 고효율임을 의미한다. 헤파 필터로 거를 수 없는 더 작은 입자는 울파(ULPA) 필터라는 초고성능 필터를 사용해 제거한다. 울파 필터는 0.12마이크로미터 이상의 입자를 99.999%까지 제거할 수 있어 주로 반도체 연구실이나 생명 공학 실험실의 클린 룸에서 사용한다. 이러한 필터들이 장착된 공기 청정기를 사용할 때는 필터가 더러워져 공기가 재오염되는 것을 막기 위해 필터를 자주 세척하거나 필터의 교환 주기를 철저히 지켜야 한다.

전기적으로 오염 물질을 제거하는 공기 청정기는 방전에 의한 이온화 방식을 이용한다. 수천 볼트의 고전압을 걸어 주면 전극 자체에서 전자가 생성되거나 전극 주위의 기체에서 전자가 만들어져 전극 주위에 플라즈마가 형성된다. 플라즈마란 기체 상태의 원자나 분자에서 전자가 분리되어 전자와 이온을 포함하고 있는 상태로 전기를 잘 전도한다. 이렇게 만들어진 전자가 공기 중의 입자에 부착되면 입자들이 (−)전하를 띠게 되고, 전하를 띤 먼지 입자는 정전기적 인력에 의해 반대 전하가 걸려 있는 집진판으로 이동하여 들러붙어 제거된다. 이온화 방식은 공기 정화 과정에서 오존이나 질소

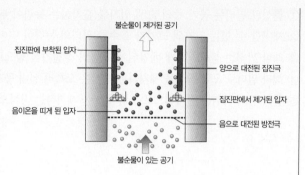

산화물 같은 산화물을 어느 정도 발생시킨다. 이러한 산화물은 반응성이 커서 공기 중 유해 물질의 분해를 촉진하는 살균 효과를 나타낸다. 그러나 오존 발생에는 주의를 기울여야 한다. 실내의 오존 농도가 높으면 기침, 두통, 천식, 알레르기 질환 등의 원인이 될 수 있기 때문이다.

먼지 외의 각종 냄새의 원인을 제거하는 데는 활성탄 필터를 사용한다. 활성탄은 극히 미세한 수백만의 기공이 있는 다공성 물질로 1그램의 활성탄이 500제곱미터 이상의 표면적을 가지고 있어 기체나 액체 등을 효과적으로 흡착한다. 또한 살균력이 있는 자외선을 공기에 쪼여 미생물을 제거하는 방식이나 산화티탄을 이용해 유해 물질을 분해하거나 미생물을 죽이는 광촉매 방식도 공기 청정에 이용되고 있다.

01 윗글에서 언급한 내용이 아닌 것은?

① 미세 먼지의 정의
② 헤파 필터의 성능
③ 울파 필터의 한계
④ 광촉매 방식의 소개
⑤ 오염 물질을 제거하는 방식

02 윗글에 대한 이해로 적절한 것은?

① 활성탄 필터는 공기 중의 고체 입자를 흡착하는 능력이 뛰어나다.
② 제거할 수 있는 입자의 크기가 클수록 필터의 능력이 뛰어나다고 할 수 있다.
③ 헤파 필터는 불규칙하게 배열된 섬유들의 정전기적 힘으로 먼지를 제거한다.
④ 헤파 필터로 오염 물질을 제거하는 방식은 오히려 실내 공기에 악영향을 끼칠 수도 있다.
⑤ 공기 중의 악취는 전기적으로 오염 물질을 제거하는 방식으로 효과적인 제거가 가능하다.

물먹는 문제

03 윗글을 바탕으로 〈보기〉를 설명한 내용으로 적절하지 <u>않은</u> 것은?

| 보기 |

공기 청정기 제품명		ⓐ	ⓑ	ⓒ
탈취율(%)		22.2	8.8	10.9
미세 먼지 제거 효율 (%)	0.12~0.3μm	20.6	42.8	99.9
	0.3μm 이상의 입자	58.5	99.9	100
산화물 발생 여부		○	×	×

*μm(마이크로미터): 1마이크로미터는 1미터의 100만분의 1

① ⓐ가 ⓑ보다 성능이 좋은 활성탄 필터가 장착되어 있겠군.
② ⓑ와 ⓒ는 ⓐ와 달리 성능 저하를 방지하기 위해 필터를 자주 세척해 줘야겠군.
③ ⓑ는 ⓒ와 달리 성능 저하를 방지하기 위해 필터 교환 시기를 철저히 지켜야겠어.
④ ⓒ는 가장 고성능의 섬유 필터가 장착되어 있는 제품으로 주로 반도체 연구실에서 많이 사용되겠군.
⑤ ⓒ가 ⓐ보다 직경이 더 작은 입자를 걸러 내기 때문에 전반적으로 오염 물질 제거 능력이 뛰어나겠군.

04 이온화 방식 에 대한 설명으로 적절하지 않은 것은?

① 전극 주위의 기체에 플라즈마가 형성된다.

② 고전압으로 먼지를 제거하는 장치를 말한다.

③ 공기 정화 과정에서 산화물이 발생할 가능성이 크다.

④ 공기 청정기의 집진판은 (-)전하를 띠면서 오염 물질을 제거하게 된다.

⑤ 플라즈마 상태를 통해 생성된 전자가 공기 중의 오염 물질에 달라붙으면 그 물질은 특정 전하를 띠게 된다.

스피드 지문 복습

주제

공기 청정기의 원리

문단별 중심 내용

1문단 ☐☐☐☐의 기본 원리 소개

2문단 필터 방식 – ☐☐와 ☐☐의 개념

3문단 필터 종류 – ☐☐ 필터와 ☐☐ 필터

4문단 전기적 방식 – ☐☐☐ 방식

5문단 공기 청정에 이용되는 기타 방식

어휘 수준 ★★★☆☆

권장 시간 7분 30초

나의 시간 ------------------------

지문 키워드

#횡단 경사 #종단 경사 #곡선부

#원심력 #마찰 계수 #편경사

[01-05] 다음 글을 읽고 물음에 답하시오.

자동차가 달리는 도로 면은 수평으로 만들면 빗물이 흐르지 않고 머물러 있어 운전하는 데 위험 요소가 된다. 그래서 횡단면상에서 빗물이 일단 길 양쪽으로 흘러내려 가도록 내리막 경사가 좌우 대칭이 되도록 하고, 이렇게 하여 양쪽 길도랑으로 모아진 물이 종 방향으로 흐르도록 종단 경사도 주게 된다. 배수만을 고려하면 횡단 경사가 클수록 유리하지만, 경사도가 2%를 넘어 가면 자동차 운전대가 한쪽으로 쏠리는 느낌이 들고, 습기가 있거나 결빙

〈직선부 도로의 횡단 경사〉

된 도로 표면에서는 내리막 경사가 심하면 차가 도로 밖으로 미끄러질 우려가 있다. 또한 2차로 도로에서는 중앙선을 넘어 앞지르기를 할 때 횡단 경사가 갑자기 변하면 핸들 조작이 어렵고 차가 뒤집힐 우려도 있다.

따라서 포장도로는 일반적으로 1.5~2.0%로 횡단 경사를 주도록 규정되어 있고, 비포장도로에서는 3.0~6.0%로 크게 줌으로써 빗물이 빨리 흘러내려 도로가 질퍽거리지 않도록 한다. 그러나 비포장도로에서는 차가 빨리 달리지 않기 때문에 이렇게 횡단 경사를 크게 준다 해도 앞에서 말한 것 같은 위험성은 없다. 현재 우리나라 도로는 대부분이 포장되어 있기 때문에 염려할 필요는 없다. 그렇다면 곡선부 도로, 즉 도로가 구부러진 곳에서는 어떨까? 이 경우에는 차가 원곡선 바깥쪽으로 미끄러져 나가려는 힘, 즉 원심력이 생긴다. 이 원심력은 아래와 같은 식으로 나타낼 수 있다.

원심력$=mv^2/r$ (m: 질량, v: 속도, r: 회전 반경)

그런데 차가 이러한 원심력을 이기고 미끄러지지 않는 것은 마찰력을 받기 때문이다. 마찰력은 물체가 무거울수록, 그리고 바닥 면이 거칠수록, 즉 마찰 계수가 클수록 커진다. 물체를 들어 올리려면 힘이 필요한데, 이것은 모든 물체에 중력이 작용하기 때문이다. ㉠물체를 끌 때에도 역시 힘이 필요한데, 이것은 물체와 표면 사이에 마찰력이 작용하기 때문이다. 물체를 끄는 데 드는 힘에는 그 물체의 무게와 바닥의 거칠기가 작용한다. 따라서 마찰력은 중력을 뜻하는 무게와 바닥의 성질을 뜻하는 마찰 계수로 결정된다는 것을 알 수 있다. 브레이크가 잠겨 있다고 할 때 아스팔트 포장 도로 위에 서 있는 1톤의 자동차를 끌려면 아스팔트 포장 면의 상태에 따라 0.4~0.8톤의 힘이 필요하다. 이는 자동차를 들어 올리는 힘(1톤)의 40~80%가 필요하다는 뜻이며, 이때의 비율이 마찰 계수이다. 이 경우 마찰 계수(f)는 0.4~0.8이 되는 것이다. 포장도로는 비포장도로보다 노면의 마찰 계수가 커 자동차의 타이어 접지력이 그만큼 높아지지만 포장 면이 결빙되면 마찰 계수는 0.2~0.3으로 줄어들어 그만큼 잘 끌린다. 그래서 마찰력은 mgf(g: 중력 가속도)로 표시된다. 물체가 마찰

력을 이기고 미끄러지기 시작할 때는 '마찰력＝원심력'일 때이고, 마찰력이 원심력보다 클 때는 미끄러지지 않는다. 마찰 계수는 다공성 포장이나 고무 가루를 넣은 •개질 아스팔트 같은 특수 포장재를 사용하면 어느 정도 높일 수 있지만, 이 또한 비가 오거나 도로가 결빙되면 그 효과가 줄어들기 때문에 결국 교통사고를 예방하기 위해서는 최악의 조건인 결빙 사태를 기준으로 도로를 설계해야 한다.

그래서 설계할 때는 횡 방향 마찰 계수를 보통 0.10~0.16에서 택하는데, 이것은 결빙 상태의 마찰 계수가 0.2~0.3인 것을 참고로 할 때 안전을 위해 이것의 약 절반을 택해 설계하라는 의미이다. 이렇게 하면 결빙 상태에서도 어느 정도 안전을 기대할 수 있다. 이때 설계 마찰 계수를 예상 마찰 계수의 약 1/2로 잡았으므로 이에 대해 '안전 계수를 2로 잡았다.'라고 한다. 이 계산은 단면이 평탄하다고 가정한 경우에 해당한다.

곡선부에서는 직선부 도로에서처럼 횡단면을 만들 때 2% 내리막길로 하면 차가 곡선을 돌아갈 때 원심력을 받아 뒤집히거나 원 밖으로 미끄러지기 일쑤다. 그래서 오히려 곡선의 바깥쪽을 들어 올려야 한다. 이를 '편경사'라고 한다. 도로에 편경사를 주면 곡선 회전 반경을 작게 잡아도 안전성을 확보할 수 있다. 편경사는 도로 면이 얼지 않는 나라에서는 최대 12%까지 사용한다. 그러나 이렇게 가파른 경사면은 고속 주행에서 원심력을 막아주는 데에는 효과적이지만, 사고라도 나서 차가 정지하게 되거나 저속으로 달릴 경우 안쪽으로 미끄러져 내려올 우려가 있다. 도로에 비가 오다가 얼든지, 눈이 녹다가 어는 경우 노면이 얼음으로 덮여 매우 위험한 상태가 된다. 다행히도 기후 조건상 비가 오다가 어는 경우는 극히 드물지만 눈에 덮인 도로에서는 낮에 눈이 녹다가 밤이 되면 어는 경우가 많다. 따라서 특히 산간 지역이나 밤낮의 기온차가 심한 계절은 도로 요건이 위험할 수밖에 없는 것이다.

• **개질 아스팔트**: 일반 석유 아스팔트에 고무 계열의 고분자 개질재를 결합시켜 품질을 개량한 아스팔트.

01 윗글의 중심 화제로 가장 적절한 것은?

① 직선 도로와 곡선 도로의 장단점
② 도로 설계에서 있어 기상 조건에 따른 한계
③ 도로 면에서의 원심력과 마찰력의 상호 보완성
④ 직선 도로와는 다른 곡선 도로에서의 도로 설계
⑤ 직선 도로와 곡선 도로에서의 종단 경사 적용에의 차이점

02 윗글의 '편경사'에 대한 내용으로 적절하지 않은 것은?

① 적용하면 곡선 회전 반경을 작게 잡아도 무방하다.
② 도로 모양의 굽은 정도에 따라 달리 적용하여야 한다.
③ 밤낮의 기온차가 심한 계절에 주행을 할 때 도움을 준다.
④ 도로 면이 얼지 않는 지역은 자주 어는 지역보다 높게 설정된다.
⑤ 자동차가 원심력을 벗어나지 않고 안전하게 곡선을 주행할 수 있도록 해 준다.

03 다음 중 ㉠과 관련하여 가장 큰 힘이 필요한 차량은?

차량	지형 상황	차량 무게(kg)	기후 조건
A	아스팔트 도로	800	맑음
B	비포장도로	1,000	비
C	아스팔트 도로	1,500	눈
D	아스팔트 도로	1,500	맑음
E	비포장도로	900	눈

※ 같은 지형이나 같은 기후일 때 적용하는 값은 같다.

① A   ② B   ③ C   ④ D   ⑤ E

04 윗글을 읽은 학생의 반응으로 적절하지 않은 것은?

① 마찰력은 물체의 무게, 마찰 계수와 깊은 관련을 가지는군.
② 도로 면을 수평으로 만들면 우천 시에 운전하는 데 위험 요소로 작용하겠군.
③ 직선 도로의 경사도가 2%를 넘어가면 자동차 운전대가 한쪽으로 쏠리는 느낌이 들겠군.
④ 단면이 평탄한 경우에는 횡 방향 마찰 계수를 보통 0.15로 설정하여 도로를 설계할 수 있겠군.
⑤ 평상시 곡선부 도로에서 차량이 미끄러지지 않는 것은 마찰력이 원심력과 동일하기 때문이군.

불타는 문제

05 윗글을 바탕으로 〈보기〉를 이해한 내용으로 가장 적절한 것은?

┤ 보기 ├

요즘은 일부 도로의 구간에 '미끄럼 방지 홈(Grooving)'을 설치한다. 도로 표면에 일부러 홈을 파는 것이다. 종(진행) 방향으로 새긴 홈은 타이어와 노면 사이의 *수막현상을 막아 미끄럼을 방지하는 효과가 있다. 물이 잘 빠지면서 결빙도 억제하고 소음까지 줄일 수 있다. 특히 콘크리트 도로에 이런 미끄럼 방지 홈이 많은 이유가 바로 이 때문이다.

● **수막현상**: 비가 와서 물이 고여 있는 노면 위를 고속으로 달릴 때 달리고 있는 차량의 타이어와 노면 사이에 물의 막이 생겨 타이어가 노면 접지력을 상실하는 현상.

① 미끄럼 방지 홈을 통해 원심력을 낮출 수 있다.
② 종·횡단 경사와 미끄럼 방지 홈은 비슷한 기능을 한다.
③ 종 방향으로 새긴 홈이 너무 많으면 핸들 조작이 어렵고 뒤집힐 우려도 있다.
④ 콘크리트 도로는 마찰 계수가 상당히 크기 때문에 미끄럼 방지 홈이 많을 수밖에 없다.
⑤ 비포장도로는 지면의 특성상 수막현상을 고려하지 않아도 되므로 미끄럼 방지 홈이 필요 없다.

스피드 지문 복습

주제

자동차 도로 건설 시 고려할 사항

문단별 중심 내용

1문단 자동차 도로의 □□ 경사와 □□ 경사에 따른 특징
2문단 곡선부 도로의 특징 – □□□ 발생
3문단 도로 건설 시 유의점 – 도로 상태에 따른 □□□□
4문단 도로 건설 시 조건 – □□□ 마찰 계수
5문단 도로 건설 시 유의점 – □□□

방심하지 마, 물수능

[01-04] 다음 글을 읽고 물음에 답하시오.

어휘 수준 ★★★★☆

권장 시간 6분

나의 시간 ---------------------

지문 키워드

#전기차 #회생 제동
#기계적 마찰 제동 #운동 에너지
#전기 에너지

주행 중인 내연 기관 자동차는 운동 에너지가 매우 커서, 속도를 줄이는 데 유압을 이용한 기계적 마찰 제동을 사용한다. 그런데 이런 제동 방식은 효율성이 떨어져 많은 에너지를 열로 방출한다는 한계가 있다. 그런데 대부분 전기차는 운행 중 가속 페달을 놓을 때나 브레이크 페달을 밟을 때 감속이 되면서 회생 제동(Regenerative braking)이라는 동작을 한다. 회생 제동은 제동 시 발생하는 물리적 힘을 이용해 전기차의 배터리를 충전시키며 브레이크로 인한 에너지 손실을 막아 효율을 늘릴 수 있는 방안을 의미하는데, 이는 내연 기관 자동차의 엔진 브레이크 효과와 같은 원리다. 이 둘의 다른 점은 회생 제동은 전기 에너지를 회수할 수 있어 연비 개선 효과가 있다는 것이다. 내연 기관 자동차에서 마찰 제동 과정 중에 버려지던 열에너지가 전기차에서는 회생 제동을 통해 전기 에너지로 회수할 수 있게 돼 주행 거리 증대에 도움이 된다.

회전부의 운동 에너지를 감소시키는 방법은 기계적 마찰을 이용하여 제동을 하는 방법과 전기적인 방법을 이용하는 것으로 나눌 수 있다. 기계적 마찰을 이용하여 제동을 할 경우 운동 에너지의 일부는 열에너지로 변환되어 소산된다. 이러한 단점을 극복하고자 수소 연료 전지 자동차, 하이브리드 전기 자동차, 전기 자동차 등과 같은 모터를 이용한 동력 장치가 있는 시스템에서는 전기적 제동법의 일종인 회생 제동을 이용한다. 회생 제동은 회전부의 운동 에너지를 전기적 에너지로 변환하여 다시 *1차 혹은 2차 에너지 저장 매체로 저장하여 시스템의 전체적인 효율을 높인다.

회생 제동 동작을 하는 순간 전기차를 직접 구동하는 전동기의 전류는 차단되고 달리고 있던 자동차의 관성으로 인해 일정 시간 굴러가는 바퀴가 전동기를 구동하는 형태가 되어 전동기를 발전기로 동작시키게 된다. 이때, 바퀴의 운동 에너지가 감소하면서 제동 효과가 나타난다. 이때 발생하는 전기 에너지를 배터리로 보내게 되면 전기적 제동과 전력 회수라는 두 마리 토끼를 잡게 되는 것이다. 회생 제동이 걸리는 순간에 급작스러운 제동으로 인해 자동차의 흔들림이 조금 있지만, 기계적 마찰 제동과 동시에 작동하게 되면 기계적 마찰 제동을 위한 브레이크 패드의 마찰 부담을 조금 완화하는 효과가 있다. 차종에 따라 다르지만 회생 제동 설정 레버를 통해 제동의 크기(회생 충전의 강도)를 조정할 수 있는 장점이 있다. 이를 이용하면 빈번한 정지와 출발을 하게 되는 도심에서 주행할 때, 회생 제동의 크기를 높은 단으로 설정해 두고 브레이크 페달을 사용하지 않고 가속 페달만 밟았다 놓았다 하면서 운전하는 방식도 가능하다.

전기차를 움직이게 하는 주요 부품은 바퀴에 회전력을 공급하는 ⓐ전동기와 이 전동기에 교류 전력을 공급하는 인버터, 그리고 인버터에 직류 전력을 공급하는 배터리로 구성된다. 전기차에 장착되는 전동기 중 많이 사용되는 것에는 희토류 영구 자석을 회전자에 매입 또는 표면에 부착시켜 고효율, 고출력 밀도를 가진 영구 자석형 동기 전동기(PMSM)와 가격 및 유지 보수 측면에서 유리한 유도 전동기(IM)가 있다. 이런 전동기들은 대부분 다량의 절연된 구리 선을 얇게 적층된 규소 강판에 코일 형태로 감아 놓고 여기에 인버터를 통해 교류 전류를 흘리게 되면 전동기의 종류에 상관없이 회전하는 형태로 자기장이 만들어지고 이 자기장의 회전 속도와 비슷한 속도로 전동기 회전자가 회전하게 된다. 회생 제동 상태에서는 이 전동기에 전류를 흘리지 않아도 차바퀴로부터 운동 에너지를 받아들여서 전동기 축을 강제로 회전시키는 발전기 동작을 하게 되므로 이때 발생하는 코일의 발전 전력이 인버터 내부의 전력용 다이오드를 통해 배터리 쪽으로 회생된다. 약 10~15% 연비 개선 효과가 있는 것으로 알려진 회생 제동은 주행 거리 개선에 도움이 된다.

회생 제동을 통해 에너지를 회생하면서 동시에 유압을 이용한 기계적 마찰 제동에 추가적인 보조 제동력을 발생하여 필요한 제동력을 얻는 것도 중요하지만, 자동차 승차감의 한 부분을 차지하는 제동 느낌에 미치는 영향도 중요한 이슈가 되고 있다. 이에 유압식 마찰 제동과 전기적 회생 제동을 적절히 협조 제어할 수 있는 전자 제어 브레이크 시스템(ECB)이 이미 개발되어 다양한 차종에 적용되고 있다. 이처럼 회생 제동을 통해 에너지를 회수하는 기술은 최첨단 감성 기술이며 인류의 행복 수준을 ⓑ높이는 행복 기술이다.

• **1차 에너지**: 가공되지 않은 상태에서 공급되는 에너지를 말하며 석유, 석탄, 원자력을 필두로 수력, 지열, 장작, 목탄 등을 가리킨다. 이러한 1차 에너지를 변환 가공해서 얻은 전기, 도시가스, 코크스 등을 2차 에너지라고 한다.

01 윗글의 내용과 일치하지 않는 것은?

① 기계적 마찰 제동을 사용할 시에는 열이 발생한다.
② 전기차를 운행 중에 가속 페달을 놓으면 대부분 감속이 이루어진다.
③ 회생 제동 브레이크는 감속 시 발생하는 운동 에너지가 열에너지로 변환된다.
④ 모터를 이용한 동력 장치가 있는 시스템에서는 제동 순간 차체의 진동이 발생하기도 한다.
⑤ 기계식 마찰 제동과 전기적 회생 제동을 상호 보완적으로 활용하는 시스템이 대중화되고 있다.

02 ⓐ에 대한 이해로 가장 적절한 것은?

① 전류가 제공이 되어야만 회생 제동이 발생한다.
② 전류가 공급되면 자기장에 의해 회전자가 회전한다.
③ 전동기의 종류에 따라 자기장이 형성되는 형태는 상이하다.
④ 주행시 회전자는 자기장의 회전 속도와 반비례하여 작동하게 된다.
⑤ 희토류 영구자석을 이용하는 전동기는 저렴한 가격으로 부담이 없다는 특징이 있다.

물먹는 문제

03 〈보기〉는 전기차의 회생 제동 시스템을 그린 것이다. 윗글을 바탕으로 〈보기〉에 대해 탐구한 내용으로 적절하지 <u>않은</u> 것은?

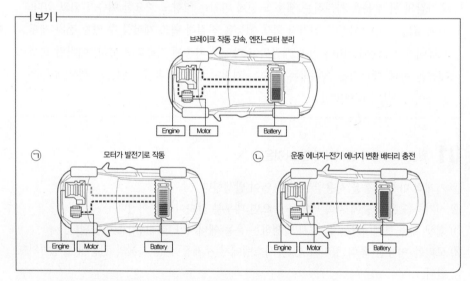

① ㉠에서는 전동기가 발전기로 기능이 전환된다.
② ㉠에서는 달리고 있던 바퀴가 전동기를 회전시키는 변화가 일어난다.
③ ㉠에서는 전기차를 직접 구동하고 있던 전동기의 전류가 차단된 상태이다.
④ ㉡에서 변환된 전력을 저장하여 연비 개선의 효과를 볼 수 있다.
⑤ ㉡에서는 열에너지가 전기 에너지로 변환되어 배터리를 충전한다.

04 문맥상 의미가 ⓑ와 가장 가까운 것은?

① 젊은이여, 이상을 높여라.

② 예술에 대한 안목을 높이다.

③ 그는 아내에게 말을 높인다.

④ 회사에서 그의 직급을 과장으로 높여 주었다.

⑤ 도둑이 들어오지 못하게 담을 높일 작정이다.

스피드 지문 복습

주제

회생 제동의 개념 및 원리와 그 특성

문단별 중심 내용

1문단 ☐☐☐☐의 정의

2문단 회전부의 운동 에너지를 감소시키는 방법 – ☐☐☐ 마찰을 이용한 방법, ☐☐☐ 방법

3문단 회생 제동의 ☐☐과 특징

4문단 ☐☐☐의 주요 부품을 통한 회생 제동 원리 설명 – 전동기, 인버터, 배터리

5문단 전자 제어 ☐☐☐☐ 시스템

어휘 수준 ★★★☆☆

권장 시간 7분 30초

나의 시간 - - - - - - - - - - - - - - - - -

지문 키워드

#해도 #점장도법 #대권도법
#램버트도법

[01-05] 다음 글을 읽고 물음에 답하시오.

바다는 매우 넓고 복잡하게 이루어져 있어 눈으로만 항해할 경우 많은 위험에 노출된다. 바다에서 항해하는 선박에 있어 자동차의 네비게이션 지도와 같은 역할을 해 주는 것이 필요한 데 이것이 바로 '해도'이다. 해도에는 수심, 해저의 상태, 섬의 모양, 바다와 육지의 경계, 장애물, 항로 표지 등 바다를 항해하는 데 필요한 여러 정보사항들이 기록되어 있다. 해도에 표현되어 있는 각종 도식은 누구라도 쉽게 해석이 가능하도록 국제 수로 기구의 기준에 의해 제작이 되고 있다. 그렇다면 이러한 해도는 과연 어떻게 만들어질까?

우리가 흔히 볼 수 있는 해도는 평면으로 구성되어 있는 종이 위에 그려져 있다. 그리고 우리가 알고 있는 지구는 완벽한 구는 아니지만 구와 거의 같은 형상을 보이고 있다. 지구는 구면체이기 때문에 평면에 옮길 때 모양, 거리, 면적, 방위 등의 왜곡이 발생하게 된다. 한 장의 종이 위에 지구 표면의 위치를 최소한의 왜곡으로 나타내는 방법을 도법 또는 지도 투영법이라고 하는데, 이는 투영면의 종류에 의해 구분되며, 각각의 도법은 저마다 장단점을 가지고 있다.

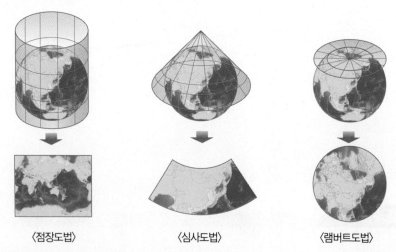

〈점장도법〉　　　　　〈심사도법〉　　　　　〈램버트도법〉

㉠점장도법은 지구를 원통형에 투영한 것을 말한다. 즉 지구의 적도면에 접하는 원통에 지구를 투영한 것이다. 점장도법에 의하면 지구 표면상 동일한 거리가 위도를 달리하여 투영할 경우 고위도로 갈수록 해당되는 거리가 길게 표현된다. 이 도법은 경도선의 간격은 고정되어 있으나 위도선의 간격을 조절하여 각도 관계가 정확하도록 만든 것으로, 모든 ˙자오선과 ˙거등권이 직교하게 직선으로 표시가 되어 지도상 임의의 두 점을 직선으로 연결한 선이 ˙항정선이 되는 대단히 유용한 이점이 있다. 즉, 해도상 위치한 두 지점을 이동하기 위해 어느 쪽으로 나아갈 방향을 ⓐ잡고 이동해야 되는지 쉽게 알 수 있다는 위치 기점의 용이성을 제공한다. 그러나 고위도로 갈수록 거리, 면적, 모양 등이 확대되거나 일그러져서 가장 짧은 거리를 나타내는

대권 항로는 곡선으로 표시된다. 이 때문에 보통 위도 70° 이상에서는 사용하지 못하는 한계가 있다.

ⓒ대권도법은 지구의 중심에 시점을 두고 지구 표면의 한 점에 접하는 평면에 지형을 투영하는 방법으로 심사도법이라고도 부른다. 그러나 보통 항해하는 사람들은 대권도법이라는 용어로 주로 사용한다. 두 지점을 지나는 직선이 •대권으로 표현되기 때문에 두 지점의 최단 거리를 구하기가 용이하여 장거리를 항해하는 원양 항해 시 계획을 수립할 때 이용된다. 이 도법에서 모든 대권은 직선으로 표현되고 자오선은 부챗살 모양으로 남극과 북극에 모이는 직선이 된다. 거등권은 곡선으로 표시된다. 원양 항해 계획 수립 시에 점장도법과 혼용하여 사용하면 편리하고, 고위도에서 항해용으로 사용하기 편리하다. 그러나 접점 부근에서 멀어질수록 모양이 일그러진다는 단점이 있다.

램버트도법은 원추 모양의 표면에 지구를 투영한 후 이를 전개하여 만들어지는데 항공도와 고위도에서의 항해용 해도로써 사용되고 있다. 이 도법에서 지구와 원추가 만나는 기준 평행선인 거등권 부근의 지형은 축소되고, 이외의 지형은 확대가 된다. 기준 거등권 부근에서 최대 오차는 0.5% 정도이고, 그 부근을 벗어난 외부는 2.5% 정도이다. 예를 들어 램버트도법으로 제작된 기준 거등권이 북위 30°~45°인 해도와 같은 위도의 점장도법에 의해 제작된 해도의 축척의 변화를 살펴보면 램버트도법은 3% 이내인 반면 점장도법은 40% 정도 된다. 이 도법에서 거등권은 동심원의 호가 되고, 자오선은 모두 원추의 정점에 모이는 직선으로 표현된다. 거등권과 자오선은 서로 직교하며 두 지점의 직선은 거의 대권과 비슷하다.

• **자오선**: 지구의 중심을 지나는 평면이 구면과 만나 이루는 원 중에서 북극과 남극을 지나는 원.
• **거등권**: 지구의 중심을 지나지 않는 평면이 구면과 만나 이루는 원 중에서 적도와 평행한 원.
• **항정선**: 지구 표면을 구면(球面)으로 나타내었을 때, 각 자오선과 일정한 각으로 교차하는 곡선.
• **대권**: 지구의 중심을 지나는 평면이 구면과 만나 이루는 원.

01 윗글에 대한 설명으로 가장 적절한 것은?

① 해도를 제작하는 방법들을 소개하고 각각의 장단점을 밝히고 있다.
② 해도 제작에 대한 상반된 주장을 제시하여 절충 방안을 모색하고 있다.
③ 해도 제작에 대한 다양한 타당성을 검토한 후 새로운 방법을 제시하고 있다.
④ 해도 제작과 관련된 의의를 나열한 후, 앞으로 나아갈 방향을 제시하고 있다.
⑤ 해도를 제작하는 방법들을 시대 순으로 제시하여 역사적 가치를 드러내고 있다.

02 윗글에 대한 이해로 적절하지 않은 것은?

① 해도는 투영면의 종류에 의해 구분된다.
② 해도는 선박에 있어 지도와 같은 역할을 한다.
③ 해도는 국제 수로 기구의 기준을 벗어난 방법으로도 제작할 수 있다.
④ 지구가 평면이 아니기 때문에 여러 종류의 해도가 존재할 수밖에 없다.
⑤ 해도에는 바다를 항해하는 데 필요한 여러 정보 사항들이 기록되어 있다.

03 ㉠과 ㉡에 대한 내용으로 적절하지 않은 것은?

① ㉠은 자오선과 거등권이 서로 교차하게 된다.
② ㉡은 자오선이 부챗살 모양의 직선으로 나타난다.
③ ㉠과 ㉡은 공통적으로 실제 지형의 왜곡이 일어날 수밖에 없다.
④ ㉠은 ㉡과 달리 거등권이 곡선으로 표시된다.
⑤ ㉡은 ㉠에 비해 두 지점의 최단 거리를 구하는 데 적합하다.

불타는 문제

04 윗글을 바탕으로 〈보기〉를 이해한 내용으로 적절한 것은?

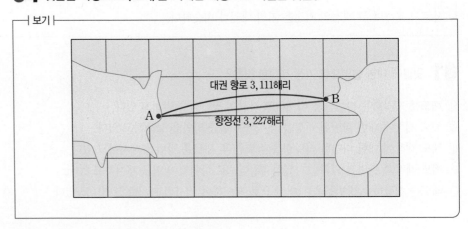

① 이 해도에서는 기준 거등권 부근의 지형이 축소되어 나타난다.
② 지구의 적도면에 원통을 외접시켜서 지구 표면을 투영하여 그린 해도이다.
③ 이 해도에 사용된 도법은 지구 표면의 위치를 왜곡하지 않고 나타낼 수 있다.
④ 두 지점의 최단 거리를 구하기가 쉬워 원양 항해 시 계획을 수립할 때 유용한 해도이다.
⑤ 지구의 중심에 시점을 두고 지구 표면의 한 점에 접하는 평면에 지형을 투영하는 방법으로 그린 해도이다.

05 밑줄 친 부분의 문맥적 의미가 ⓐ와 가장 유사한 것은?

① 일의 균형을 잡다.

② 치솟는 물가를 잡다.

③ 경찰이 범행 현장을 잡았다.

④ 요즘 계획의 초안을 잡고 있다.

⑤ 아침부터 그가 내 기분을 잡아 버렸다.

스피드 지문 복습

주제

해도의 제작 방법에 따른 분류

문단별 중심 내용

1문단 ☐☐의 정의

2문단 해도의 특징

3문단 ☐☐도법의 특징 및 장단점

4문단 ☐☐도법의 특징 및 장단점

5문단 ☐☐☐도법의 특징

MEMO

겁먹지 마

불수능

권태윤
기노혁
서경원
석인탁
심승보

정답과 해설

국어 영역 독서
과학·기술

창비
교육

PART 1
과학·기술 짚고 가기

DAY 1 문제 유형 1, 2 　　　　본책 14~19쪽

01 ①　02 ②　03 ④　04 ③

DAY 2 문제 유형 3, 4 　　　　본책 20~25쪽

01 ①　02 ③　03 ③　04 ⑤

DAY 3 문제 유형 5, 6 　　　　본책 26~29쪽

01 ②　02 ⑤　03 ②　04 ⑤

PART 2
과학·기술 파헤치기

DAY 4 물리 　　　　본책 32~39쪽

| 방심하지 마, 물수능 | 01 ⑤ | 02 ② | 03 ④ | 04 ④ | |
| 겁먹지 마, 불수능 | 01 ④ | 02 ⑤ | 03 ⑤ | 04 ④ | 05 ③ |

DAY 5 물리 　　　　본책 40~47쪽

| 방심하지 마, 물수능 | 01 ④ | 02 ① | 03 ③ | 04 ④ | |
| 겁먹지 마, 불수능 | 01 ① | 02 ④ | 03 ⑤ | 04 ③ | 05 ② |

DAY 6 화학 　　　　본책 48~55쪽

| 방심하지 마, 물수능 | 01 ④ | 02 ④ | 03 ② | 04 ④ | |
| 겁먹지 마, 불수능 | 01 ② | 02 ⑤ | 03 ⑤ | 04 ① | 05 ④ |

DAY 7 화학 　　　　본책 56~63쪽

| 방심하지 마, 물수능 | 01 ② | 02 ④ | 03 ① | 04 ④ | |
| 겁먹지 마, 불수능 | 01 ② | 02 ① | 03 ④ | 04 ③ | 05 ③ |

DAY 8 생명과학 　　　　본책 64~71쪽

| 방심하지 마, 물수능 | 01 ⑤ | 02 ② | 03 ③ | 04 ② | |
| 겁먹지 마, 불수능 | 01 ① | 02 ④ | 03 ⑤ | 04 ⑤ | 05 ② |

DAY 9 생명과학 　　　　본책 72~79쪽

| 방심하지 마, 물수능 | 01 ④ | 02 ⑤ | 03 ④ | 04 ② | |
| 겁먹지 마, 불수능 | 01 ① | 02 ⑤ | 03 ④ | 04 ④ | 05 ③ |

DAY 10 지구과학 　　　　본책 80~87쪽

방심하지 마, 물수능	01 ⑤	02 ③	03 ③	04 ②	
겁먹지 마, 불수능	01 ③	02 ②	03 ③	04 ③	05 ②
	06 ⑤				

DAY 11 지구과학 　　　　본책 88~95쪽

방심하지 마, 물수능	01 ④	02 ①	03 ⑤	04 ②	
겁먹지 마, 불수능	01 ②	02 ④	03 ②	04 ①	05 ①
	06 ⑤				

DAY 12 일상 기술 　　　　본책 96~103쪽

| 방심하지 마, 물수능 | 01 ⑤ | 02 ① | 03 ② | 04 ④ | |
| 겁먹지 마, 불수능 | 01 ⑤ | 02 ⑤ | 03 ③ | 04 ② | 05 ① |

DAY 13 일상 기술 　　　　본책 104~111쪽

| 방심하지 마, 물수능 | 01 ④ | 02 ③ | 03 ① | 04 ② | |
| 겁먹지 마, 불수능 | 01 ① | 02 ① | 03 ① | 04 ④ | 05 ⑤ |

DAY 14 응용 기술 　　　　본책 112~119쪽

| 방심하지 마, 물수능 | 01 ③ | 02 ③ | 03 ③ | 04 ④ | |
| 겁먹지 마, 불수능 | 01 ④ | 02 ③ | 03 ④ | 04 ⑤ | 05 ② |

DAY 15 응용 기술 　　　　본책 120~127쪽

| 방심하지 마, 물수능 | 01 ③ | 02 ② | 03 ⑤ | 04 ② | |
| 겁먹지 마, 불수능 | 01 ① | 02 ③ | 03 ④ | 04 ② | 05 ④ |

PART 1

DAY 1 문제 유형 1, 2

문제 짚고 가기 · · · · · · · · · · · · · · · 본문 14~15쪽

01 ① **02** ②

● 해제

이 글은 판 구조론의 관점에서 다양한 판의 경계에 대해 설명하고 있다. 판 구조론에 따르면 판의 경계는 경계부에서 판과 판이 서로 멀어지는 발산 경계, 판과 판이 서로 접근하는 양상을 보이는 수렴 경계, 판과 판이 서로 반대 방향으로 미끄러지는 변환 경계로 구분할 수 있다. 이러한 판 구조론을 활용하면 현재 지구상에서 발생하고 있는 여러 가지 자연 현상을 설명할 수 있다.

[01-02] · · · · · · · · · · · · · · · 본문 14~15쪽

최덕근, 「판 구조론에 따른 판의 경계」, 『내가 사랑한 지구』

주제

판 구조론에 따른 다양한 판의 경계 구분

문단별 중심 내용

1문단 판의 개념과 특징
2문단 판 구조론에 따른 판의 형태 ① – 발산 경계
3문단 판 구조론에 따른 판의 형태 ② – 수렴 경계
4문단 판 구조론에 따른 판의 형태 ③ – 변환 경계
5문단 판 구조론의 의의

● 내용 구조도

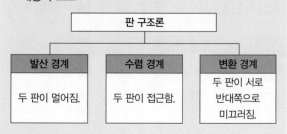

01 핵심 정보, 세부 내용 이해하기   답 ①

정답 해설

2문단에 따르면, 발산 경계에서는 화산 활동이 활발하게 일어날 뿐만 아니라 지진이 자주 발생한다.

오답 해설

② 1문단에 따르면, 판 구조론에서는 암석권의 판 하나가 움직이면 이는 주변에 영향을 주어 다른 판도 움직이게 만든다고 설명한다.

③ 5문단에 따르면, 판 구조론을 연구하는 학자들은 대륙판과 해양판이 끊임없이 이동한다는 점을 바탕으로 대륙판과 해양판이 향후 어떻게 움직일지를 예측할 수 있다고 주장한다.

④ 3문단에 따르면, 판 구조론의 수렴 경계에서는 판과 판이 서로 접근 또는 충돌하는 양상을 관찰할 수 있다.

⑤ 4문단에 따르면, 판 구조론의 변환 경계에서는 판과 판이 경계를 따라 어긋나면서 지진이 발생하게 되고, 이로 인해 인류에 피해를 주기도 한다.

02 구체적 사례에 적용하기   답 ②

정답 해설

[A]에 따르면 각 판의 비중은 다른데, 해양판은 대륙판에 비해 비중이 더욱 크다. 따라서 〈보기〉에서는 ⓐ가 ⓑ의 아래로 경사지게 밀려들어 가게 되는 현상이 발생한다.

오답 해설

① [A]에 따르면 〈보기〉와 같은 '대륙판-해양판' 수렴 경계에서는 두 판이 충돌하면 섭입이 나타나게 된다. 따라서 〈보기〉의 ⓐ와 ⓑ가 충돌한 후에는 다시 멀어지는 것이 아니라, ⓐ가 ⓑ 속으로 침강하게 된다.

③ [A]에 따르면 〈보기〉와 같은 '대륙판-해양판' 수렴 경계에서는 ⓐ와 ⓑ가 충돌한 후에 새로운 습곡 산맥이 만들어지지 않는다. ⓐ와 ⓑ가 충돌하면서 습곡 산맥을 형성

하는 것은 '대륙판-대륙판' 수렴 경계의 특징이다.

④ [A]에 따르면 〈보기〉와 같은 수렴 경계에서 ⓐ와 ⓑ가 충돌하게 되면 얕은 지진뿐만 아니라 깊은 지진도 두루 발생하게 된다. 지각 물질의 생성 없이 얕은 지진이 자주 발생하는 곳은 변환 경계이다.

⑤ [A]에 따르면 〈보기〉는 수렴 경계이며, 경계를 따라 판이 어긋나는 것은 변환 경계의 특징이다. ⓐ와 ⓑ가 충돌하게 되면 비중이 더욱 큰 ⓐ가 ⓑ쪽으로 섭입하게 된다.

문제 짚고 가기

본문 18~19쪽

03 ④ **04** ③

● 해제

이 글은 스키드 마크를 이용하여 달리던 자동차의 속도를 측정하는 방법을 설명하는 글이다. 자동차가 급브레이크를 밟을 때 생기는 자동차 바퀴 자국을 스키드 마크라고 한다. 그리고 에너지 보존 법칙에 의해 자동차가 멈추기 직전의 운동 에너지는 도로와의 마찰 에너지로 모두 바뀐다. 이에 이를 이용하여 실제 자동차가 멈추기 직전의 주행 속도를 추정할 수 있다.

[03-04]

본문 18~19쪽

이진산·강이든, 「스키드 마크로 들통난 과속 차량」, 『과학 시크릿』

주제

스키드 마크를 이용하여 자동차의 속도를 추정하기

문단별 중심 내용

1문단 스키드 마크의 정의와 자동차의 속도 추정
2문단 에너지 보존 법칙의 정의와 예
3문단 에너지 보전 법칙을 이용하여 스키드 마크 길이로 자동차의 속도를 구하는 방법
4문단 스키드 마크를 이용하여 자동차의 속도를 구할 때의 유의점

● 내용 구조도

도입	'스키드 마크'란?
원리	에너지 보존 법칙의 정의와 예
적용	에너지 보존 법칙을 적용하여 스키드 마크 길이로 차량의 속도 구하는 법
유의점	차량의 속도를 구할 때 유의할 점

● 배경지식

에너지 보존 법칙

고립계에서 에너지의 총합은 일정하다는 것으로 물리학의 근본을 이루고 있는 법칙 중 하나이다. 이 법칙에 따르면 에너지는 그 형태를 바꾸거나 다른 곳으로 전달할 수 있을 뿐 생성되거나 사라질 수 없다. 롤러코스터에서 중력에 의한 위치 에너지가 운동 에너지로 변환되거나 화약의 화학 에너지가 총알의 운동 에너지로 변환되는 것이 그 예이다. 20세기에 들어와서 에너지 보존 법칙은 아인슈타인의 특수 상대성 이론을 통해 질량-에너지 보존 법칙으로 확장되었다.

03 핵심 정보, 세부 내용 이해하기   답 ④

정답 해설

3문단의 내용을 통해 마찰 에너지는 마찰력과 움직인 거리의 곱으로 나타낼 수 있으며, 다시 마찰력은 물체의 질량(차량의 무게)과 마찰 계수의 곱임을 알 수 있다. 그러므로 마찰 에너지를 구하기 위해서는 물체의 질량(차량의 무게), 마찰 계수, 차량이 움직인 거리를 모두 알아야 한다.

오답 해설

① 3문단의 내용을 통해 확인할 수 있다.
② 4문단의 내용을 통해 확인할 수 있다.
③ 2문단의 내용을 통해 확인할 수 있다.
⑤ 1문단의 내용을 통해 확인할 수 있다.

04 구체적 사례에 적용하기   답 ③

정답 해설

마찰력은 차량의 무게와 마찰 계수를 곱한 값이다. 비에 젖은 콘크리트 도로의 마찰 계수 0.4보다 건조한 도로의 마찰 계수 0.6이 크기 때문에 건조한 도로였다면 차량 A와 차량 B에 작용한 마찰력은 더 커진다.

오답 해설

① 3문단에 따르면 '멈추기 직전 차량 속도(시속)=$\sqrt{254 \times 스키드\ 마크\ 길이 \times 마찰\ 계수}$'이다. 마찰 계수가 동일한 상황이기 때문에 스키드 마크 길이가 더 짧은 차량 A가 차량 B에 비해 더 느린 속도로 주행하고 있었음을 알 수 있다.

② 살짝 언 도로의 마찰 계수는 0.3으로 비에 젖은 콘크리트 도로의 마찰 계수 0.4보다 작은 값이다. '멈추기 직전 차량 속도(시속)=$\sqrt{254 \times 스키드 마크 길이 \times 마찰 계수}$'에서 속도는 고정된 값이고 마찰 계수가 작아졌으므로 차량 A와 차량 B의 스키드 마크는 더 길어지게 된다.

④ 비에 젖은 아스팔트 도로의 마찰 계수는 0.6으로 비에 젖은 콘크리트 도로의 마찰 계수 0.4보다 큰 값이다. '멈추기 직전 차량 속도(시속)=$\sqrt{254 \times 스키드 마크 길이 \times 마찰 계수}$'에서 속도는 고정된 값이고 마찰 계수가 커졌으므로 차량 A와 차량 B의 스키드 마크는 더 짧아지게 된다.

⑤ '멈추기 직전 차량 속도(시속)=$\sqrt{254 \times 스키드 마크 길이 \times 마찰 계수}$'에서 속도가 감소하면 스키드 마크 길이는 더 짧아지게 된다. 차량 A가 더 느린 속도로 주행했다면 차량 A의 스키드 마크 길이가 더 짧아지므로 차량 A와 차량 B의 스키드 마크 길이 차이는 지금보다 커지게 된다.

DAY 2 문제 유형 3, 4

문제 짚고 가기
본문 20~21쪽

01 ① **02** ③

● 해제

이 글은 키오스크에 적용된 터치스크린 기술 중에서 대표적인 두 가지 방식에 대해 설명하고 있다. 터치스크린 기술은 별도의 입력 장치가 없어도 손가락을 통해 관련 작업이 이루어지도록 하는 기술이다. 동작 방법에 따라 저항 막 방식과 정전 용량 방식이 가장 널리 이용된다. 저항 막 방식은 전기적 접촉으로 인해 발생한 전류와 저항의 변화를 감지해 입력을 판별하고, 정전 용량 방식은 우리 몸의 정전기를 이용한다. 이러한 터치스크린 기술은 앞으로 더욱 활용 가능성이 크다고 볼 수 있다.

[01-02]
본문 20~21쪽

이기성, 「손대면 톡 하고 반응하는 입력 장치-터치스크린」, 『IT동아』

주제

입력 방식에 따라 달라지는 터치스크린 기술의 종류

문단별 중심 내용

1문단 키오스크의 개념
2문단 터치스크린 기술의 특징
3문단 터치스크린 기술 ① – 저항 막 방식
4문단 터치스크린 기술 ② – 정전 용량 방식
5문단 터치스크린 기술의 전망

● 내용 구조도

01 전개 방식 파악하기 답 ①

이 글은 터치스크린 기술을 저항 막 방식과 정전 용량 방식으로 구분하고 두 방식이 갖는 원리와 특성을 각각 제시하고 있다.

② 저항 막 방식과 정전 용량 방식이 갖는 장단점을 설명하고 있지만, 이에 대한 해결 방안은 제시되어 있지 않다.

③ 터치스크린 기술과 관련해서 저항 막 방식과 정전 용량 방식을 소개하고 있지만 그 현황을 소개하고 있지는 않다.

④ 터치스크린 기술을 동작 방법에 따라 나누고 각 방식의 문제점도 제시하지만, 글 전체의 전개 방식으로 보기 어렵다.

⑤ 터치스크린 기술이 발달해 온 과정은 설명하고 있지 않다.

02 핵심 정보, 세부 내용 이해하기 답 ③

4문단을 통해 정전 용량 방식은 저항 막 방식에 비해 화질이 우수하고 내구성도 뛰어남을 알 수 있다.

①, ② 3문단을 통해 저항 막 방식은 터치펜으로 터치가 가능하고, 액정 위에 여러 겹의 막이 쌓여 있음을 알 수 있다.

④, ⑤ 2문단을 통해 두 방식 모두 누구나 직관적으로 이용할 수 있고 별도의 입력 장치가 필요하지 않음을 알 수 있다.

문제 짚고 가기 본문 23~24쪽

03 ③ **04** ⑤

● 해제

이 글은 태양 전지를 소개하고 제작 공정에 따른 특징을 다루고 있다. 셀의 제작에 필요한 웨이퍼를 생산하는 과정은 다결정질과 단결정질 실리콘으로 구분된다. 다결정질 실리콘은 제작 원가가 낮고 빠른 생산이 가능하다는 장점이 있지만, 전력 전환 효율이 감소되고 제품 불량이 발생한다는 단점이 있다. 반면 단결정질 실리콘은

전력 전환 효율이 우수하다는 장점이 있지만, 제작 비용이 높고 열에너지가 소비된다는 단점이 있다.

[03-04] 본문 23~24쪽

장종훈, 「태양 전지의 분류와 그 특징」, 『신재생 에너지 입문』

주제

태양 전지의 제작 공정에 따른 분류와 특징

문단별 중심 내용

1문단 태양 전지의 정의와 생산 과정-다결정질 실리콘, 단결정질 실리콘

2문단 다결정질 실리콘의 제작 공정과 장·단점

3문단 단결정질 실리콘의 제작 공정과 장·단점

● 내용 구조도

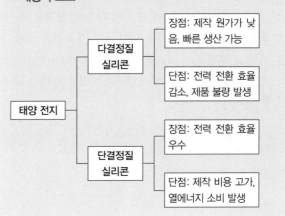

03 핵심 정보, 세부 내용 이해하기 답 ③

1문단을 통해 현재 상용화된 상업용 태양 전지의 약 80% 이상은 결정질 실리콘 기반의 태양 전지라는 사실을 알 수 있다.

① 2문단을 통해 실리콘을 녹여서 주형에 넣어 굳혀 만든 것은 잉곳이라는 사실을 알 수 있다.

② 3문단을 통해 단결정질 실리콘 제작 공정에서 초크랄스키 방법을 이용할 때 단결정 실리콘 조각이 필요하다는 사실을 알 수 있다.

④ 3문단을 통해 날씨에 크게 구애받지 않고, 전력 전환이

가능한 것은 단결정질 실리콘으로 제작된 태양 전지라는 사실을 알 수 있다.

⑤ 3문단을 통해 단결정질 실리콘은 단면이 하나의 결정으로 되어 있어서 단면에 결정의 경계면이 나타나지 않는다는 사실을 알 수 있다.

04 외적 준거 활용하기　답 ⑤

정답 해설

2문단을 통해 다결정질 실리콘 경계면을 보면 이웃한 원자와 결합 배열이 끊어져 있다는 사실을 알 수 있다.

오답 해설

① 1문단을 통해 ㉠은 폴리실리콘으로, 순도가 높은 규소로 만들어진다는 사실을 알 수 있다.

② 3문단을 통해 ㉡과 ㉢은 초크랄스키 방법을 이용하여 실리콘 원기둥을 만드는 과정임을 알 수 있다.

③ 3문단을 통해 ㉣의 제작에 필요한 웨이퍼는 단면이 하나의 결정으로 되어 있는 특성을 지닌다는 사실을 알 수 있다.

④ 2문단을 통해 ㉤은 사각형의 용기에 파쇄되어 있는 실리콘을 넣고 용융시킨 후에 냉각시키는 과정이라는 사실을 알 수 있다.

문제 짚고 가기　본문 26~27쪽

01 ②　02 ⑤

●해제

이 글은 화학식의 종류와 화합물의 명명법에 대해 설명하고 있다. 화학식에는 크게 실험식, 분자식, 시성식, 구조식이 있다. 실험식은 각 원소의 상대적 원자 수만 나타내고, 분자식은 분자 하나에 들어 있는 각 원소의 종류와 원자의 개수를 모두 나타낸다. 그리고 시성식은 작용기를 써서 나타내며, 구조식은 분자를 구성하는 원자와 원자 사이의 결합 모양이나 배열 상태를 결합선을 사용하여 나타낸다. 또한 화합물의 이름을 지을 때에는 주기율표에서 더 왼쪽에 있는 원소가 오른쪽에 있는 원소의 이름 뒤에 온다. 그리고 같은 원소의 화합물이 원소의 수를 달리하여 둘 이상의 화합물을 가질 때에는 숫자를 덧붙여 이름을 짓고, 관용적으로 사용되어 온 이름은 그대로 사용한다.

[01-02]　본문 26~27쪽

「화학식의 종류와 화합물의 명명법」

주제

화학식의 종류와 화합물의 명명법

문단별 중심 내용

1문단 실험식과 분자식의 정의와 그 특성
2문단 시성식과 구조식의 정의와 그 특성
3문단 화합물에 이름을 붙이는 규칙

●내용 구조도

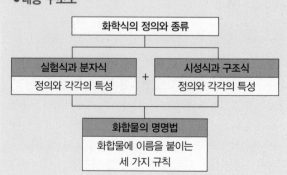

01 정보 추론하기   답 ②

정답 해설

[A]를 보면, CO_2를 '이산화탄소'라고 부르는 것처럼, N_2O_4도 산소의 이름을 먼저 붙이되 '소'로 끝나는 경우에는 이를 생략하고, '화'를 붙임을 알 수 있다. 또한 같은 원소의 화합물들이 원소의 수를 달리하여 두 개 이상의 화합물을 가질 때에는 그 모호함을 없애기 위해 숫자를 이름에 덧붙인다. 따라서 N_2O_4는 '사산화이질소'라고 부르는 것이 적절하다.

02 구체적 사례에 적용하기   답 ⑤

정답 해설

1문단을 보면, 분자식은 분자 하나에 들어 있는 각 원소의 종류와 원자의 개수를 모두 나타내고, 실험식은 상대적인 원자 수를 나타낸다. 따라서 〈보기〉의 아세트산의 경우, 분자식은 $C_2H_4O_2$로, 실험식은 CH_2O로 표기해야 한다. 또한 2문단을 보면, 작용기를 가진 물질은 이를 뚜렷이 드러내는 화학식을 사용한다. 따라서 시성식은 작용기인 '카복실기($-COOH$)'를 따로 표기하되, 탄소 2개, 산소 2개, 수소 4개의 개수를 고려하여 CH_3COOH와 같이 표기해야 한다.

문제 짚고 가기   본문 28~29쪽

03 ②   **04** ⑤

● 해제

이 글은 생물체를 구성하는 고분자 물질에는 탄수화물, 단백질, 지질 등이 있음을 밝히고 각각의 특징과 기능을 설명하고 있다. 탄수화물 중 포도당과 설탕은 에너지원으로 쓰이고 셀룰로오스는 식물 세포벽에서 구조적 역할을 담당한다. 단백질은 세포의 주요 구성 요소로 쓰이고 화학 반응을 촉진하거나 기질의 통로 역할, 호르몬의 기능을 하기도 한다. 지질 중 지방은 에너지원이 되고, 콜레스테롤은 세포막의 유동성을 유지한다. 지질 가운데 인지질은 세포막의 주요 구성 성분으로 사용된다.

[03-04]   본문 28~29쪽

「생명체를 구성하는 고분자 물질」

주제

생물체를 구성하는 고분자 물질의 특징과 기능

문단별 중심 내용

1문단 고분자 물질 중 탄수화물의 특징과 기능
2문단 고분자 물질 중 단백질의 특징과 기능
3문단 고분자 물질 중 지질의 특징과 기능
4문단 지질 중 인지질의 특징과 기능

● 내용 구조도

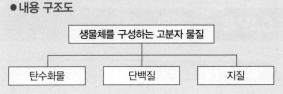

03 핵심 정보, 세부 내용 이해하기   답 ②

정답 해설

3문단에서 콜레스테롤은 식물 세포가 아닌 동물 세포에서만 발견된다고 하였으므로 적절하지 않다.

오답 해설

① 1문단에서 탄수화물 또는 당은 생물체의 일상 활동에 필요한 주 에너지원을 제공한다고 하였고, 특히 포도당과 설탕이 에너지원으로 사용된다고 하였다.

③ 2문단에서 효소와 같은 단백질은 세포 내 분자들을 합성하거나 분해하는 모든 화학 반응을 촉진한다고 하였다.

④ 1문단에서 에너지원인 포도당, 설탕과 달리 셀룰로오스는 주로 식물 세포벽에서 구조적 역할을 담당한다고 하였다.

⑤ 4문단에서 인지질의 꼬리 부분은 물로부터 떨어져 있는 것을 선호하고 여기에 지방산이 자리한다고 하였다.

04 어휘의 의미 파악하기   답 ⑤

정답 해설

'다당류는 ~ 긴 사슬 구조의 성질을 띠고 있다.'의 '띠다'는 '보수적 성격을 띠다.'의 경우와 마찬가지로 '어떤 성질을 가지다.'의 의미로 쓰였다.

오답 해설

① '용무나 직책, 사명 따위를 지니다.'의 의미로 쓰였다.
② '빛깔이나 색채 따위를 가지다.'의 의미로 쓰였다.
③ '띠나 끈 따위를 두르다.'의 의미로 쓰였다.
④ '감정이나 기운 따위를 나타내다.'의 의미로 쓰였다.

PART 2 과학·기술 파헤치기

DAY 4 물리

방심하지 마, 물수능
본문 32~35쪽

01 ⑤ **02** ② **03** ④ **04** ④

●해제

이 글은 19세기 열역학 연구의 성과를 설명하는 물리학 분야의 글이다. 열역학 제1 법칙은 에너지 보존의 법칙이고, 이를 보완하기 위해 정립된 열역학 제2 법칙은 에너지가 흐르는 방향에 대한 법칙이다. 열역학 제2 법칙과 관련하여 등장한 엔트로피는 에너지의 분산을 뜻하며 엔트로피 증가 법칙으로 정의되었다.

스피드 지문 복습 정답

정갑수, 「열역학 제1·제2 법칙과 엔트로피」, 『물리 법칙으로 이루어진 세상』

주제

열역학 제1 법칙과 제2 법칙의 성립과 엔트로피의 특성

문단별 중심 내용

1문단 19세기 물리학의 중심 주제인 열 역 학
2문단 에너지 보존 법칙인 열역학 제 1 법 칙
3문단 열역학 제1 법칙을 보완한 열역학 제 2 법 칙
4문단 엔 트 로 피 의 개념과 특성
5문단 자연 현상과 엔트로피의 증 가
6문단 에너지의 분 산 과 엔트로피 증가 법칙

●내용 구조도

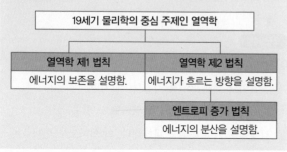

19세기 물리학의 중심 주제인 열역학

열역학 제1 법칙	열역학 제2 법칙
에너지의 보존을 설명함.	에너지가 흐르는 방향을 설명함.

엔트로피 증가 법칙
에너지의 분산을 설명함.

●배경지식

가역 현상

외부에 어떤 변화도 남기지 않고 자발적으로 원래 상태로 되돌아갈 수 있는 변화를 가역 변화라 하고, 이런 현상을 가역 현상이라 한다. 가역 현상은 자연계에서 자발적으로 일어나지 않기 때문에 외부에서 일을 해 주거나 열을 가해 주어야만 한다. 한 예로, 자연 상태에서는 높은 곳에서 낮은 곳으로 물이 흐르는데 만약 물을 낮은 곳에서 높은 곳으로 보내려면 펌프나 용기 등을 이용해야 한다.

01 전개 방식 파악하기
답 ⑤

정답 해설

이 글에서는 열역학 제2 법칙이라는 과학 법칙이 이전의 과학 법칙인 열역학 제1 법칙과 연관되어 정립되는 과정을 소개하고, 관련되는 과학 용어인 엔트로피의 개념과 특성을 설명하고 있다.

오답 해설

① 열역학 법칙들이 제1 법칙에서 제2 법칙으로 이어지는 과정을 단계별로 소개하고 있다고 할 수는 있으나, 그것이 지닌 역사적 의의를 제시한 부분은 찾을 수 없다.

② 열역학 제1·제2 법칙이 산업 혁명으로 증기 기관이 널리 보급된 사회적 배경을 바탕으로 하여 만들어졌음을 언급하고 있으나, 그 결과가 실생활에 미친 영향을 사례를 들어 설명한 부분은 찾을 수 없다.

③ 엔트로피라는 용어의 의미는 열역학 제2 법칙과 관련하여 규정된다고 할 수 있으므로, 과학 법칙 두 가지가 특정 과학 용어의 의미를 규정하고 있다는 서술은 적절하지 않다. 또한 어떤 하나의 과학 법칙을 중심으로 다른 하나를 재해석하고 있는 부분도 찾을 수 없다.

④ 열역학 제1 법칙이 먼저 등장하고 이것의 부족한 부분을 채우기 위해 열역학 제2 법칙이 정립된 과정을 소개하고

있으므로 특정 과학 법칙을 다른 과학 법칙과 비교하고 있다는 설명은 적절하지 않다. 또한 특정 과학 법칙이 지닌 한계를 보완할 수 있는 다양한 방안이 거론된 부분을 찾을 수 없다.

02 세부 내용 이해하기   답 ②

정답 해설

6문단의 마지막 문장을 통해 에너지는 언제나 흩어지려고 하며 한번 흩어진 에너지는 다시 모이지 않는 성질을 갖고 있음을 알 수 있다.

오답 해설

① 1문단에서, 산업 혁명으로 증기 기관이 보급되자 물리학자들은 이러한 기계 속에서 무슨 일이 일어나는지 알고 싶어 하였다고 하였다.

③ 5문단에서 무질서에서 질서로 진행하는 엔트로피의 감소 과정은 자발적으로 일어나지 않는다고 하였다.

④ 4문단에서, 클라우지우스가 물체의 열적 상태를 나타내는 물리량을 설정하면서 엔트로피라는 이름을 붙였는데, 이는 그리스어에서 따온 말로 변화를 뜻한다고 하였다.

⑤ 2문단에서 열역학 제1 법칙은 보다 일반화한 에너지 보존 법칙이라고 하였고, 3문단에서 열역학 제2 법칙은 에너지가 흐르는 방향을 설명하는 법칙이라고 하였다.

03 정보 추론하기   답 ④

정답 해설

냉장고가 물을 얼음으로 바꾸는 것은 무질서에서 질서로 진행하는 엔트로피의 감소 과정에 해당하는 것으로, 이때 전기 에너지가 사용되는 것은 엔트로피의 감소 과정이 결코 자발적으로 일어나지 않는다는 것을 보여 준다. 따라서 이는 에너지 보존 법칙인 ㉠과는 거리가 멀다.

오답 해설

① 수력 발전소에서 물의 위치 에너지가 운동 에너지로, 운동 에너지가 다시 전기 에너지로 바뀌는 것은, 고립된 계 안에서 에너지의 형태가 바뀐 것으로, 에너지는 변화하지 않았다고 할 수 있다. 따라서 ㉠과 관련된 사례라고 할 수 있다.

② 태양의 에너지가 광합성을 통해 벼에 응축되고 쌀을 섭취

한 사람이 소화 과정을 통해 화학 에너지로 만들어 활용하는 것은 태양계라는 하나의 계 안에서 에너지가 계속해서 형태를 달리하며 교환되는 과정에 해당한다. 따라서 ㉠과 관련된 사례라고 할 수 있다.

③ '투입된 열에너지의 양=수증기가 뚜껑을 들썩이면서 한 일(운동 에너지)+물과 주변 공기를 데우는 데 소모된 열에너지의 양'이다. 에너지의 형태가 바뀌면서 에너지의 총량이 보존되었으므로 ㉠과 관련된 사례라고 할 수 있다.

⑤ 롤러코스터는 에너지의 양은 그대로 유지하면서 위치 에너지와 운동 에너지가 서로 형태를 바꿔 가는 장치이므로 ㉠과 관련된 사례라고 할 수 있다.

04 구체적 사례에 적용하기   답 ④

정답 해설

물에 흩어졌던 잉크가 다시 한 점으로 모이는 것은 무질서도가 감소하면서 흩어진 에너지가 다시 모이는 것이라고 할 수 있다. 이는 '에너지는 언제나 흩어지려고 하며 한번 흩어진 에너지는 다시 모이지 않는다.'는 엔트로피 증가 법칙에 위배된다.

오답 해설

① 〈보기〉에서는 잉크가 물에 퍼져 나가는 것, 잉크가 다시 한 점으로 모이는 것과 같이 에너지가 흐르는 방향에 대해 다루고 있다. 열역학 제1 법칙은 에너지 보존에 관한 것이므로 에너지가 흐르는 방향에 대해서는 증명할 수 없다.

② 잉크가 물에 퍼져 나가는 것은 비가역적 과정에 해당한다. 자연 현상들은 모두 비가역 현상에 해당하여 되돌릴 수 없다는 것이 열역학 제2 법칙의 설명이다. 따라서 열역학 제2 법칙에서는 〈보기〉에 제시된 흩어졌던 잉크가 다시 한 점으로 모이는 것, 즉 우주에서 시간이 거꾸로 흐르는 것이 불가능하다고 본다.

③ 잉크가 물 전체에 골고루 퍼져 나가는 것은 무질서도가 커지는 것이라고 할 수 있다. 그러므로 안정 상태에서 불안정 상태로 가고 있다는 것을 의미한다고 보아야 한다.

⑤ 자연계의 자연 현상은 모두 비가역 현상에 해당한다. 물에 흩어졌던 잉크가 다시 한 점으로 모이는 것과 우주에서 시간이 거꾸로 흐르는 것은 모두 자연 현상과는 반대의 방향으로 변화하는 것이므로 비가역 현상에 해당한다고 볼 수 없다.

물먹는 유형 |

4번 문항을 해결하기 위해서는 지문에서 설명한 열역학 제1 법칙, 열역학 제2 법칙, 엔트로피와 같은 법칙과 개념에 대한 이해가 필요하다. 먼저 열역학 제2 법칙에서 설명하는 에너지가 흐르는 방향과 엔트로피 증가 법칙에서 설명하는 에너지의 분산에 대해 이해한 내용을 〈보기〉와 관련지어 생각해 본다. 이를 바탕으로 〈보기〉에 언급된 '잉크가 물에 퍼져 나가는 것'은 무질서도가 증가하며 불안정 상태로 나아가는 비가역 현상에 해당하고, 이것의 역의 과정은 발생하지 않는다는 것이 엔트로피 이론임을 확인하면서 선지의 적절성을 판단하도록 한다.

겁먹지 마, 불수능

본문 36~39쪽

01 ④ **02** ⑤ **03** ⑤ **04** ④ **05** ③

●해제

이 글은 등속 수평 비행을 하는 비행기에 서로 반대되는 방향으로 평형을 이루면서 작용하는 두 쌍의 힘에 관해 설명하는 물리학 분야의 글이다. 비행기의 위아래를 지나는 축과 평행한 힘에는 중력과 양력이 있다. 중력은 지구의 중심 방향, 양력은 그 반대 방향을 향한다. 비행기는 양력에 영향을 미치는 요소들에 적절하게 대응하면서 고도를 유지한다. 비행기의 앞뒤를 지나는 축에 평행한 힘에는 추력과 항력이 있다. 추력은 비행기가 날아가는 쪽을 향하고, 항력은 그 반대쪽을 향한다. 항력에는 여러 종류가 있는데 비행기는 이를 줄이면서 앞으로 나아간다.

스피드 지문 복습 정답

박영기, 「날아가는 비행기에 작용하는 여러 가지 힘」, 『과학으로 만드는 비행기』

주제

비행기에 작용하는 중력과 양력, 추력과 항력

문단별 중심 내용

1문단 **등** **속** **수** **평** 비행 하는 비행기에 작용하는 여러 힘
2문단 중력과 양력, **중** 력에 대한 대응
3문단 **양** **력** 의 발생 원리

4문단 양력에 **영** **향** 을 주는 요소
5문단 추력과 항력, **추** 력의 원리와 특성
6문단 여러 가지 종류의 **항** 력
7문단 항력과 비행 **속** 력

●내용 구조도

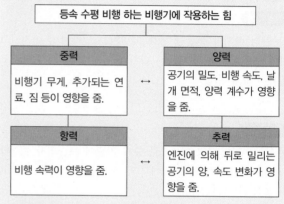

등속 수평 비행 하는 비행기에 작용하는 힘

중력
비행기 무게, 추가되는 연료, 짐 등이 영향을 줌.

↔

양력
공기의 밀도, 비행 속도, 날개 면적, 양력 계수가 영향을 줌.

항력
비행 속력이 영향을 줌.

↔

추력
엔진에 의해 뒤로 밀리는 공기의 양, 속도 변화가 영향을 줌.

●배경지식

베르누이 정리

유체(공기나 물처럼 흐를 수 있는 기체나 액체)는 빠르게 흐르면 압력이 감소하고, 느리게 흐르면 압력이 증가한다는 법칙. 이를 발견한 스위스의 수학자이자 과학자인 베르누이의 이름을 따서 '베르누이 정리'라고 부른다. 비행기의 날개에서 양력이 발생하는 원리도 이를 통해 설명할 수 있다.

01 전개 방식 파악하기

답 ④

정답 해설

이 글은 날아가는 비행기에 작용하는 힘을 '중력과 양력', '추력과 항력'으로 짝이 되는 것끼리 묶고, 각각의 특성을 설명하고 있다.

오답 해설

① 날아가는 비행기에 작용하는 여러 가지 힘을 소개하면서 비행기가 날 수 있는 원리를 과학적으로 규명하고 있으나, 이러한 원리가 적용된 사례들을 분석한 부분은 찾을 수 없다.

② 비행기를 구성하는 부분 중 날개에 대한 설명이 등장하지만, 각 부분의 기능을 모두 설명하고 있지는 않으며, 부분들이 작동하는 과정도 나타나 있지 않다.

③ 과도한 무게, 양력이 낮아지는 상황 등 비행기의 운행에

위협이 될 만한 요소들을 거론하고 있지만, 각각의 차이점을 부각하고 있지는 않다.

⑤ 비행기에 작동하는 힘을 규명하고 이에 대한 대응을 하고 있다는 측면에서 비행기에 적용된 과학적 연구 성과를 보여 준다고도 볼 수도 있으나 이를 통시적으로 살핀 것은 아니며, 비행 속도 향상을 위한 여러 가지 비행 방식을 소개하고 있지 않다.

02 세부 내용 이해하기 답 ⑤

정답 해설

2문단을 통해 비행기의 무게를 줄이려는 것은 중력과 관련됨을 알 수 있는 한편, 5문단을 통해서는 비행기 앞뒤를 지나는 축과 평행한 힘은 추력과 항력임을 확인할 수 있다. 따라서 ⑤의 서술은 적절하지 않다.

오답 해설

① 6문단의 내용 중 유도 항력에 대한 설명을 통해 확인할 수 있다.

② 7문단의 내용 중 유해 항력에 대한 설명을 통해 확인할 수 있다.

③ 5문단의 내용 중 추력에 대한 설명을 통해 확인할 수 있다.

④ 3문단의 내용 중 양력에 대한 설명 및 중력과 양력과의 관계에 대한 설명, 4문단의 내용 중 양력과 비행기 고도의 관계에 대한 설명을 통해 확인할 수 있다.

03 정보 추론하기 답 ⑤

정답 해설

여러 부착물이 가까이 위치할수록 그 주변을 흐르는 공기가 서로 충돌하여 유해 항력이 커지므로, 쌍엽기의 날개 간격이나 두 날개를 연결하는 장치의 간격을 좁히는 것은 ⓜ과 관련된 사례로 볼 수 없다.

오답 해설

① 열대 지방의 공항은 여느 곳의 공항보다 더 온도가 높으므로 양력이 덜 발생한다. 양력은 비행기 속력의 제곱에 비례하므로, 열대 지방의 공항에서는 이륙할 때 더 속도를 내어 달리며 부족한 양력을 보충할 수 있다.

② 양력은 비행기 속력의 제곱에 비례하므로, 운행 중인 비행기의 속력이 빨라지면 더 큰 양력을 받아 점점 고도를 높이게 된다.

③ 날개 끝에서 펼쳐져 나오는 플랩은 날개의 면적을 넓혀 주는 역할을 할 것이므로 비행기가 이륙할 때 양력을 높여 줄 것이다. 양력은 비행기 속력의 제곱에 비례하므로, 이륙 후 안정적인 속도를 확보하면 충분한 양력을 갖출 수 있게 된다. 이때 플랩은 원래 있던 곳으로 들어가게 된다.

④ 정찰기는 높은 위치에서 천천히 비행 하면서 상대 진영을 관찰해야 한다. 비행 속력이 낮아 유도 항력이 크게 작용하게 되므로, 유도 항력을 줄일 수 있도록 정찰기에는 가로세로비가 큰 날개를 쓴다.

04 외적 준거 활용하기 답 ④

정답 해설

3문단에서 날개를 만나 위와 아래로 갈라진 공기는 날개 뒤에 동시에 도착해야 하므로 볼록하고 높은 날개의 모양을 통과해야 하는 날개 윗면(ⓒ)의 공기가 아랫면(ⓓ)을 지나는 공기보다 속도를 높여 빨리 흐른다고 하였다. 따라서 ④와 같이 이해하는 것이 적절하다.

오답 해설

① 〈보기〉를 통해, 받음각이 일정한 값 이상이 되면 실속 현상이 나타나 비행기가 추락하게 됨을 확인할 수 있다. 그러므로 날개가 양력을 발생시키는 정도를 나타내는 양력 계수는 일정한 수치 이상으로 커질 수 없다고 이해해야 적절하다.

② 3문단의 내용을 통해, 날개의 윗면을 아랫면보다 볼록하게 해야 양력이 커진다는 것을 확인할 수 있다.

③ 3문단의 내용을 통해, 날개를 만나 위와 아래로 갈라진 공기는 날개 뒤에 동시에 도착해야 하므로 볼록하고 높은 날개의 모양을 통과해야 하는 날개 윗면의 공기가 아랫면을 지나는 공기보다 속도를 높여 빨리 흐른다는 것을 확인할 수 있다. 즉, ⓐ에서 갈라진 두 공기는 날개 뒤에 동시에 도착한다고 보아야 적절하다.

⑤ 3문단의 내용을 통해, 속도가 빨라지면 압력은 낮아지므로 날개 윗면의 압력보다 아랫면의 압력이 상대적으로 커진다는 것, 압력은 항상 고기압에서 저기압으로 움직이므로 날개의 아래에서 위로 압력이 이동하려 한다는 것을 확인할 수 있다. 그러므로 ⓓ를 지나는 공기의 압력이 ⓒ를 지나는 공기의 압력보다 높다고 이해해야 적절하다.

05 구체적 사례에 적용하기 · 답 ③

정답 해설

날개의 앞쪽을 뒤쪽보다 약간 높이는 것은 양력을 높이기 위한 대응책일 뿐 비행기의 진행을 방해하는 힘인 항력에 대한 대응책과는 거리가 멀다.

오답 해설

① A는 속력이 높아질수록 기하급수적으로 줄어드는 형태이므로 유도 항력을 나타낸다. 이것의 영향을 적게 하려면 비행기 날개를 같은 면적이라도 이전보다 좁고 길게 설계하여 가로세로비를 크게 해 주어야 한다.

② B는 속력이 높아질수록 기하급수적으로 늘어나는 형태이므로 유도 항력을 제외한 나머지 항력들이라고 할 수 있다. 항력은 기본적으로 비행기의 추력에 대항하는 힘이다.

④ 항력은 유도 항력과 유도 항력을 제외한 나머지 항력으로 구분할 수 있다. 비행 속력을 이 두 부류의 항력을 합친 전체 항력이 가장 작아지는 지점인 (나)에 맞추면 양항비(양력/항력)가 커져서 필요한 추력이 최소가 되어 연료 소비가 가장 적어진다.

⑤ (다)는 유도 항력보다 나머지 항력들이 더 크게 작용하는 부분이다. 유선형 몸체를 갖춰 형태 항력을 낮추고, 표면을 매끄럽게 하여 표면 마찰 항력을 낮추며, 부착물을 최소화하여 유해 항력을 낮추는 대응책이 왜 필요한가를 보여 주는 부분이라고 할 수 있다.

불 끄는 TIP

불나는 유형

그래프, 도표 등을 이용하여 글의 내용에 대한 이해나 적용을 묻는 문항의 경우 그래프를 정확하게 이해하는 것이 급선무이다. 각각의 선과 기호로 표시한 부분이 무엇인지 파악하지 않고서는 정답을 찾을 수 없으므로 그래프의 X축과 Y축이 드러내는 것, 선이 나타내는 의미 등을 해석하여 그래프를 읽어야 한다. 5번 문항의 그래프의 경우 속력과 항력의 관계를 나타내는 것임을 파악하여 A, B 그리고 (가), (나), (다)가 각각 무엇을 나타내는지를 이해해야 한다. 그래프와 함께 제시된 참고 문구를 고려하여 지문에서 설명한 항력의 종류와 부류를 그래프 안에서 파악하고, 이에 대한 선지의 설명이 적절한지를 확인하는 방식으로 문제를 해결하도록 한다.

DAY 5 · 물리

방심하지 마, 물수능
본문 40~43쪽

01 ④ **02** ① **03** ③ **04** ④

●해제

이 글은 파동으로서 음파가 가진 물리적 특성을 통해 음악을 이해하려는 물리학과 음악 분야의 융합 지문이다. 음파는 진동수, 파장, 진폭이라는 세 가지 파동의 근본적 특성을 갖는다. 이를 통해 진동수에 따라 달라지는 음악의 음높이, 기본음이 가진 기본 진동수의 정수 배를 가진 음으로 기본음과 함께 어우러져 악기의 독특한 음색을 만들어 내는 배음, 공명통의 공명 현상 및 현과 관련된 요소들의 조절을 통한 현악기의 연주 원리 등을 설명하고 있다.

스피드 지문 복습 정답

이남영·정태문,「음파의 물리적 특성을 통한 음악의 이해」,『교양인을 위한 물리 지식』

주제

음파의 물리적 특성과 음높이, 배음, 현악기 연주의 원리

문단별 중심 내용

1문단 음파를 포함한 파동 의 세 가지 근본적 특성
2문단 진동수를 통한 음높이 의 이해
3문단 악기 특유의 음색을 만드는 배음 의 이해
4문단 현악기 연주 원리의 이해

●내용 구조도

기초지식	음파를 포함한 파동의 세 가지 근본적 특성		
	음높이	**배음**	**현악기 연주 원리**
음악에 적용	진동수와 관련됨.	기본음 진동수의 정수 배 진동수를 가짐.	공명통의 공명, 현의 주파수와 관련됨.

●배경지식

정상파

양 끝이 고정된 현을 튕기면, 줄의 어느 방향으로도 진행하지 못하고 제자리에서 진동하는 정상파가 발생한다. 현악기는 이런 정상파가 발생하는 장치다. 정상파는 마디와 배를 형성하며, 이 마디 사이의 간격으로 진동(혹은 파동 혹은 음파)의 진동수가 결정된다.

01 세부 내용 이해하기   답 ④

정답 해설

3문단에서 악기의 소리는 기본음에 수많은 배음이 어우러져 만들어진다고 설명하고 있지만, 악기별로 배음의 수가 결정되는 원리에 대해 설명하고 있지는 않다.

오답 해설

① 1문단에서 음파를 포함한 모든 파동은 진동수, 파장, 진폭이라는 세 가지 근본적 특성을 가진다고 설명하고 있다.

② 1문단에서 파동의 속도는 파장에 진동수를 곱한 것과 같다고 설명하고 있다.

③ 4문단에서 현악기의 공명통은 현의 진동에 의해 만들어진 음파를 공명 현상에 따라 크고 맑게 증폭시키는 역할을 한다고 설명하고 있다.

⑤ 4문단에서 현의 주파수는 현의 장력, 현의 굵기, 현의 길이로 결정된다고 설명하고 있다.

02 구체적 사례에 적용하기   답 ①

정답 해설

[가]에서 한 옥타브와 그다음 옥타브 사이에 주파수비를 두 배로 정한다고 하였으므로 2옥타브는 2배, 3옥타브는 4배, 4옥타브는 8배가 된다. 그러므로 ⓐ는 440Hz의 1/8인 55Hz가 되어야 한다. 한편 인접한 두 음높이 사이에는 주파수 비율을 1.0595로 한다고 하였으므로, ⓑ×1.0595=440Hz가 된다. 그러므로 ⓑ는 415.3Hz가 된다.

물 잠그는 TIP

몰먹는 유형

지문에 제시된 내용을 바탕으로 표를 완성해 보는 문제이다. 표에서 보여 주고 있는 것이 옥타브와 음계임을 확인하고 [가]에서 설명한 이 둘의 관계를 이해하여 표에 들어갈 구체적인 수치를 계산해야 한다. 계산이 필요한 문제이더

라도 보통은 간단한 연산으로 답을 구할 수 있도록 출제되므로, 계산에 부담을 갖기보다는 지문에서 설명하는 내용을 정확히 이해하는 데에 초점을 두도록 한다.

03 세부 내용 이해하기   답 ③

정답 해설

1문단의 내용을 통해 음파를 비롯한 파동의 주파수(진동수)가 작아지면 파동의 마루와 골 사이의 거리인 파장이 길어진다는 것을 확인할 수 있다. 기본음의 정수 배의 주파수를 갖는 배음들의 파장은 기본음보다 짧으며, 배수가 높아질수록 파장은 짧아지므로 ③의 서술은 적절하지 않다.

오답 해설

① 3문단의 내용을 통해 악기를 연주할 때 악기 소리에 배음이 숨어 있으며, 악기의 소리는 기본음에 수많은 배음이 어우러져 만들어지는 것임을 확인할 수 있다. 그러므로 배음은 악기로 특정 음을 연주할 때 기본음과 함께 생성되는 음들이라고 할 수 있다.

② 3문단에서 모든 배음들은 1배, 2배, 3배 등과 같이 기본 진동수의 정수 배의 진동수를 가진다는 것을 확인할 수 있다. 그러므로 배음은 기본음의 진동수에 대해 1:2와 같은 정수비를 형성하는 진동수를 갖는다고 할 수 있다.

④ 3문단에서 기본음과 배음의 에너지의 합이 소리의 크기임을 확인할 수 있다.

⑤ 3문단에서 파동은 보강 간섭이나 상쇄 간섭을 일으키는데, 악기마다 배음들의 진폭은 제각각이기 때문에 기본음과 배음이 합해지면 악기마다 독특한 음파의 모양을 갖게 된다는 것을 확인할 수 있다.

04 구체적 사례에 적용하기   답 ④

정답 해설

〈보기〉에서 4배음의 진폭을 비교해 보면, 바이올린보다 첼로가 진폭이 크다는 것을 확인할 수 있다. 진폭이 크면 클수록 더 많은 에너지가 전달되어 소리도 커진다.

오답 해설

① 악기의 음색은 기본음과 배음이 어우러지면서 결정되기 때문에 기본음의 진폭만을 가지고 음색의 차이를 설명하는 것은 적절하지 않다.

② 2배음은 기본음의 진동수의 두 배, 3배음은 기본음의 진동수의 세 배가 된다. 2배음과 3배음의 진동수는 달라야 하며 이것은 두 악기 모두에 해당되는 진술이므로, 바이올린과 첼로가 다르다고 한 진술은 적절하지 않다.

③ 각 음들은 고유한 주파수를 가지고 있다고 하였으므로, 특정한 음을 쳤을 때 기본음의 주파수는 같다고 할 수 있다. 또한 선지에서 기본음의 파장은 같다고 가정했고, 〈보기〉 그림을 통해 3배음의 파장도 동일함을 확인할 수 있다. 따라서 파장에 진동수(주파수)를 곱한 파장의 속도가 두 악기 모두 동일하므로, 바이올린이 더 파장의 속도가 빠르다는 설명은 적절하지 않다.

⑤ [A] 지점에서는 골에서 마루를 향하는 동일한 위상의 파동이 중첩되므로 보강 간섭이 일어날 것이다. 그러므로 이 지점을 상쇄 간섭이 일어나는 지점으로 파악하는 것은 적절하지 않다. [B] 지점에서는 마루에서 골을 향하는 위상의 파동, 골에서 마루를 향하는 위상의 파동, 마루를 이룬 파동이 뒤섞여 만나고 있으므로 복합적인 간섭 현상이 나타날 것이다.

겁먹지 마, 불수능

01 ①　**02** ④　**03** ⑤　**04** ③　**05** ②

●해제

이 글은 양자 역학의 발전에 큰 영향을 끼친 '코펜하겐 해석'의 주요 내용을 다룬 물리학 분야의 글이다. 물질이 어떻게 구성되어 있는지에 대한 의문에서 출발하여 양자 역학이 성립하기까지의 과정을 다루면서, 현재의 양자 역학에서 아직도 큰 영향력을 끼치고 있는 '코펜하겐 해석'을 확률 해석, 물질파의 수축, 불확정성의 원리 등을 중심으로 소개하고 있다.

스피드 지문 복습 정답

「양자 역학에 큰 영향을 끼친 '코펜하겐 해석'」

주제

양자 역학에서 큰 영향력을 발휘하는 '코펜하겐 해석'의 주요 내용

문단별 중심 내용

1문단 물질의 구성에 대한 탐구와 양자 역학의 성립
2문단 보어의 원자 모형과 그 한계

3문단 하이젠베르크와 보른의 행렬 역학과 그 한계
4문단 슈뢰딩거의 파동 함수와 그 한계
5문단 보른의 '확률 해석'
6문단 보어와 하이젠베르크의 '물질파의 수축'
7문단 하이젠베르크의 '불확정성의 원리'
8문단 '코펜하겐 해석'과 그 의의

●내용 구조도

탐구 과정	물질의 구성에 대한 탐구 (입자설 → 원자설 → 양자 역학)

↓

기초가 된 연구들	• 보어의 원자 모형 • 하이젠베르크와 보른의 행렬 역학 • 슈뢰딩거의 파동 함수

↓

보른 '확률 해석'	보어/하이젠베르크 '물질파의 수축'	하이젠베르크 '불확정성의 원리'
코펜하겐 해석		

●배경지식

고전 역학과 양자 역학의 차이

'고전 역학'은 현재의 상태를 정확하게 알고 있다면 미래의 어느 순간에 어떤 사건이 일어날지를 정확하게 예측할 수 있다는 결정론적 입장을 취하고 있다. 여기서는 우연성을 배제하고 인과 법칙을 따르는데, 일반적으로 뉴턴 물리학과 상대성 이론을 합쳐 고전 역학이라고 부른다.

'양자 역학'은 고전 역학과 달리 확률론적 입장을 취한다. 비록 현재 상태에 대해 정확히 알 수 있다 하여도 미래에 일어나는 사실을 정확히 예측할 수는 없다는 입장이다. 수소 원자에서 전자의 위치를 나타낼 때, 전자의 위치는 핵의 중심에서 무한대에 이르는 거리 사이에 존재할 수 있다고 본다.

01 전개 방식 파악하기　답 ①

정답 해설

이 글에서는 양자 역학이라는 대상이 연구되는 과정을 소개하고, '확률 해석', '물질파의 수축', '불확정성의 원리'와 같은 코펜하겐 해석의 주요 원리들을 차례로 설명하고 있다.

② 물질의 구성에 대한 오랜 탐구의 과정과 입자설, 원자설 등은 코펜하겐 해석 혹은 양자 역학이 등장한 학문적 배경이라고 할 수 있으나 엄밀한 의미에서 사회적 배경이라고 말하기 어렵다. 사회적 배경의 의미를 폭넓게 보아 학문적 배경까지 포함하는 것으로 본다고 해도, 미래의 전개 양상을 예측하고 있는 부분은 찾을 수 없다.

③ 코펜하겐 해석 혹은 양자 역학은 물질이 어떻게 구성되어 있는지를 규명하는 인류의 오랜 숙제에 응답하였다는 가치를 지녔다고 할 수 있으나, 그것을 사례를 들어 검증하고 있는 부분은 찾을 수 없다.

④ 코펜하겐 해석을 대상으로 본다면 세 가지 주요 이론은 그것을 구성하는 요소들이라고 할 수 있다. 그러나 세 가지 주요 이론 사이의 공통점과 차이점을 분석한 내용은 찾을 수 없다.

⑤ 코펜하겐 해석 혹은 양자 역학을 대상으로 본다면 대립되는 다른 대상을 소개했다고 볼 수 없다. 만약 수소 원자의 선 스펙트럼에 대한 보어와 하이젠베르크의 해석을 대립되는 대상이라고 본다고 해도, 둘의 공통분모를 중심으로 타협점을 찾고 있는 부분은 확인할 수 없다.

02 세부 내용 이해하기　　　　　답 ④

3문단의 내용을 통해, 하이젠베르크는 관찰 가능한 물리량들만을 받아들여야 한다고 생각하여 관찰할 수 없는 전자의 궤도 대신에 관찰 가능한 것들을 통해 스펙트럼의 세기를 계산할 수 있는 식을 만들었다는 것을 확인할 수 있다.

① 1문단의 내용을 통해 확인할 수 있다.

② 8문단의 내용을 통해 확인할 수 있다.

③ 1문단의 내용을 통해 확인할 수 있다.

⑤ 7문단의 내용을 통해 확인할 수 있다.

03 핵심 정보 이해하기　　　　　답 ⑤

파동 함수는 전자가 특정 위치에서 발견될 확률을 나타낸다는 '확률 해석'을 내세운 사람은 하이젠베르크가 아니라 보른임을 5문단에서 확인할 수 있다.

① 2문단을 통해, 보어의 이론에서 전자의 궤도 운동과 양자 도약 등이 설명되고 있음을 확인할 수 있다.

② 4문단을 통해, 슈뢰딩거가 '파동 함수'를 내세워 전자가 지닌 파동으로서의 움직임을 수학적으로 명료하게 나타내려 하였음을 알 수 있다.

③ 5문단을 통해, 보른이 '확률 해석'을 내세워 전자는 발견되기 전까지 다양한 위치에 공존하며 그 위치를 예상하는 것을 불가능하다는 입장을 가졌음을 알 수 있다.

④ 6문단을 통해, 보어와 하이젠베르크가 '물질파의 수축'을 내세워 전자가 어느 지점에서 관측되면 수축이 일어나 입자가 되어 버린다는 이론을 펼쳤음을 알 수 있다.

04 구체적 사례에 적용하기　　　　　답 ③

5문단을 통해, 여러 번 전자를 발사하면 간섭무늬가 나타남을 확인할 수 있다. 그런데 6문단을 통해, 관측 장치를 두지 않았을 때에는 간섭무늬가 나타나지만, 관측 장치를 두면 간섭무늬가 나타나지 않음을 확인할 수 있다. 즉 [A] 뒤에 관측기를 달고 계속 전자를 발사하면 [C]에는 간섭무늬가 나타나지 않아야 하므로, 간섭무늬에 해당하는 여러 개의 줄이 나타난다는 설명은 적절하지 않다.

① 5문단을 통해, 빛을 쏘았을 때는 간섭무늬에 해당하는 여러 개의 줄이 나타남을 확인할 수 있다.

② 6문단을 통해, 어느 한 지점에서 전자가 발견되는 순간 그 지점의 확률은 1이 되고 다른 곳들의 물질파들은 모두 사라지게 됨을 확인할 수 있다. 그러므로 발사한 한 개의 전자가 [A]에서 발견되었다면, [B]에서 나타날 확률은 0%가 되어야 한다.

④ 5문단을 통해, 이중 슬릿에 1개의 전자를 쏘면 자국이 1개만 남는 것은 전자가 입자의 성격을 지녔음을 증명하는 현상임을 확인할 수 있다. 따라서 한 번만 발사했을 때 [C]에 하나의 자국이 남은 것은 실험 대상이 입자의 성질을 가졌음을 증명하는 것이다.

⑤ 5문단을 통해, 이중 슬릿 실험에서 여러 번 전자를 발사하면 빛을 쏠 때 생기는 것처럼 간섭무늬가 나타나며, 이는 전자가 빛과 마찬가지로 파동이기도 하다는 것을 보여주는 현상임을 확인할 수 있다. 만약 여러 번 전자를 발

사한 후 간격을 두지 않고 빛을 발사했다면, 파동의 성격을 가진 발사물이 간격 없이 발사된 것이므로 [C]에는 간섭무늬가 지속적으로 나타날 것이다.

불나는 유형 |

우선 〈보기〉의 실험이 무엇인지를 파악하여 [A]~[C]가 각각 가리키는 바를 찾아내야 한다. 〈보기〉에서 [A]와 [B]는 같은 종류의 모형으로 제시되어 있고, [A], [B]와는 다른 종류의 모형으로 제시된 [C]는 선지에서 실험에 의해 여러 개의 줄이 나타날 수 있는 대상으로 진술되어 있다. 이를 통해 〈보기〉가 이중 슬릿 실험을 보여 주는 것임을 파악해야 [A]와 [B]는 슬릿을, [C]는 스크린을 표현한 것임을 알 수 있다. 이를 바탕으로 선지의 진술이 지문에서 설명한 이중 슬릿 실험의 내용에서 벗어나지 않는지 확인한다.

05 구체적 사례에 적용하기   답 ②

정답 해설

슈뢰딩거가 〈사례〉를 통해 비판하고자 한 것은, '죽었으며 동시에 살아 있는 고양이'가 실제로는 존재할 수 없다는 것이다. 즉 그는 확률 해석을 바탕으로 한 양자 역학의 해석을 정면으로 비판하고 있는 것이다.(ㄱ) 미시 세계를 다루고 있는 양자 역학은 확률 해석을 바탕으로 전자총을 쏜 전자가 벽에서 발견되기 전까지 다양한 위치에 공존하며 확률적으로 존재한다고 본다. 그러므로 상자 속의 고양이가 살아 있을 확률도, 죽어 있을 확률도 각각 50%이며, 지금 이 순간엔 확률적으로 죽은 상태와 살아 있는 상태가 공존할 뿐이라고 설명할 수 있는 것이다. 이로 인해 〈사례〉의 고양이는, 슈뢰딩거의 의도와는 달리 일반인들이 이해하기 힘들어하는 양자 역학을 거시 세계의 사례를 바탕으로 쉽게 이해할 수 있게 한 사례로 알려지게 된 것이다.(ㄹ)

오답 해설

ㄴ. 슈뢰딩거는 자신이 만든 파동 함수의 표현이 고양이가 살아 있는 상태와 죽은 상태의 결합으로 나타나는 것을 비판하고자 사고 실험을 하였다. 그러므로 자신의 파동 방정식이 양자 역학의 모순을 해결할 수 있다는 것을 보여 주려 했다는 설명은 적절하지 않다.

ㄷ. 독가스가 퍼지지 않았다면 고양이는 살아 있을 것이고, 독가스가 퍼졌다면 고양이는 죽어 있을 것이다. 독가스가 퍼지지 않았는데도 고양이가 죽어 있는 것은 이 사고 실험이 설정한 상황과는 거리가 멀다.

DAY 6   화학

방심하지 마, 물수능   본문 48~51쪽

01 ④   02 ④   03 ②   04 ④

●해제

이 글은 우리 주변에 흔히 쓰이는 철에 대한 내용을 다루고 있다. 순수한 철은 부드러워서 이용에 불편함이 있기 때문에, 철에 탄소를 넣어서 강철로 만들어야 구조물 등을 만들 때 활용이 용이하다. 철은 식히는 방법에 따라 알파철, 시멘타이트, 마텐자이트로 구분할 수 있으며, 마텐자이트는 딱딱하지만 균열이 생기기 쉽기 때문에 재가열 등을 통해 균열을 보완해야 한다. 그리고 철은 산화된 상태(산화철)가 안정적이기 때문에 녹슬기 쉬우며, 특히 수분이나 염분의 영향을 많이 받으면 더 녹슬기 쉽다. 하지만 크롬이나 니켈 등을 섞은 강철인 스테인리스는 녹이 잘 슬지 않는다.

스피드 지문 복습 정답

아이뉴턴 편집부, 「철의 다양한 특성」, 『뉴턴 2000년 4월 호』

주제

철의 다양한 특성

문단별 중심 내용

1문단 우리 주변에 있는 강 철
2문단 강철이 만들어지는 과정과 철의 특성
3문단 담 금 질 의 목적과 사례
4문단 식 히 는 방법에 따라 달라지는 철의 종류
5문단 철이 녹 슬 기 쉬운 이유
6문단 스 테 인 리 스 가 녹이 잘 슬지 않는 이유

●내용 구조도

고정관념을 활용한 화제 제기	흔한 금속이라는 생각과는 달리 우리 주변의 철은 순수한 철은 거의 없고, 탄소가 포함된 강철임.

↓

철의 특성	• 원소를 더하여 다양한 용도의 철을 만들 수 있고, 온도를 통해 철의 결정 구조에 변화를 줄 수 있음. • 습기나 염분 때문에 녹슬기 쉬움.

01 세부 내용 이해하기 답 ④

정답 해설

1문단을 통해 코크스는 철의 강도와 관련되어 있음을 알 수 있다. 코크스와 철의 자성 사이의 관련성은 지문에 언급되어 있지 않다.

오답 해설

① 5문단을 통해 철은 사막과 같이 건조한 공기 중에서는 안 정되지만, 습기와 염분이 많은 바닷가에서는 녹슬기가 쉬 움을 알 수 있다.

② 1문단을 통해 순수한 철은 부드러워서 이용하기에 불편 함이 있음을 알 수 있다.

③ 2문단을 통해 철은 첨가되는 원소에 따라 딱딱함, 끈질 김, 자성 등이 조절됨을 알 수 있다.

⑤ 1문단을 통해 우리 주변에 있는 철은 탄소를 일정량 포함 한 강철임을 알 수 있다.

02 세부 내용 이해하기 답 ④

정답 해설

3문단에서 담금질은 달구어진 물건을 물에 담가 급하게 식 히는 행위라고 하였다. 그런데 4문단을 보면, ⓐ와 ⓑ는 서 서히 식히는 과정을 거치고, ⓒ는 급속히 식히는 과정을 거 침을 알 수 있다. 따라서 담금질의 공정이 필요한 것은 ⓒ뿐 이다.

오답 해설

① 4문단을 통해 철을 서서히 식히면 ⓐ와 ⓑ가 만들어지고, 급하게 식히면 ⓒ가 만들어짐을 알 수 있다. 따라서 철을 식히는 방법에 따라 ⓐ~ⓒ를 만들 수 있다고 할 수 있다.

② 1문단을 통해 철은 탄소를 함유하면 강도가 올라감을 알 수 있다. 그런데 4문단을 보면, ⓐ는 탄소를 거의 함유하 지 않고, ⓑ는 탄소를 많이 함유한다. 따라서 ⓐ가 ⓑ보 다 강도가 약함을 알 수 있다.

③ 4문단을 보면, ⓐ와 ⓑ는 천천히 식히는 과정을 거치는 데, ⓒ는 급속히 식히는 담금질의 과정을 거친 후 다시 적당한 온도로 가열하는 과정을 거침을 알 수 있다.

⑤ 4문단에서 담금질 후의 ⓒ는 매우 딱딱하지만 균열이 생 기기 쉬운 결점이 있다고 언급하고 있다.

03 정보 추론하기 답 ②

정답 해설

2문단에서 철은 안정적인 상태의 산화철로 존재한다고 하였 다. 그런데 5문단에서 녹의 정체는 철의 산화물이라고 하였 다. 따라서 철은 일반적으로 산화된 상태로 존재하기 때문에 녹슬게 되는 것임을 알 수 있다.

오답 해설

① 염분이 습기를 유도하여 녹이 슬도록 하는 것은 맞지만, 습한 공기에 염분이 많이 포함되어 있다는 내용은 지문에 언급되어 있지 않다.

③ 철에 함유된 탄소가 철을 녹슬게 한다는 내용은 지문에 언급되어 있지 않다.

④ 담금질이 철의 강도를 높이는 것은 맞지만, 이는 철이 녹 스는 현상과는 관련이 없다.

⑤ 철에 탄소와 같은 원소가 결합하면 철의 성질이 바뀐다는 설명이 있을 뿐, 이를 철이 녹스는 현상과 관련짓는 내용 은 지문에 언급되어 있지 않다.

04 구체적 사례에 적용하기 답 ④

정답 해설

〈보기〉에서 스테인리스는 치환형 합금과 틈새형 합금의 특 성이 결합되어 있다고 하였다. 5문단에서 스테인리스 표면 의 크롬 원자가 공기 중의 산소나 물과 빨리 반응해 몇 nm 정도의 피막을 만들어 철의 산화를 막는다고 하였으므로, 크 롬이 철의 자리를 일부 치환한 것으로 이해할 수 있다.

오답 해설

① 4문단을 통해 시멘타이트는 탄소를 많이 함유함을 알 수 있다. 따라서 시멘타이트의 결정 구조를 순수하게 철로만 구성되어 있는 순금속의 결정 구조와 비슷하다고 보기는 어렵다.

② 1문단을 보면, 건축물의 철근은 탄소가 포함된 틈새형 합 금에 해당하므로, 치환형 합금과 틈새형 합금이 모두 결 합된 스테인리스와는 결정 구조가 다르다고 보아야 적절 하다.

③ 〈보기〉에 따르면 합금을 구성하는 원자들의 크기가 비슷 하면 치환형 합금에 해당하고, 원자들의 크기에 차이가 심하면 틈새형 합금에 해당한다. 그런데 스테인리스는 치

환형 합금과 틈새형 합금의 특성이 결합된 사례라고 하였다. 〈보기〉에 따르면 '틈새형 합금'의 경우 새롭게 혼합된 금속 원자(탄소)가 원래 결정 구조(철)의 틈새로 들어간다. 이때 이 둘의 원자 간 크기의 차이가 심함을 짐작할 수 있다. 그리고 틈새형 합금에 크롬이 들어갔을 때 스테인리스(치환형 합금과 틈새형 합금)가 되므로(6문단), 크롬은 '치환형 합금'을 이루는 요소로 짐작할 수 있다. 그런데 치환형 합금은 합금을 구성하는 원자들의 크기가 비슷해야 한다. 따라서 상대적으로 크롬의 원자가 탄소의 원자보다 크다고 짐작할 수 있다.

⑤ 4문단을 보면, 담금질을 통해 마텐자이트에 탄소 원자가 과잉으로 들어감을 알 수 있다. 따라서 마텐자이트는 치환형 합금이 아닌 틈새형 합금과 비슷한 결정 구조를 보일 것이라 짐작할 수 있다.

물 잠그는 TIP

물먹는 유형

〈보기〉에서 설명하고 있는 합금의 결정 구조의 이미지가 낯설어 어렵게 느낄 수 있는 문제이나, 지문의 내용을 정확히 이해하여 〈보기〉에서 언급하고 있는 내용에 대입해 보면 수월하게 해결할 수 있다. 〈보기〉는 합금을 구성하는 원자와 관련한 합금의 결정 구조에 대해 다루고 있다. 지문에서 언급한 탄소, 크롬 등이 합금을 구성하는 원자에 해당하고, 시멘타이트, 철근, 마텐자이트, 스테인리스 등이 합금에 해당함을 파악하여 각 합금의 결정 구조를 추론할 수 있어야 한다.

겁먹지 마, 불수능
본문 52~55쪽

01 ② **02** ⑤ **03** ⑤ **04** ① **05** ④

●해제

이 글은 우리 주변에서 쉽게 찾을 수 있는 콜로이드의 예를 바탕으로, 콜로이드의 개념, 종류, 특성 등을 다루고 있다. 빛을 산란할 수 있을 정도로 큰 입자들이 분산된 콜로이드는 참용액의 용질 입자보다 크지만, 보통 현미경으로 관찰할 수 없고 거름종이로 거를 수도 없다. 콜로이드는 분산매와 분산질의 상태에 따라 에어로졸, 에멀션, 졸, 젤과 같이 다양하게 분류할 수 있다. 또한 콜로이드는 틴들 현상, 브라운 운동, 전기 이동, 엉김, 염석 등의 특성을 보인다.

「콜로이드의 종류와 특성」

주제

콜로이드의 종류와 특성

문단별 중심 내용

1문단 일상에서 접할 수 있는 콜 로 이 드 의 예
2문단 콜로이드의 정의와 참 용 액 과의 차이점
3문단 콜로이드의 종류
4문단 콜로이드의 특성 ① – 틴 들 현 상 과 브라운 운동
5문단 콜로이드의 특성 ② – 전 기 이 동
6문단 콜로이드의 특성 ③ – 엉 김
7문단 콜로이드의 특성 ④ – 염 석

● 내용 구조도

일상의 예를 통한 화제 제시	'미세 먼지, 클렌징품, 로션, 딸기잼, 우유'를 콜로이드의 예로 언급하여 독자의 호기심을 자극함.
콜로이드의 특성	• 빛을 비추면 빛이 지나가는 길이 뚜렷이 보이는 '틴들 현상'과 입자가 불규칙하게 움직이는 '브라운 운동' • 전류가 통할 때 한쪽 극으로 입자가 이동하는 '전기 이동' • 입자가 전해질에 의해 침전되는 '엉김' • 친수 콜로이드가 다량의 전해질에 의해 앙금으로 변하는 '염석'

01 핵심 정보 이해하기   답 ②

정답 해설

3문단에서 분산매와 분산질의 상태에 따른 콜로이드의 종류를 소개하고 있으며, 4~7문단에서 틴들 현상, 브라운 운동, 전기 이동, 엉김, 염석 등과 같은 콜로이드의 특성을 언급하고 있다.

오답 해설

① 3문단에서 '에어로졸, 에멀션, 졸, 젤'과 같은 콜로이드의 상태가 콜로이드의 형성 원리와 어느 정도 연관은 있으나, 그 내용이 3문단에 국한되어 있기 때문에 글 전체의 중심 내용으로 보기는 어렵다.

③ 2문단을 보면, 콜로이드 입자의 크기는 1nm~1,000nm로 제시되어 있지만 그 모양에 대한 언급은 없으며 글 전체의 중심 내용으로 보기는 어렵다.

④ 1문단을 보면, '미세 먼지, 클렌징폼, 로션, 딸기잼, 우유'와 같은 일상생활 속의 콜로이드의 예를 언급하고 있으나 글 전체의 중심 내용으로 보기는 어렵다.

⑤ 2문단과 4문단을 통해 콜로이드와 참용액의 입자는 보통 현미경을 사용해서는 볼 수 없고 거름종이로 거를 수 없다는 공통점이 있고, 입자의 크기 면에서 차이가 있으며 참용액과 구별되는 콜로이드의 특징이 있음을 알 수 있다. 하지만 이 글의 중심 내용은 콜로이드의 특징으로, 콜로이드와 참용액의 공통점과 차이점을 중점적으로 다루고 있다고 보기는 어렵다.

02 정보 추론하기   답 ⑤

정답 해설

2문단에서 빛을 산란할 수 잇을 정도로 큰 입자들이 분산되어 있어 불투명한 용액이 되는 콜로이드 용액의 입자도 거름종이로는 거를 수 없다고 하였다. 염화나트륨 용액과 같이 투명한 참용액의 용질 입자는 콜로이드 입자보다 더 작다고 하였으므로, 이 입자도 거름종이로 거를 수 없을 것이라고 추론할 수 있다.

오답 해설

① 1문단을 보면 미세 먼지는 콜로이드에 해당하는데, 2문단에서 콜로이드는 빛을 산란한다고 하였다. 따라서 미세 먼지는 빛을 산란시킨다고 볼 수 있다.

② 3문단을 보면 페인트는 콜로이드 중에서도 '졸'에 해당함을 알 수 있다. 그런데 흙탕물은 '서스펜션'에 해당하는 것으로 흙탕물의 입자는 콜로이드 입자보다 큰 입자임을 알 수 있다. 따라서 흙탕물의 입자보다 페인트의 입자가 작음을 추론할 수 있다.

③ 5문단에서 백금은 음이온을 흡착하는 콜로이드 입자라고 하였다. 음이온을 흡착한 입자는 양극 쪽으로 이동한다고 하였으므로 음이온을 흡착한 백금은 양극 쪽으로 이동할 것이라고 추론할 수 있다.

④ 2문단을 보면, 콜로이드 입자도 보통 현미경을 사용해서는 볼 수 없으며 거름종이로 거를 수도 없다고 하였다. 여기서 '도'는 이미 어떤 것이 포함되고 그 위에 더함의 뜻을 나타내는 보조사이다. 따라서 콜로이드 입자보다 더

작은 참용액의 용질 입자를 포함하여 콜로이드 입자 역시 현미경으로 볼 수 없음을 알 수 있다.

03 세부 내용 이해하기   답 ⑤

정답 해설

6, 7문단을 통해 소수 콜로이드와 친수 콜로이드에서 입자가 엉기는 현상이 일어나기 위해서는 공통적으로 전해질이 필요함을 알 수 있다. 다만 필요로 하는 전해질의 양에 차이가 있을 뿐이다.

오답 해설

① 6문단을 통해 입자의 표면에 원자단이 형성되어 있다는 설명은 친수 콜로이드에만 해당함을 알 수 있다.

② 6문단을 통해 콜로이드 용액에 전해질을 가하면 콜로이드 입자 주위에는 그것과 반대 전하를 갖는 이온들이 모이게 됨을 알 수 있다. 따라서 양전하를 띠는 이온들만 모인다고 할 수 없다.

③ 6문단을 통해 입자 표면에 물 분자들과 친한 원자단이 있어서 물 분자들로 둘러싸여 있다는 설명은 '친수 콜로이드'에만 해당함을 알 수 있다.

④ 4문단을 통해 입자가 불규칙하게 움직이는 브라운 운동은 콜로이드의 특징임을 알 수 있다. 그러나 이는 분산질 분자들이 아니라 분산매 분자들의 불규칙적인 충돌에 의한 것이다.

04 어휘의 의미 파악하기   답 ①

정답 해설

㉠은 '달렸거나 붙었던 것이 갈라지거나 떼어지다.'의 의미로, '소매에서 단추가 떨어졌다.'의 '떨어지다'와 그 의미가 같다.

오답 해설

② '지녔던 것이 흘러서 빠지다.'의 의미이다.

③ '시험, 선거, 선발 따위에 응하여 뽑히지 못하다.'의 의미이다.

④ '급한 일이나 임무가 맡겨지다.'의 의미이다.

⑤ '위에서 아래로 떨어지다.'의 의미이다.

05 구체적 사례에 적용하기 답 ④

정답 해설

전하를 띤 입자들과 흡착하여 전하를 띠고 있다는 설명에서 〈보기〉의 ⓐ는 콜로이드 입자임을 알 수 있다. 콜로이드 입자는 전해질에 의해 침전되는 엉김을 특징으로 하므로 중력에 의해 가라앉는 흙탕물의 입자와는 차이가 있다.

오답 해설

① 강물이 분산매의 역할을 한다면 ⓐ는 분산질의 역할을 함을 알 수 있다.

② ⓐ는 콜로이드 입자에 해당하기 때문에 그 입자는 빛을 산란할 수 있을 정도로 입자가 크다고 짐작할 수 있다.

③ ⓐ는 브라운 운동을 하므로, 강물에 섞여 불규칙하게 움직이면서 하구로 이동한다고 볼 수 있다.

⑤ 콜로이드 상태에서 전해질을 가하면 ⓐ의 주위에는 그것과 반대 전하를 갖는 이온들이 모이게 되므로, ⓐ가 흡착했던 이온을 잃어버려서 앙금이 된다. 따라서 흡착한 이온을 잃지 않으면 앙금(덩어리)이 만들어지지 않기 때문에 가라앉지 않을 것이라고 볼 수 있다.

불 끄는 TIP

불나는 유형

ⓐ가 콜로이드 입자에 해당함을 파악할 수 있어야만 문제를 해결할 수 있다. 이를 위해서는 지문에서 설명한 콜로이드의 특징을 이해하는 것이 선행되어야 한다. 〈보기〉의 내용에서 ⓐ가 콜로이드 입자에 해당함을 파악하여 ⓐ에 대한 선지의 해석이 콜로이드에 대한 설명과 부합하는지를 확인하는 방식으로 문제를 해결하도록 한다.

DAY 7 화학

방심하지 마, 물수능 본문 56~59쪽

01 ② **02** ④ **03** ① **04** ④

● 해제

이 글은 증발의 사례를 바탕으로 증기 압력 개념과 특성에 대해 다룬 후, 상평형에 대해 설명하고 있다. 증발이 일어나는 과정은 동적 평형 상태와 관련이 있다. 기체와 액체가 동적 평형을 이루었을 때의 기체 압력을 증기 압력이라 하고, 증기 압력의 변화를 그래프로 표현한 것을 증기 압력 곡선이라 한다. 액체의 증기 압력과 외부 압력이 같을 때 끓음이 발생하며, 외부 압력이 1기압일 때의 끓는점을 기준 끓는점이라 한다. 액체의 끓는점은 특정한 환경에서 그 값이 달라진다. 상평형은 두 상이 평형이 이루어졌을 때 발생하며, 세 가지 상태(고체, 액체, 기체)가 평형을 이루는 지점을 일컬어 삼중점이라 한다.

스피드 지문 복습 정답

「증기 압력과 끓는점, 그리고 상평형」

주제

증기 압력과 끓는점의 관계와 상평형

문단별 중심 내용

1문단 증발 의 사례와 증발이 일어나는 과정
2문단 동적평형 상태가 되는 과정
3문단 증기압력과 증기 압력 곡선의 정의
4문단 증기 압력의 특성 및 끓음과 기준 끓는점 의 정의
5문단 끓는점이 달라지는 조건과 해당 사례
6문단 상평형 의 정의와 〈물의 상평형 그림〉에 대한 분석

● 내용 구조도

현상에 대한 의문	밀폐되지 않은 공간에서는 액체의 분자들이 증발하지만 밀폐된 공간에서는 증발이 멈춘 것처럼 보임.

↓

원인	동적 평형이 일어나서, 겉으로는 아무런 변화가 없는 것처럼 보이기 때문

↓

01 세부 내용 이해하기   답 ②

정답 해설

1문단에서 액체 표면의 분자들은 제각기 다른 운동 에너지를 지니는데, 이 중 운동 에너지가 큰 분자들은 분자 간의 인력을 이겨 내고 액체 표면으로부터 떨어져 나오기도 한다고 하였다. 액체 표면의 분자들 간에 인력이 존재하지 않는 것은 아니다.

오답 해설

① 6문단을 보면, 얼음, 물, 수증기의 세 가지 상태가 평형을 이루어 함께 존재할 수 있다.

③ 4문단을 보면, 액체의 증기 압력이 높아져서 외부 압력과 같아지면 액체 내부에서도 기화가 격렬하게 일어나는 끓음이 발생한다.

④ 1문단을 보면, 휘발성이 강한 액체는 밀폐되지 않은 공간에서 끓는점 이하의 온도에서도 증발한다. 따라서 끓는점에 도달하지 않아도 기화할 수 있다.

⑤ 1, 2문단을 보면, 뚜껑이 없는 용기에 물을 담아 두면 물의 양이 줄어들지만, 밀폐된 공간에서는 액체의 양이 얼마간 줄어들다가 어느 순간 멈춘다. 따라서 용기에 담겨 있는 액체의 증발 정도는 용기의 밀폐 여부와 관련이 있음을 알 수 있다.

02 외적 준거 활용하기   답 ④

정답 해설

2문단을 보면, 기체의 증발 속도가 일정하다고 전제하였기 때문에 증발 속도는 시간의 축에 평행한 일직선으로 볼 수 있다. 그리고 응축 속도는 점점 빨라지다가 일정 시간이 지난 후에는 증발 속도와 응축 속도가 같아지는 지점에 도달하게 되므로 ㉠이 되는 과정을 잘 표현한 그래프는 ④이다.

03 정보 추론하기   답 ①

정답 해설

㉡에서 0℃, 1기압은 고체와 액체의 상평형이다. 그런데 이 상태에서 압력을 가하면 액체가 되기 때문에 물이 언다는 설명은 적절하지 않다.

오답 해설

② 0℃일 때 압력의 세기에 따라 기체 → 고체 → 액체의 순으로 변하기 때문에, 압력에 따라 고체, 액체, 기체가 될 수 있다.

③ 100℃, 1기압에서 물은 액체와 기체의 상평형이므로, 물과 수증기 사이에서 평형이 이루어진다.

④ 100℃, 1기압에서 물은 액체와 기체의 상평형인데, 온도를 올리면 액체가 기체로 바뀌기 때문에 물은 모두 수증기로 바뀐다.

⑤ 100℃의 수증기는 압력에 따라 액체나 기체만 될 수 있다. 즉 압력의 세기에 상관없이 얼음이 될 수는 없다.

04 구체적 사례에 적용하기   답 ④

정답 해설

20~40℃를 기준으로 A~D의 증기 압력을 비교해 보면, 증기 압력은 A가 가장 높음을 알 수 있다.

오답 해설

① 대략 36.5℃인 체온에서 증기 압력이 가장 큰 물질은 A이므로, A가 가장 많이 증발한다고 볼 수 있다.

② B는 외부 압력이 1기압(760mmHg)일 때 기준 끓는점이 80℃ 미만이다.

③ C는 기준 끓는점이 100℃이므로, 4문단에 따르면 C는 물이라고 짐작할 수 있다.

⑤ 5문단을 통해 외부 압력이 높아지면 끓는점이 높아진다고 추측할 수 있다. 따라서 높은 압력을 견디는 용기에서 A~D의 끓는점은 모두 높아진다고 볼 수 있다.

물 잠그는 TIP

물먹는 유형

〈보기〉에 그래프와 같은 시각 자료가 제시되는 경우 자료에 나타난 정보를 정확히 이해하여 지문의 내용과 연관 지을 수 있어야 한다. 〈보기〉의 그래프에서 x축은 온도, y축은 증기 압력을 나타냄을 파악하여, A~D가 각각 어떤 특징을 띠는지 이해해야 한다. 지문에서 설명하고 있는 기준 끓는점, 증기 압력, 끓는점 등의 개념을 이해하고, 선지의 진술이 적절한지를 판단하도록 한다.

01 ② **02** ① **03** ④ **04** ③ **05** ③

●**해제**

이 글은 금속이 다양한 성질을 지니는 이유를 금속에 존재하는 자유 전자에서 찾고 있다. 금속의 광택은 자유 전자가 가시광선을 흡수한 후 그 일부를 방출하는 과정에서 생긴다. 또한 금속의 전기 전도성은 금속의 자유 전자가 양극으로 이동하는 과정에서 발생하며, 금속의 열 전도성은 격렬한 자유 전자의 운동이 주위의 자유 전자에 영향을 끼치기 때문에 나타난다. 그리고 금속의 전성과 연성도 자유 전자 때문에 나타나는 현상인데, 금속마다 그 정도가 다른 것은 금속의 결정 구조에 차이가 있기 때문이다.

스피드 지문 복습 정답

「금속의 다양한 성질」

주제

금속의 다양한 성질에 영향을 끼치는 자유 전자

문단별 중심 내용

1문단 금속의 사전적 정의와 금속의 성질에 영향을 끼치는 자 유 전 자

2문단 자유 전자의 영향 ① – 금속의 광 택

3문단 자유 전자의 영향 ② – 금속의 전 기 전도성

4문단 자유 전자의 영향 ③ – 금속의 열 전도성

5문단 자유 전자의 영향 ④ – 금속의 전 성과 연 성

6문단 전성과 연성에 영향을 끼치는 금속의 결 정 구조

●**내용 구조도**

금속의 사전적 정의	금속의 사전적 정의에 나타난 금속의 다양한 성질이 자유 전자와 관련된 것임을 밝힘.

↓

자유 전자와 관련된 금속의 성질	금속의 다양한 성질인 '금속의 광택, 금속의 전기 전도성, 금속의 열 전도성, 금속의 전성과 연성'에 대해 구체적으로 설명함.

↓

금속의 결정	금속의 성질 중 전성과 연성에 영향을 줌.

01 핵심 정보 이해하기 답 ②

정답 해설

이 글은 금속의 다양한 성질을 자유 전자와의 연관성을 중심으로 설명하고 있다.

오답 해설

① 금속의 결정 구조나 미끄럼면과 미끄럼 방향은 6문단에 국한된 내용이다.

③ 금속의 사전적 정의는 1문단에만 언급되어 있고, 자유 전자의 개념은 제시되어 있지 않다.

④ 금속의 종류에 따른 특성은 일부 금속만 제시되어 있기 때문에 표제로 보기 어려우며, 금속에 포함된 자유 전자에 따른 금속의 성질을 설명하고 있으므로 자유 전자의 존재 유무를 중심으로 내용을 구성했다고 볼 수 없다.

⑤ 금속의 표면에 존재하는 자유 전자와 금속 원자 안쪽의 전자껍질에 존재하는 전자(다른 전자)는 2문단에 국한된 내용이다.

02 세부 내용 이해하기 답 ①

정답 해설

자유 전자가 금속의 결정 구조를 결정한다는 언급은 지문에 제시되어 있지 않다.

오답 해설

② 3문단을 통해 전기를 잘 전달하는 금속의 특성은 양극을 향해 이동하는 자유 전자에 의한 것임을 알 수 있다.

③ 2문단을 통해 자유 전자는 가시광선을 흡수한 후 그 일부를 방출하여, 우리 눈에 금속의 광택이 있는 것처럼 보이게 함을 알 수 있다.

④ 6문단을 통해 금속에 힘을 가해 금속 원자가 원래 있던 위치에서 벗어나도 자유 전자가 즉시 움직여 금속 원자끼리 새롭게 연결해 줌을 알 수 있다.

⑤ 4문단을 통해 금속에 열을 가하면 열에너지를 흡수한 자유 전자가 심하게 운동하게 되고, 이 운동으로 금속은 가열된 부분에서 가열되지 않은 부분으로 열을 효율적으로 전달하게 됨을 알 수 있다.

03 정보 추론하기　답 ④

정답 해설

3문단을 통해 자유 전자의 이동 속도가 느리더라도 전지의 전압이 도선 안에 가득 차 있는 자유 전자를 계속 밀어내기 때문에, 전지에서 나온 자유 전자가 회로를 따라 돌지 않아도 전기가 흐를 수 있음을 알 수 있다.

오답 해설

① 5문단을 통해 금(Au)은 특별히 잘 늘어나는 금속임을 알 수 있다. 그런데 6문단에서 가장 잘 늘어나는 금속의 결정 구조가 면심입방격자라고 했기 때문에 금(Au)의 결정 구조는 면심입방격자라고 볼 수 있다.

② 6문단을 통해 금속은 미끄럼면이 많을수록 늘어나기 쉬움을 알 수 있다. 그런데 5문단에서 철(Fe)이 마그네슘(Mg)보다 잘 늘어난다고 하였으므로, 철이 마그네슘보다 미끄럼면이 많다고 볼 수 있다.

③ 6문단을 통해 금속은 미끄럼 방향이 많을수록 잘 늘어남을 알 수 있다. 따라서 미끄럼 방향이 많을수록 전성과 연성도 커짐을 알 수 있다.

⑤ 2문단을 통해 단위 부피당 자유 전자의 밀도가 높으면 전체 파장대의 빛을 잘 흡수하고 방출할 수 있지만, 밀도가 낮으면 짧은 파장대의 빛을 흡수하거나 방출하기가 어려워짐을 알 수 있다. 따라서 자유 전자의 밀도에 따라 흡수하거나 방출하는 빛의 파장대가 달라짐을 알 수 있다.

04 어휘의 의미 파악하기　답 ③

정답 해설

문맥을 고려했을 때, ⓒ의 '돌다'는 '어떤 곳을 거쳐 지나가다.'라는 의미이다. 따라서 '곧바로 가지 않고 멀리 돌아서 가다.'라는 의미의 '우회(迂廻)하다'로 바꾸어 쓰는 것은 적절하지 않다.

오답 해설

① '나열(羅列)하다'는 '죽 벌여 놓다.'라는 의미로, '줄을 지어 벌여 놓다.'라는 의미의 '늘어놓다'와 바꾸어 쓸 수 있다.

② '상이(相異)하다'는 '서로 다르다.'라는 의미로, '비교가 되는 두 대상이 서로 같지 아니하다.'라는 의미의 '다르다'와 바꾸어 쓸 수 있다.

④ '이동(移動)하다'는 '움직여 옮기다.'라는 의미로, '멈추어 있던 자세나 자리가 바뀌다. 또는 자세나 자리를 바꾸다.'라는 의미의 '움직이다'와 바꾸어 쓸 수 있다.

⑤ '발생(發生)하다'는 '어떤 일이나 사물이 생겨나다.'라는 의미로, '어떤 일이 생기다.'라는 의미의 '일어나다'로 바꾸어 쓸 수 있다.

05 구체적 사례에 적용하기　답 ③

정답 해설

B가 적갈색인 이유는 자유 전자가 적갈색 계열의 가시광선을 흡수한 뒤에 그 일부를 방출하기 때문이다. 따라서 적갈색 계열의 가시광선이 전자껍질에 있는 전자에 대부분 흡수된다고 보기는 어렵다.

오답 해설

① 단위 부피당 자유 전자의 밀도 차이에 따라 자유 전자의 최고 속도는 금속마다 다르다.

② (A)는 다른 금속에 비해 파장이 긴(800nm에 가까운) 가시광선의 반사율이 상대적으로 낮다.

④ (C)가 황색을 띠는 이유는 황색 계열의 가시광선을 흡수한 후에 그 일부를 방출하기 때문이다. 따라서 황색에 비해 푸른색이나 초록색 계열의 가시광선을 흡수하거나 방출하기는 어렵다고 볼 수 있다.

⑤ (D)는 자유 전자의 속도가 높아 전체 파장대의 빛을 흡수한 후 방출하는 비율이 높기 때문에 광택이 흰색 계열이다.

불 끄는 TIP

불나는 유형

그래프를 제시하고 해당 그래프에 대한 해석을 요구하는 유형의 경우, 그래프에 담긴 정보를 지문에서 설명한 내용과 연관 지어 보는 사고 과정이 필요하다. 〈보기〉에서 (A)~(D)가 금속임을 명시하고 있음을 확인하고 그래프에서 각 금속이 자외선, 가시광선, 적외선을 흡수하여 방출하는 비율을 보여 주고 있음을 파악하여 (A)~(D)의 관계 및 각각이 드러내는 특징을 선지에서 적절히 진술하고 있는지 확인해야 한다.

01 ⑤　**02** ②　**03** ③　**04** ②

●해제

이 글은 인슐린과 글루카곤의 길항 작용을 통해 인체의 항상성을 유지하는 원리에 대해 설명하고 있다. 우리 몸의 포만 상태에서는 인슐린의 작용이, 절식 상태에서는 글루카곤의 작용이 우세하게 나타나며, 인슐린은 부교감 신경 자극에 의해 분비가 촉진되고, 교감 신경에 의해 억제된다. 또한 인슐린은 표적 세포의 세포막 수용체에 결합하여 작용하며, 글리코겐, 단백질, 지방의 합성을 촉진하는 동화 작용 호르몬으로 작용한다.

스피드 지문 복습 정답

「인슐린의 분비 조건과 작용 원리」

주제

글루카곤과 인슐린의 작용 및 기능

문단별 중심 내용

1문단 글루카곤과 인슐린의 길 항 작용

2문단 포 만 상태와 절 식 상태에서 각각 나타나는 호르몬의 작용 양상

3문단 인슐린 분비의 촉진 및 억제 조건

4문단 인슐린의 세포 활 성 메커니즘

5문단 동 화 작용 호르몬으로서 인슐린의 다양한 기능

●내용 구조도

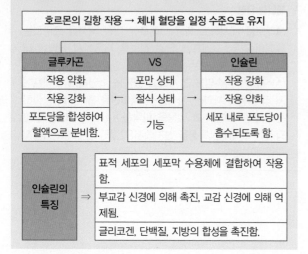

호르몬의 길항 작용 → 체내 혈당을 일정 수준으로 유지		
글루카곤	**VS**	**인슐린**
작용 약화	포만 상태	작용 강화
작용 강화	← 절식 상태 →	작용 약화
포도당을 합성하여 혈액으로 분비함.	기능	세포 내로 포도당이 흡수되도록 함.

인슐린의 특징 ⇒	표적 세포의 세포막 수용체에 결합하여 작용함.
	부교감 신경에 의해 촉진, 교감 신경에 의해 억제됨.
	글리코겐, 단백질, 지방의 합성을 촉진함.

01 핵심 정보 이해하기　　답 ⑤

정답 해설

2문단에서 음식물 섭취 등으로 몸이 영양소를 흡수하는 포만 상태에서는 인슐린의 작용이 우세하게 나타난다고 하였으므로 적절한 이해로 볼 수 없다.

오답 해설

① 1문단에서 글루카곤과 인슐린은 인체 내 이자의 내분비 세포에서 분비된다고 하였다.

② 5문단의 '단백질성 음식물을 섭취할 경우 아미노산은 간과 근육에서 단백질 합성에 이용되고'에서 확인할 수 있다.

③ 5문단에서 인슐린은 포도당의 세포 내 이용과 저장을 촉진하며, 또한 글리코겐 합성에 이용되는 효소들을 활성화한다고 하였다.

④ 3문단의 '식사를 하는 동안이나 직후에 부교감 신경 자극에 의해 베타 세포가 인슐린의 분비를 촉진하게 된다.'에서 확인할 수 있다.

02 정보 추론하기　　답 ②

정답 해설

1문단에서 글루카곤과 인슐린이 혈당을 적정 범위 내에서 유지하기 위해 길항 작용을 하며, 이는 몸의 항상성을 유지하기 위해 이루어지는 작용임을 밝히고 있다. 따라서 절식 상태에서 인슐린의 분비 정도가 낮게 조절되고, 혈장의 글루카곤이 상대적으로 높게 유지되는 상황은 혈액 내 포도당의 농도를 일정한 수준으로 조절하여 인체의 항상성을 유지하고자 하는 현상으로 이해할 수 있다.

오답 해설

① 2문단에서 인슐린의 작용이 우세할 때 동화 작용이 일어난다고 하였는데, ㉠은 인슐린의 분비 정도가 낮게 조절되는 상황에 해당하므로 이는 적절하지 않다.

③ 2문단에서 인슐린의 작용이 우세하게 나타날 때, 에너지 생산에 이용되고 남은 포도당이 글리코겐이나 지방으로 저장된다고 하였다. 그런데 ㉠은 인슐린의 분비 정도가 낮게 조절되는 상황이므로 이는 적절하지 않다.

④ 3문단의 내용을 참고할 때, 스트레스 상태에서 부신 수질의 카테콜아민 분비가 낮아지면 교감 신경 자극이 감소하게 됨을 알 수 있다. 하지만 ㉠의 상황, 즉 인슐린이 낮게

조절되는 현상은 혈당 조절을 위한 것일 뿐, 부신 수질의 카테콜아민 분비를 최소화한다거나 교감 신경 자극을 감소시키기 위한 목적으로 이루어진다고 볼 수는 없으므로 적절하지 않다.

⑤ 2문단에서 글루카곤의 작용이 우세하게 나타날 때, 간은 글리코겐과 다른 비포도당 중간 물질을 사용하여 포도당을 합성한 후 혈액으로 분비한다고 하였다. 한편, ㉠은 글루카곤의 작용이 높게 유지되는 상황을 말하고 있으므로, 이때 ㉠은 합성된 포도당이 혈액으로 분비되는 작용을 제어하는 것이 아니라 오히려 촉진하는 상황임을 알 수 있다.

03 구체적 사례에 적용하기

정답 해설

ㄷ(IRS)은 인슐린-수용체 기질로서 ㄴ(티로신 인산화 효소 수용기)에 의해 인(P)과 결합된 상태로 인산화됨을 알 수 있다. 세포막에 삽입되는 것은 ㄷ이 아니라 ㄹ(GLUT)과 같은 수송체이다.

오답 해설

① 4문단에서 '먼저 세포 외 액에 존재하는 인슐린이 티로신 인산화 효소 수용기에 결합한다고 하였다.

② 4문단의 '인슐린은 표적 세포의 세포막 수용체에 결합하여 작용한다.'를 고려할 때 적절한 이해로 볼 수 있다.

④ 4문단에서 '2차 전달자 경로로 진행되는 과정에서 다양한 단백질 합성이 이루어지게 되며, 이러한 단백질들에 의해 GLUT와 같은 수송체가 세포막에 삽입되게 된다. 이러한 수송체의 작용에 따라 포도당이 세포 내로 흡수되고 세포의 물질대사가 활성화된다.'고 하였다.

⑤ 4문단에서 '이러한 수송체의 작용에 따라 포도당이 세포 내로 흡수되고 세포의 물질대사가 활성화된다.'고 하였다.

물 잠그는 TIP

물먹는 유형

[A]에는 '표적 세포', '메커니즘', '티로신 인산화 효소 수용기', 'IRS' 등 일상생활에서 접하기 힘든 용어나 전문 용어가 많이 쓰여 자칫 어렵다고 느낄 수 있다. 하지만 [A]에서 말하고자 하는 핵심 내용을 파악하고 이를 〈보기〉 그림에 적용해 보면 쉽게 풀 수 있는 문제이다. [A]의 핵심 내용이 인슐린의 세포 활성 메커니즘인데 제시되어 있는 인슐린 세

포 활성 메커니즘의 과정을 선지의 내용과 비교해 가며 〈보기〉를 이해하면서 문제를 풀어 보자.

04 어휘의 의미 파악하기

정답 해설

'본디의 자리나 상태로 되돌아가다.'의 뜻을 지닌 '복귀(復歸)하다' 정도가 ⓑ와 바꿔 쓰기에 적절한 단어에 해당한다. '복구(復舊)하다'는 '손실 이전의 상태로 회복하다.'의 뜻을 지닌다.

오답 해설

① '감소(減少)하다'는 '양이나 수치가 줄다.'의 뜻을 지닌 단어로, 문맥상 ⓐ의 '낮아지다'와 바꿔 쓰기에 적절하다.

③ '발생(發生)하다'는 '어떤 일이나 사물이 생겨나다.'의 뜻을 지닌 단어로, 문맥상 ⓒ의 '일어나다'와 바꿔 쓰기에 적절하다.

④ '유도(誘導)하다'는 '사람이나 물건을 목적한 장소나 방향으로 이끌다.'의 뜻을 지닌 단어로, 문맥상 ⓓ의 '이끌다'와 바꿔 쓰기에 적절하다.

⑤ '전환(轉換)되다'는 '다른 방향이나 상태로 바뀌다.'의 뜻을 지닌 단어로, 문맥상 ⓔ의 '바뀌다'와 바꿔 쓰기에 적절하다.

겁먹지 마, 불수능 본문 68~71쪽

01 ① **02** ④ **03** ⑤ **04** ⑤ **05** ②

●해제

이 글은 DNA의 기본적 개념을 바탕으로 DNA 다형성을 구현하는 두 유형, 즉 단일 염기 다형성(SNP)과 길이 다형성(LP)을 설명하고, 이를 토대로 DNA 감식의 구체적 원리에 대해 설명하고 있다. SNP는 여러 DNA 염기들 중 하나에 나타나는 염기의 변이를 말하고, LP는 STR 부위에서 주로 나타나며 DNA 염기 서열에서 반복되는 염기 서열의 횟수가 달라지는 것을 말한다. 개인에 따라 차이를 보이는 DNA의 특징은 SNP와 LP를 바탕으로 멀티플렉스 PCR과 전기영동 기법을 거쳐 정확한 감식 자료로 분석된다.

강문일 외, 「DNA의 다형성과 유전자 감식」, 『생물학 명강 1』

주제

DNA의 다형성 유형을 활용한 유전자 감식의 원리

문단별 중심 내용

1문단 ⃞D ⃞N ⃞A 의 개념과 특징
2문단 DNA의 차이 정도 및 DNA가 종의 특성에 작용하는 영향력
3문단 ⃞단 ⃞일 ⃞염 ⃞기 다형성(SNP)의 개념과 특징
4문단 ⃞길 ⃞이 다형성(LP)의 개념과 특징
5문단 DNA를 통한 유전자 ⃞감 ⃞식 의 기본적 요건
6문단 PCR과 ⃞전 ⃞기 ⃞영 ⃞동 기법을 활용한 DNA 감식 과정
7문단 전기영동 과정을 통한 DNA의 분석 원리

● **내용 구조도**

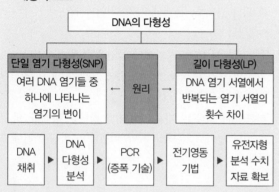

01 전개 방식 파악하기 답 ①

정답 해설

이 글은 1~2문단에서 DNA의 개념과 기본적 특징을 언급하고 3~4문단에서 DNA 다형성의 두 유형, 즉 단일 염기 다형성(SNP)과 길이 다형성(LP)에 대해 소개한 후, 이를 바탕으로 5~7문단에서 DNA 감식 과정과 그 원리에 대해 설명하고 있다.

오답 해설

② 3~4문단에서 DNA의 다형성이 발생하는 원인을 두 유형으로 나누어 소개하고 있고, 6~7문단에서 전기영동 기술에 대해서도 언급하고 있지만 전기영동 기술의 한계와 해소 방안에 대해 설명하고 있는 것은 아니다.

③ 4문단에서 길이 다형성의 개념과 특징을 언급하고 있지만 길이 다형성이 발생하는 유전적 원인에 대해 서술하고

있는 것은 아니다.

④ 5문단에서 DNA 분자의 무게에 대한 정보를 언급하고 있지만, 이를 바탕으로 멀티플렉스 PCR의 기술적 장점과 단점을 균형 있게 서술하고 있는 것은 아니다.

⑤ 3~4문단에서 단일 염기 다형성과 길이 다형성이 어떻게 다른지 그 차이점을 소개하고 있으므로 적절하지 않다.

02 세부 내용 이해하기 답 ④

정답 해설

2문단에서 '일란성 쌍둥이의 사례를 제외하고 DNA의 염기가 처음부터 끝까지 서로 일치하는 경우는 없다.'고 하였다. 따라서 일란성 쌍둥이를 비롯한 모든 생물체에서 DNA 염기가 처음부터 끝까지 일치하는 경우는 존재하지 않는다고 이해하는 것은 적절하지 않다.

오답 해설

① 1문단에서 'DNA는 '당-인산-염기'로 이루어진 뉴클레오타이드라는 단위 물질이 일렬로 배열되어 있는 고분자 물질을 말한다.'고 하였다.

② 5문단에서 '세포 하나에는 동일한 염색체가 두 개씩 존재하므로 약 6pg의 DNA가 들어 있다고 볼 수 있다.'고 하였다.

③ 1문단에서 '약 30억 쌍으로 구성된 DNA 염기는 수소 결합에 의해, 아데닌(A)은 티민(T)과, 사이토신(C)은 구아닌(G)과 선택적으로 결합한다.'고 하였다.

⑤ 3문단에서 SNP는 여러 DNA 염기들 중 하나에 나타나는 염기의 변이를 가리키는 것이라고 하였다.

03 구체적 사례에 적용하기 답 ⑤

정답 해설

6~7문단을 참고할 때 10개 이상의 여러 STR을 분석하는 것을 멀티플렉스 PCR이라고 하며, 이를 바탕으로 전기영동의 과정을 통해 보다 정확한 유전자형 분석 수치 자료를 얻을 수 있음을 알 수 있다. 단 전기영동의 과정을 진행하기 전에 여러 STR을 동시에 증폭하여 분석하는 멀티플렉스 PCR이 선행되어야 정확한 유전자형 분석이 가능하다.

오답 해설

① 〈보기〉에서 갑과 을의 STR 분석 결과, 일정한 염기 서열

단위가 갑은 2번, 을은 4번 반복되었다고 하였다. 4문단을 참고할 때, STR의 차이는 길이 다형성(LP)을 통해 개인별 DNA의 차별적 특징을 확인할 수 있는 단서가 되므로 적절하다.

② 〈보기〉에서 갑의 염기 서열 중 일부분은 CGATTGAC, 을의 염기 서열 중 일부분은 CGATTGTC라고 하였다. 둘을 비교해 보면, 7번째 염기가 A와 T로 서로 다름을 확인할 수 있다. 3문단을 참고할 때, 이는 단일 염기 다형성(SNP)에 해당하며 이를 통해 두 DNA에 차이가 있음을 알 수 있다.

③ 5문단에서 최근에는 현대 기술의 발달로 1ng보다 훨씬 적은 양의 DNA만으로도 DNA 감식이 가능하다고 하였으나 DNA를 제대로 감식하기 위해서는 0.1ng 이상의 DNA가 필요하다고 하였다. 〈보기〉에서 갑의 DNA는 0.15ng, 을의 DNA는 0.05ng을 채취하여 수사를 진행했다고 하였으므로 을의 경우 DNA를 추가적으로 확보할 필요가 있다.

④ 1문단에서 DNA 염기는 아데닌(A)은 티민(T)과, 사이토신(C)은 구아닌(G)과 선택적으로 결합한다고 하였다. 〈보기〉에서 갑의 염기 서열 중 일부가 CGATTGAC라고 하였으므로, 이에 대응하는 다른 가닥의 염기 서열은 GCTAACTG가 될 것임을 알 수 있다.

불 끄는 TIP

불나는 유형

〈보기〉의 내용이 유전자 감식과 관련된 내용이므로 지문에서 유전자 감식과 관련된 내용을 찾는다. 또한 〈보기〉에서 DNA의 다형성인 단일 염기 다형성(SNP)과 길이 다형성(LP)이 언급되어 있으므로 지문에서 이와 관련된 내용을 찾는다. 관련 지문에서 단일 염기 다형성은 여러 DNA 염기들 중 하나에 나타나는 염기의 변이를 가리키는 것이고 길이 다형성은 DNA 염기 서열에서 반복되는 염기 서열의 횟수가 달라지는 것을 말함을 파악할 수 있어야 한다. 또한 최근에는 현대 기술의 발달로 적은 양의 DNA로도 DNA 감식이 가능해졌다는 내용을 이해하고 있다면 풀 수 있는 문제이다.

04 정보 추론하기　답 ⑤

정답 해설

4문단에서 STR은 전체 DNA 중 아무런 유전 정보를 지니지 않는 부분에 존재하지만 반복되는 염기 서열의 횟수가 달라

지는 부분으로, DNA 감식에서 바로 이 부분을 활용하기 때문에 매우 중요한 역할을 한다고 하였다. 따라서 STR은 각 개체마다 반복되는 염기 서열의 횟수가 달라지는 변별적 특징을 잘 드러내는 특정 부위로, 이를 참고할 때 ㉠의 이유로 가장 적절한 것은 ⑤이다.

오답 해설

① 1문단에서 DNA가 '당-인산-염기'로 이루어진 뉴클레오타이드라는 단위 물질이 배열되어 있는 물질이며 이중 나선 구조를 띰을 알 수 있지만, 이 사실은 ㉠과 무관한 내용이다.

② 1문단에서 DNA가 세포질이나 미토콘드리아라고 하는 세포 내 기관에 존재하기도 한다는 점을 알 수 있지만, 이 사실은 ㉠과 무관한 내용이다.

③ 7문단에서 DNA가 음전하를 띠고 있어 전기장을 걸어 주면 음극에서 양극으로 이동하게 된다는 점을 알 수 있지만, 이 사실을 ㉠의 이유로 보는 것은 적절하지 않다.

④ 3~4문단을 참고할 때, STR은 단일 염기 다형성(SNP)과는 무관하고 길이 다형성(LP)과 관련된 분석 부위라는 점을 알 수 있으므로 ㉠의 이유로 적절하지 않다.

05 어휘의 의미 파악하기　답 ②

정답 해설

'변이(變異)'는 '같은 종에서 성별, 나이와 관계없이 모양과 성질이 다른 개체가 존재하는 현상.'을 의미한다. '모양이나 형태가 달라지거나 달라지게 함.'은 '변형(變形)'의 사전적 의미에 해당한다.

DAY 9   생명과학

방심하지 마, 물수능

본문 72~75쪽

01 ④   **02** ⑤   **03** ④   **04** ②

●해제

이 글은 원핵 세포와 진핵 세포의 개념을 구분하고, 진핵 세포의 세포 소기관 및 세포막의 특징과 기능에 대해 설명하고 있다. 동식물의 세포는 모두 진핵 세포이지만 형태와 구성 성분에서 차이를 보이는데, 식물 세포는 셀룰로오스로 이루어진 세포벽이 있어 고정적인 다면체를 이루는 반면, 동물 세포는 세포벽이 존재하지 않아 유동적인 구형을 이루고 있다. 진핵 세포의 세포막은 인지질 이중 층으로 되어 있으며, 세포 안팎에서 다양한 물질의 출입을 관리하는 기능을 한다.

스피드 지문 복습 정답

아이뉴턴 편집부, 「세포의 구조와 세포막의 기능」, 『뉴턴 하이라이트 비주얼 생물』

주제

식물 세포와 동물 세포의 구분과 세포막의 기능

문단별 중심 내용

1문단 원핵 세포와 진핵 세포의 개념
2문단 진 핵 세포의 다양한 세포 소기관과 기능
3문단 식 물 세포와 동 물 세포의 차이점
4문단 세 포 막 의 특징과 기능
5문단 세포막의 구성 요소와 기능
6문단 수 용 체 가 외부 신호를 세포 내부로 전달하는 원리

●내용 구조도

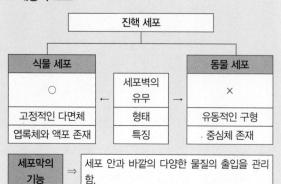

---

01 전개 방식 파악하기   답 ④

정답 해설

이 글은 1문단에서 원핵 세포와 진핵 세포의 개념을 구분하여 제시하고, 2~3문단에서 동식물의 세포의 공통점과 차이점을 밝히고 있다. 또한 4~6문단에서 세포막을 중심으로 동식물의 세포를 구성하고 있는 다양한 요소 및 기능을 서술하고 있다.

오답 해설

① 3문단의 '액포는 세포의 삼투압을 조절하고 형태 유지에 관여한다.'와 같이 삼투압 관련 내용을 확인할 수 있지만, 이를 바탕으로 구체적 사례를 들어 삼투압의 원리에 대해 상세하게 설명하고 있는 것은 아니다.

② 4문단에서 세포막은 인지질 및 단백질 분자로 구성된 얇고 구조적인 인지질 이중 층으로 되어 있다는 설명 내용이 제시되어 있지만, 인지질 및 단백질 분자의 공통점과 차이점을 분석하고 있는 것은 아니다.

③ 2문단에서 소포체가 세포 내 또는 세포 간 물질 수송에 관여하는 기능을 한다고 하였다. 하지만 이러한 소포체가 구체적으로 어떠한 작용 원리에 의해 세포 간 물질 수송을 수행하는지에 대한 언급은 나타나 있지 않다.

⑤ 1문단에서 원핵 세포의 기본적 특징을 소개하고 있지만, 이를 바탕으로 원핵 생물이 진핵 생물로 진화하게 된 과정을 고찰하고 있는 것은 아니다.

02 정보 추론하기   답 ⑤

정답 해설

6문단에서 '세포막에 존재하는 수용체는 신호 전달 물질과 결합하여 외부 신호를 받아들이고, 이를 세포 내부로 전하는 역할을 한다.'고 하였다. 따라서 세포막에 존재하는 수용체가 다른 물질과의 결합 없이 외부 신호를 직접 수용하여 세포 내부로 전달한다는 내용은 적절하지 않다.

오답 해설

① 1문단에서 세균과 남조류 등은 원핵 생물, 아메바나 동식물을 비롯한 대부분의 생물은 진핵 생물에 해당한다고 하였다.

② 2문단에서 리소좀은 여러 분해 효소를 가지고 있어 세포 내 필요 없는 물질이 생기거나 병균이 침입했을 때 이러

한 물질들을 분해하여 세포를 지키는 역할을 한다고 밝히고 있다.

③ 4문단에서 세포막은 세포의 안과 밖을 나누는 막으로, 이때 이온 채널은 막을 관통하는 터널과 같은 구조를 가진 단백질로서, 칼슘이나 나트륨 이온 등을 통과시키는 기능을 한다고 하였다.

④ 4문단에서 세포막은 인지질 및 단백질 분자로 구성된 얇고 구조적인 인지질 이중 층으로 되어 있다고 하였다. 또한 이온 등의 전하를 띤 물질을 통과시키지 않는 선택적인 투과성을 지닌다고 하였다.

03 핵심 정보 이해하기   답 ④

정답 해설

3문단에서 '식물 세포는 세포막 주변을 셀룰로오스로 구성된 세포벽이 둘러싸고 있어 모양이 비교적 고정적이고 다면체를 이루고 있는 반면 동물 세포는 세포벽이 존재하지 않아 모양이 유동적이며 대체로 구형을 이루고 있다.'고 하였다. 따라서 셀룰로오스로 구성된 세포벽을 통해 고정적인 다면체 형태를 띠고 있는 것은 동물 세포가 아니라 식물 세포의 특징임을 알 수 있다.

오답 해설

① 3문단에서 식물 세포의 액포는 세포의 삼투압을 조절하고 형태 유지에 관여한다고 하였다.

② 3문단에서 동물 세포에 존재하는 중심체는 세포 분열이 일어날 때 방추사 형성에 관여한다고 하였다.

③ 3문단에서 식물 세포에는 엽록체가 존재하지만 동물 세포는 그렇지 않다고 하였으며, 엽록체는 광합성을 통해 빛 에너지를 화학 에너지로 전환하여 물과 이산화탄소로부터 포도당과 같은 유기물을 합성한다고 하였다.

⑤ 3문단에서 동식물의 세포는 모두 진핵 세포라고 하였다. 그런데 1문단에서 진핵 세포는 핵막이 있어 핵 물질과 세포질이 구분되고 세포질에는 다양한 세포 소기관들이 존재한다고 하였다.

물 잠그는 TIP

물먹는 유형

식물 세포와 동물 세포, 즉 글의 핵심 화제에 대해 묻는 문제이다. 식물 세포와 동물 세포를 비교한 내용을 묻고 있으

므로 지문에서 식물 세포와 동물 세포의 공통점과 차이점을 이해할 수 있어야 한다. 각 선지에 제시된 식물 세포와 동물 세포의 비교 내용을 지문에서 찾아 적절성을 파악해 본다.

04 어휘의 의미 파악하기   답 ②

정답 해설

'유입(流入)시키다'는 '액체나 기체, 열 따위가 어떤 곳으로 흘러들어 오게 하다.'의 뜻으로, 문맥상 '내보내거나'와 바꿔 쓰기에 적절하지 않다. '내보내다'는 '입자나 전자기파의 형태로 에너지를 내보내다.'의 뜻을 지닌 '방출(放出)하다' 정도로 바꿔 쓰는 것이 적절하다.

오답 해설

① '구분(區分)되다'는 '일정한 기준에 따라 전체가 몇 개로 갈리어 나뉘다.'의 뜻으로, 문맥상 '나뉘다'와 바꿔 쓰기에 적절하다.

③ '발생(發生)하다'는 '어떤 일이나 사물이 생겨나다.'의 뜻으로, 문맥상 '일어나다'와 바꿔 쓰기에 적절하다.

④ '이동(移動)하다'는 '움직여 옮기다. 또는 움직여 자리를 바꾸다.'의 뜻으로, 문맥상 '움직이다'와 바꿔 쓰기에 적절하다.

⑤ '운반(運搬)하다'는 '물건 따위를 옮겨 나르다.'의 뜻으로 문맥상 '나르다'와 바꿔 쓰기에 적절하다.

겁먹지 마, 불수능   본문 76~79쪽

01 ①   **02** ⑤   **03** ④   **04** ④   **05** ③

●해제

이 글은 활성 산소의 생성 과정과 우리 몸에 미치는 다양한 영향에 대해 설명하고 있다. 활성 산소는 농도에 따라 인체에 유해할 수도, 유익할 수도 있는 양면성을 지닌다. 인체에 유해한 활성 산소는 지속적으로 생성되는 반면, 인체에 유익한 활성 산소는 일시적으로 소량만 생성되는 특징을 지닌다. 인체에 유익한 활성 산소는 생성 효소 체계인 NADPH 옥시데이스에 의해 활성화

되고, 세포 증식 및 분화와 같은 생리적 현상을 돕는다. 또한 이러한 활성 산소는 대식 세포의 작용을 활발하게 하거나 장내 세균의 균형을 유지하는 데 중요한 영향을 미친다.

강봉균 외, 「활성 산소의 생성 원리 및 생리적 기능」, 『생물학 명강 2』

주제

활성 산소의 생성 원리와 기능

문단별 중심 내용

1문단 [활][성][산][소]의 생성 과정과 영향
2문단 활성 산소의 생성 기관 및 생성 비율
3문단 인체에 [유][해][한] 활성 산소와 유익한 활성 산소의 특징
4문단 인체에 [유][익][한] 활성 산소의 생성 원리 및 기능
5문단 NADPH 옥시데이스의 구조 및 유익한 활성 산소의 생성 과정
6문단 활성 산소가 [체][내]에서 수행하는 이로운 작용들

● **내용 구조도**

인체에 유해한 활성 산소		인체에 유익한 활성 산소
체내에서 지속적으로 생성	생성 방식	일시적으로 소량만 생성
리폭시제네이스, 잔신옥시게나아제	← 관련 효소 체계 →	NADPH 옥시데이스
단백질, DNA, 지질 등을 산화	역할	생체 방어, 호르몬 생성, 세포 성장 및 분화에 기여

01 핵심 정보 이해하기   답 ①

정답 해설

이 글의 중심 화제는 '활성 산소'이며, 글 전체 내용을 포괄할 수 있는 표제로는 '활성 산소의 생성 원리와 기능'이 가장 적절하다. 즉 이 글은 활성 산소가 어디서, 어떻게 생성되는지, 그리고 이러한 활성 산소가 체내에서 어떠한 기능을 하는지에 대해 설명하고 있다. 또한 3문단에서 활성 산소가 인체에 미치는 양면성을 언급하고, 이후 글의 전개에서 인체에 유해한 활성 산소와 인체에 유익한 활성 산소의 생성 원리 및 기능적 특징에 대해 설명하고 있으므로, 이 글의 부제로

는 '활성 산소가 인체에 미치는 양면성과 그 특징을 중심으로' 정도가 가장 적절하다.

오답 해설

② 2문단에서 활성 산소가 생성되는 곳이 세포 내 소기관인 미토콘드리아라는 점을 언급하고 있지만, 둘의 상호 작용을 다루고 있는 것은 아니므로 글의 표제로 적절하지 않다. 또한 ATP가 생체 에너지를 생성하는 원리가 글의 중심을 이루고 있지 않으므로 부제 또한 적절하지 않다.

③ 2문단에서 활성 산소 생성 비율과 체내 총 산소 소비량의 상관관계가 언급되어 있지만 글의 표제로는 적절하지 않으며, 4문단에 G-단백질 수용체가 활성 산소의 생성을 촉진한다는 세부 정보가 나타나 있지만 부제로는 적절하지 않다.

④ 1문단에서 활성 산소의 독성이 발생하는 과정 및 원리, 그리고 하이드록실 라디칼이라는 독성 물질이 우리 몸에 해로운 영향을 미치게 됨을 설명하고 있지만, 이후 글의 전개에서는 다른 내용들이 더 큰 비중으로 서술되어 있으므로 표제 또는 부제로 적절하지 않다.

⑤ 3~6문단에 인체에 유익한 활성 산소의 작용 원리와 영향력에 대한 설명이 나타나 있고, 6문단에서 병균의 침투 시 대식 세포의 작용이 활발하게 이루어지는 데 인체에 유익한 활성 산소가 중요한 역할을 한다는 사실이 부분적으로 언급되어 있다. 하지만 대식 세포의 식균 작용, 즉 대식 세포가 균을 잡아먹는 과정을 중심으로 글이 전개되고 있는 것은 아니므로 부제로 적절하지 않다.

02 세부 내용 이해하기   답 ⑤

정답 해설

6문단에서 알 수 있듯이, 활성 산소는 코, 목, 대장과 같은 체내 점막에 존재하는 몸에 좋은 균과 해로운 균들의 균형을 조절하는 데 중요한 영향을 미친다. 따라서 활성 산소가 체내 점막에 존재하는 모든 균을 사멸한다고 이해하는 것은 적절하지 않다.

오답 해설

① 2문단에서 '미토콘드리아의 내부 막에서는 산화 환원 반응이 연쇄적으로 일어나고 이 과정에서 전자가 이동하며 활성 산소가 생성된다.'고 하였다.

② 1문단에서 산소 분자에 전자 한 개가 옮겨 붙으면 '슈퍼옥

사이드아니온'이라는 활성 산소가 생긴다고 하였다.

③ 3문단에서 '활성 산소는 양면성을 지니고 있어, 농도에 따라 세포에 부정적 영향을 미치기도 하고 긍정적 영향을 미치기도 한다.'고 하였다.

④ 2문단에서 '활성 산소 생성 비율은 일반적으로 체내 총 산소 소비량의 2% 정도인데, 유해 환경에 노출되면 7% 이상이 되기도 한다.'고 하였다.

03 구체적 사례에 적용하기 〔답〕 ④

정답 해설

5문단을 참고할 때, ㄹ은 막 투과성 구조를 거쳐 전달된 전자 (e^-)를 얻어 최종 결과물인 활성 산소를 만들어 내고 있으므로 성장 인자 수용체가 아니라 '$O_2 \cdot^-$'에 해당함을 알 수 있다.

오답 해설

① ㄱ은 전자를 FAD에 전달하고 $NADP^+$로 변하고 있으므로 'NADPH'임을 알 수 있다.

② ㄴ은 NADPH으로부터 얻게 된 전자를 막 투과성 구조의 중심부에 있는 헴으로 전달하고 있으므로 'FAD'임을 알 수 있다.

③ ㄷ은 막 투과성 구조의 중심부에 위치하여 전자를 산소 (O_2)에 전달하고 있으므로 '헴'임을 알 수 있다.

⑤ ㅁ은 NADPH 옥시데이스 효소 체계의 최종 결과물로서 '활성 산소'에 해당함을 알 수 있다.

불 끄는 TIP

불나는 유형

지문의 내용을 도식화하여 적절성을 묻는 문제를 어렵게 느끼는 경우가 많다. 하지만 관련 내용을 지문에서 찾고 시각 자료에 적용해 가며 이해하면 어렵지 않게 풀 수 있다. 〈보기〉는 NADPH 옥시데이스 구조를 도식화한 것이다. 지문에서 NADPH 옥시데이스 구조와 관련된 부분을 찾는다. NADPH 옥시데이스 구조와 활성 산소의 생성 과정을 〈보기〉의 그림과 함께 맞추어 가면서 문제를 풀어 보자.

04 핵심 정보 이해하기 〔답〕 ④

정답 해설

3문단에서 몸에 유익한 활성 산소는 외부의 자극과 연결된 효소 체계, 즉 NADPH 옥시데이스를 통해 생성되며, 생체

방어, 호르몬 생성, 세포 성장 및 분화 등 다양한 생리 작용에 중요한 역할을 한다고 하였다.

오답 해설

① 6문단을 참고할 때, 외부로부터 침입한 해로운 균을 제거하는 대식 세포의 작용을 활발하게 하는 데 도움을 주는 것은 인체에 유익한 활성 산소임을 알 수 있다.

② 3문단을 참고할 때, 리폭시제네이스와 같은 효소 체계를 통해 생성되는 것은 인체에 유해한 활성 산소임을 알 수 있다.

③ 3문단을 참고할 때, 인체에 유해한 활성 산소는 지속적으로 생성되는 반면, 인체에 유익한 활성 산소는 일시적으로 소량만 생성되는 특징을 지님을 알 수 있다.

⑤ 1문단과 2문단을 참고할 때, 강한 독성을 지녀 단백질과 DNA는 물론 지질까지도 산화시키는 등 우리 몸에 해로운 영향을 미치게 되는 것은 인체에 유해한 활성 산소임을 알 수 있다.

05 어휘의 의미 파악하기 〔답〕 ③

정답 해설

'사멸(死滅)'의 사전적 의미는 '죽어 없어짐.'이다. '여러 가지 방법으로 일정한 물질 속에 있는 미량 성분을 분리하여 잡아 모으는 일.'은 '포집(浦執)'이 지닌 의미이다.

방심하지 마, 물수능
본문 80~83쪽

01 ⑤ **02** ③ **03** ③ **04** ②

● 해제

이 글은 특정 장소와 시간에 드물게 발생하는 기상 현상인 극한기후사상에 대해 설명하고 있다. 극한기후사상은 지구 온난화가 진행됨에 따라 비례하여 발생 빈도가 증가하고 있는데, 예전의 추운 기온 극한의 발생 빈도는 감소하고 더운 기온 극한의 발생 빈도는 증가하는 특징을 보인다. 극한기후사상은 인류에 피해와 혜택을 모두 주는 자연 현상이라 할 수 있는데 그 발생 원인을 근본적으로 해소하기 어렵다는 문제가 있다.

스피드 지문 복습 정답

최재천·최용상, 「극한기후사상」, 『기후 변화 교과서』

주제

지구 온난화가 초래하는 극한기후사상

문단별 중심 내용

1문단 극한기후사상의 정의와 특징
2문단 '드물게' 발생하는 극한기후사상의 의미
3문단 지구 온난화에 따른 극한기후사상의 발생 변화
4문단 인류에 혜택을 주기도 하는 극한기후사상
5문단 극한기후사상으로 인한 인류의 피해와 해결 전망

● 내용 구조도

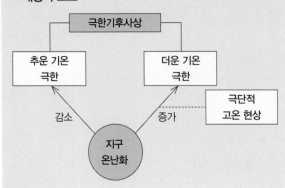

01 세부 내용 이해하기
답 ⑤

정답 해설

1문단에서 북반구 중위도에서는 타 지역에 비해 상대적으로

극한기후사상의 발생 빈도와 강도가 빠르게 증가하는 경향을 보이고 있다고 하였다. 그러나 북반구와 남반구의 극한기후사상의 발생 빈도의 차이가 어느 정도인지는 이 글에 나타나 있지 않다.

오답 해설

① 3문단에서 '더운 기온 극한의 영역에서는 예전에 발생한 적이 없었던 극단적인 고온 현상이 발생할 가능성이 새롭게 생기게 되어 이에 따른 피해가 우려된다.'고 하였다. 또한 '스페인, 포르투갈 등 남유럽 지역의 기온이 47℃까지 올라가자 열사병, 탈진, 경련 등을 앓는 온열 환자의 수가 급증하여 많은 사상자가 발생하게 되었다.'고 하였다.

② 1문단에서 '지구 대기 중, 온실 기체의 농도가 지속적으로 증가됨에 따라 지구의 지표 기온이 예년보다 0.74℃ 상승했다.'고 하였다.

③ 1문단에서 추운 기온 극한과 더운 기온 극한으로 구분되는 극한기후사상은 열대야, 폭염, 폭설, 한파, 호우, 혹한 등의 자연재해를 동반한다는 특징이 있다고 하였다.

④ 2문단에서 "드물게" 발생한다는 것은 통계적으로 보면 상위 또는 하위 10% 밖의 영역에서 나타나는 현상으로 규정할 수 있다.'고 하였다.

02 핵심 정보 이해하기
답 ③

정답 해설

5문단의 '극한기후사상의 발생 원인을 근본적으로 해소하기 어렵기 때문에 미래의 극한기후사상의 변화에 대한 해결 전망은 결코 낙관적이지만은 않다.'를 통해 발생 원인을 근본적으로 해소하는 것이 가능하지 않음을 알 수 있다.

오답 해설

① 5문단의 '수자원 수급 문제, 농업 생산성 저하, 보건 위생 문제 등 인류의 삶과 직결된 문제들을 초래하여 극한기후사상으로 인한 인류의 피해는 더욱 커질 것으로 예상된다.'를 통해 알 수 있다.

② 1문단에서 극한기후사상이란 특정 장소와 시간에 드물게 발생하는 기상 현상을 일컫는다고 하였다.

④ 3문단의 '극한기후사상은 인류에 의한 지구 온난화가 진행됨에 따라 이에 비례하여 발생 빈도가 증가하는 것으로 알려져 있다.'를 통해 알 수 있다.

⑤ 4문단의 '극한기후사상은 대체로 인류에 피해를 입히기는 하지만, 때로는 혜택을 주는 자연 현상이 되기도 한다.'를 통해 알 수 있다.

03 구체적 사례에 적용하기 답 ③

정답 해설

4문단의 '대표적인 극한기후사상인 태풍과 허리케인은 강풍과 폭우 등의 자연재해를 동반하여 인류에 치명적인 피해를 주지만, 이와 더불어 부족한 강수량을 보충하는 긍정적인 작용을 하기도 한다.'에서 알 수 있듯이 ㉠은 인류에 도움을 주는 경우에 해당한다. 아프리카의 폭우 역시 부족했던 농업용수 문제를 해결하는 긍정적인 작용을 하였으므로 인류에게 도움을 주는 경우에 해당한다.

오답 해설

① 가뭄으로 인해 농작물을 정상적으로 수확하지 못하였으므로 인류에 피해를 입힌 경우에 해당한다.

② 강풍으로 인해 송전선이 절단되어 정전 사고를 초래하였으므로 인류에 피해를 입힌 경우에 해당한다.

④ 낮 최고 기온이 57.8℃까지 상승하는 폭염으로 인해 열사병에 걸리고 탈진하는 사람들이 속출하였으므로 인류에 피해를 입힌 경우에 해당한다.

⑤ 평균 기온이 31℃라는 것은 드물게 발생하는 기상 현상인 극한기후사상에 해당하지 않는다.

04 외적 준거 활용하기 답 ②

정답 해설

3문단에서 '지구 온난화로 인해 지금보다 평균 기온이 상승하고 이에 따라 예전의 추운 기온 극한의 발생 빈도는 감소하게 되지만, 더운 기온 극한의 발생 빈도는 증가하게 되어 결과적으로 더운 낮밤은 증가하고 추운 낮밤은 감소하게 된다.'고 하였다. 따라서 폭설과 같은 추운 기온 극한의 발생 가능성은 감소하는 데 비해, 열대야와 같은 더운 기온 극한의 발생 가능성은 증가하게 된다.

오답 해설

① 3문단에서 지구 온난화로 인해 지금보다 평균 기온이 상승한다고 하였으므로 ⑧에서는 ④에 비해 평균 기온이 상승한다.

③ 3문단에서 지구 온난화로 인해 더운 기온 극한의 발생 빈도는 증가하게 되어 결과적으로 더운 낮밤은 증가한다고 하였으므로 ⑧에서는 ④에 비해 ㉡의 발생 빈도가 증가되어 더운 낮밤의 일수가 늘어난다.

④ 3문단에서 지구 온난화로 인해 예전의 추운 기온 극한의 발생 빈도는 감소하여 결과적으로 추운 낮밤은 감소하게 된다고 하였으므로 ⑧에서는 ④에 비해 ㉠의 발생 빈도가 감소되어 한파의 발생 가능성이 줄어든다.

⑤ 3문단에서 지구 온난화가 진행됨에 따라 더운 기온 극한의 영역에서는 예전에 발생한 적이 없었던 극단적인 고온 현상이 발생할 가능성이 새롭게 생기게 되어 이에 따른 피해가 우려된다고 하였다. 따라서 ⑧에서는 ④와 달리 ㉢이 발생되어 기록적인 폭염으로 인한 피해가 새롭게 초래될 수 있다.

물 잠그는 TIP

물먹는 유형

지문의 핵심 내용 중 일부를 그래프로 나타내고 그래프에 대한 해설이 적절한지를 묻는 문제이다. 그래프에서 보여 주고자 하는 내용이 지구 온난화로 인해 새롭게 변한 기후와 '추운 기온 극한', '더운 기온 극한'임을 파악하고 선택지의 내용과 지문의 해당 내용을 비교한다. 그래프가 나온다고 해서 어렵게 생각하기보다는 지문의 내용을 바탕으로 그래프에서 보여 주고 있는 내용을 이해하면 쉽게 풀 수 있는 문제이다.

겁먹지 마, 불수능 본문 84~87쪽

01 ③   02 ②   03 ③   04 ③   05 ②   06 ⑤

● 해제

이 글은 우리나라에서 사용하고 있는 천문역법에 대해 설명하고 있다. 우리나라에서는 양력과 음력을 공식적으로 사용하고 있는데, 음력은 국가별로 표준 자오선에 따라 날짜의 차이가 생긴다. 음력은 달의 운행과 관련이 있으며, 실제 계절 변화를 반영하기 위해 우리나라에서는 음력에 양력의 요소인 24절기를 도입하고 있다. 또한 태음태양력과 계절을 일치시키기 위해 19태양년과 235삭망월의 길이를 기준으로 윤달을 넣고 있다.

박한얼 외, 「우리나라 음력의 운용과 계산법 연구」, 한국천문학회

주제

우리나라에서 사용하고 있는 천문역법

문단별 중심 내용

1문단 우리나라에서 사용하는 천 문 역 법 의 특징
2문단 우리나라와 중국의 음 력 날짜가 다른 이유
3문단 달의 공 전 시 위치 변화에 따른 명명
4문단 달의 운 행 에 따른 음력 달의 규정
5문단 양력의 요소인 2 4 절 기 의 도입
6문단 윤 달 을 넣어 태음 태양력과 계절을 일치시킴.

● **내용 구조도**

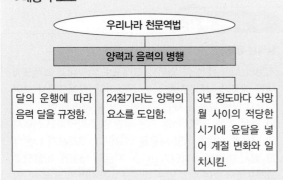

우리나라 천문역법

양력과 음력의 병행

| 달의 운행에 따라 음력 달을 규정함. | 24절기라는 양력의 요소를 도입함. | 3년 정도마다 삭망월 사이의 적당한 시기에 윤달을 넣어 계절 변화와 일치시킴. |

01 세부 내용 이해하기 답 ③

정답 해설

1문단에서 '법령에 포함된 음력은 설날(음력 1월 1일), 부처님 오신 날(음력 4월 8일), 추석(음력 8월 15일) 등이 있고, 나머지 정부 기념일은 모두 양력을 기준으로 결정한다.'고 하였지만 정부 기념일의 일부를 음력을 기준으로 제정한 이유는 나타나 있지 않다.

오답 해설

① 6문단에서 19태양년과 235삭망월의 길이가 같아지게 되는 주기인 6,940일은 태음 태양력이 계절과 일치하는 주기라고 하였다.

② 2문단에서 정기법은 지구 또는 태양의 1회전인 360°를 24등분하여 정하는 역법이라고 하였다.

④ 1문단에서 우리나라에서는 양력과 음력이라는 두 종류의 천문역법을 공식적으로 사용하였다고 하였다.

⑤ 5문단에서 태양이 운행하고 있는 황도를 춘분점으로부터 운행 방향에 따라 15° 간격으로 나누게 되면 전체 24개의 위치가 정해지는데, 이들의 위치에 24절기의 명칭을 붙이고, 태양이 그 지점들을 통과하는 양력 날짜를 해당 절기의 날로 설정하는 것이라고 하였다. 이와 같이 24절기의 각 날짜 자체는 양력 날짜와 같은 의미를 가진다고 하였다.

02 전개 방식 파악하기 답 ②

정답 해설

이 글은 우리나라에서 규정한 천문법인 양력, 음력, 정기법 등에 대해 언급한 후 달의 운행을 고려하여 음력을 사용하는 방식을 설명하고 있다.

오답 해설

① 음력을 정하는 과학적 원리가 무엇인지 설명하고 있지만, 양력을 정하는 과학적 원리는 제시하지 않았다. 또한 음력과 양력의 장단점은 제시되어 있지도 않다.

③ 이 글에는 양력과 음력의 특징을 설명하고 있다. 하지만 법률로 역법을 규정하는 것은 국가의 공무를 집행함에 있어 공식적인 날짜와 그로 인한 기록을 사회적·법률적으로 약속하기 위함이라고 언급하고 있을 뿐 법률로 역법을 규정해야 하는 필요성을 부각하고 있는 것은 아니다.

④ 우리나라에서 양력과 음력을 병행 사용하는 방식을 설명하고 있지만 양력과 음력을 병행 사용할 때의 문제점이 무엇인지는 제시하지 않았다. 또한 음력만을 사용하기 위한 절차가 무엇인지도 소개하지 않았다.

⑤ 이 글에는 음력 제정 시 달과 태양의 관계가 언급되어 있지만, 음력 대신 양력을 사용하게 될 때의 한계가 무엇인지를 지적하고 있지는 않다.

03 핵심 정보 이해하기 답 ③

정답 해설

음력은 달의 운행과 밀접한 관련이 있는데 달의 운행만을 고려하여 달력을 만든다면, 1년간을 주기로 나타나는 계절 변화를 알 수 없게 되는 문제가 발생한다고 하였다. 따라서 양력이 아닌 음력이 1년간을 주기로 나타나는 계절 변화를 알기 어렵다.

① 1문단에서 일반적으로 일상에서 사용하는 날짜는 대부분 양력이라고 하였다.

② 3문단에서 음력은 달의 운행과 밀접한 관련이 있는데, 달은 지구의 주위를 공전하면서 천구상에서 태양과의 상대적 위치가 계속 달라진다고 하였다.

④ 2문단에서 대부분의 국가에서는 지역 또는 국가의 표준 자오선에 따른 표준시를 일상의 시각 제도로 사용하고 있는데, 우리나라와 중국이 적용하고 있는 표준 자오선이 서로 다르기 때문에 음력 날짜에도 차이가 생긴다고 하였다.

⑤ 양력은 각 달에 포함된 일수가 28일~31일로 동일하지 않다. 4문단에서 음력 달의 크기는 큰달(대월)과 작은달(소월)로 구분하는데, 합삭 시간의 위치에 따라 30일은 큰달로, 29일은 작은달로 구분하여 결정한다고 하였다. 따라서 음력 역시 각 달에 포함된 일수가 동일하지 않다.

04 구체적 사례에 적용하기 답 ③

5문단에서 태양이 운행하고 있는 황도를 춘분점으로부터 운행 방향에 따라 15° 간격으로 나누게 되면 전체 24개의 위치가 정해진다고 하였다. 따라서 '대한'이 〈보기〉의 '춘분'으로부터 스무 번째 절기라면 그때의 '태양의 황경'은 300°가 된다.

① 한 절기마다 15° 간격이고 〈보기〉의 '춘분'이 0°이므로 열여덟 번째 절기인 '동지'의 '태양의 황경'은 270°이다.

② 한 절기마다 15° 간격이므로 '입하'가 〈보기〉의 '춘분'으로부터 세 번째 절기라면, '입하'의 '태양의 황경'은 45°가 된다.

④ 〈보기〉의 '양력'과 '음력'은 일치하지 않는데, 6문단에서 3년 정도마다 삭망월 사이의 적당한 시기에 윤달을 넣음으로써 이러한 차이를 해결한다고 하였다.

⑤ 2문단과 5문단에서 〈보기〉의 '절기'는 지구 또는 태양의 1회전인 360°를 15°씩 24등분하여 정한 것이므로, 총 24개의 절기로 이루어진다고 하였다.

불 끄는 TIP

불나는 유형

〈보기〉에서 계절 구분을 기준으로 양력과 음력에 차이가 있다는 점을 찾아내고 지문을 통해 24절기의 절기마다 15° 간격을 지니고 있음을 파악하고 있어야 풀 수 있는 문제이다. 〈보기〉에서 알 수 있듯이 태양의 황경이 0°인 '춘분'을 시작으로 다른 절기의 태양의 황경을 구하기 위해 어떠한 공식을 사용하여 계산하는지가 이 문제의 해결 포인트이다. 숫자가 많고 계산을 요구하는 문제이므로 난해하다고 생각할 수 있다. 하지만 앞에서 언급한 양력과 음력에 차이가 있다는 점, 24절기의 절기마다 15° 간격을 지니고 있다는 점을 고려하면 쉽게 해결할 수 있다.

05 핵심 정보 이해하기 답 ②

3문단에서 '만일 달의 황경이 태양의 황경값과 일치하게 되면, 천구상에서 달은 태양과 같은 방향에 놓이게 된다. 이때 달의 위치를 합삭이라 하고, 달이 이 위치에 오는 때를 합삭 시간이라 한다. 동일한 원리로, 달이 지구의 주위를 공전하면서 달의 황경이 태양과 90°, 180°, 270° 차이 나는 위치를 각각 상현, 망, 하현이라고 한다.'고 하였다. 따라서 ㉮에는 '동일한 방향', ㉯에는 '합삭', ㉰에는 '망'이 들어가야 한다.

① 달의 황경이 180° 차이 나는 위치를 '망'이라고 한다.

③ 달과 태양이 동일한 방향에 놓이게 될 때의 위치를 합삭이라고 한다. 또한 달의 황경이 180° 차이 나는 위치를 '망'이라고 한다.

④ 달의 황경이 태양의 황경값과 일치하게 되면, 달과 태양은 동일한 방향에 놓이게 된다.

⑤ 달의 황경이 태양의 황경값과 일치하게 되면, 달과 태양은 동일한 방향에 놓이게 되며, 이때의 위치를 '합삭'이라고 한다. 또한 달의 황경이 180° 차이 나는 위치를 '망'이라고 한다.

06 어휘의 의미 파악하기 답 ⑤

'공전'의 사전적 의미는 '한 천체가 다른 천체의 둘레를 주기적으로 도는 일. 행성이 태양의 둘레를 돌거나 위성이 행성의 둘레를 도는 따위를 이른다.'이다. '천체가 스스로 고정된 축을 중심으로 회전함.'은 '자전(自轉)'의 사전적 의미이다.

01 ④　**02** ①　**03** ⑤　**04** ②

●해제

이 글은 열대성 저기압이 발달하여 형성한 태풍에 대해 설명하고 있다. 우리나라에 영향을 주는 태풍은 편서풍의 영향을 받아 포물선 형태로 진행하며, 기압골의 영향으로 전향점에서 진행 방향을 바꾸어 북동쪽으로 이동하게 된다. 태풍의 구역 안에서 가항 반원과 위험 반원으로 구분할 수 있다. 태풍의 중심부는 바람을 등진 상황에서 왼쪽 방향에 있으므로 오른쪽 방향으로 이동하면 태풍의 피해에서 벗어날 수 있다.

스피드 지문 복습 정답

「태풍의 진행 방향과 특징」

주제

우리나라에 영향을 주는 태풍의 진행 방향과 특징

문단별 중심 내용

1문단 태 풍 의 개념과 발생 조건
2문단 우 리 나 라 에 영향을 주는 태풍의 진로 변화
3문단 전 향 점 의 개념과 태풍의 속도 변화
4문단 가 항 반원과 위 험 반원의 특징
5문단 태풍의 피해에서 벗어나는 방법

●내용 구조도

우리나라에 영향을 주는 태풍		
진로 변화	속도 변화	가항 반원과 위험 반원
처음에는 서북서쪽 방향 → 차츰 북쪽 → 북위 약 30° 부근에서 북동쪽으로 진행하여 포물선 형태를 띰.	약 20 km/h 정도 → 전향점에서는 10km/h 이하 → 북동쪽으로 방향을 변경하게 되면 처음보다 세 배 이상 빨라짐.	• 가항 반원: 태풍의 방향과 일반적으로 부는 바람의 방향이 서로 반대임. 태풍의 위험으로부터 비교적 안전함. • 위험 반원: 태풍 자체의 바람과 더불어 일반적으로 부는 바람이 함께 작용함. 태풍의 위력이 강해서 위험함.

01 세부 내용 이해하기　　　답 ④

정답 해설

1문단에서 북태평양의 남부 해상의 서쪽 부분 해수면은 평균 수온이 전 세계 평균 수온보다 높은 지역이라고 하였다. 하지만 북태평양의 남부 해상의 서쪽 부분 해수면 평균 수온이 높은 이유는 이 글에 제시되어 있지 않다.

오답 해설

① 1문단에서 태풍의 명칭은 발생 지역에 따라 허리케인, 윌리윌리, 사이클론 등으로 구분되어 명명한다고 하였다. 하지만 지역별로 태풍의 명칭이 다른 이유는 제시되어 있지 않다.

② 3문단에서 태풍은 우리나라에 강풍, 집중 호우, 폭풍 해일 등 다양한 자연재해를 일으켜 연간 1조 3,800억 원의 피해를 입히는 것으로 추산된다고 하였다.

③ 1문단에서 열대성 저기압은 점차 온대 저기압으로 변한다고 하였다. 하지만 열대성 저기압이 온대 저기압으로 변하는 원인은 소개되어 있지 않다.

⑤ 1문단에서 대기가 수분을 많이 함유하여 불안정한 상태일 때가 태풍의 발생에 적당한 조건이라고 하였다. 하지만 왜 태풍은 대기가 불안정한 상태일 때 잘 발생하는지는 이 글에 제시되어 있지 않다.

물 잠그는 TIP

물먹는 유형 |

〈보기〉에서 이어지는 내용을 예측하고 질문을 만든 후 이에 대한 점검 결과 내용을 제시하고 있어 자칫 복잡하고 어려워 보일 수 있지만 단순히 예측 및 질문 내용이 지문에 나타나 있는지를 찾는 문제이다. 각각의 예측 및 질문 내용에 해당하는 내용이 지문의 어느 부분과 관계가 있는지 확인한다. 지문의 세부적인 내용을 잘 이해하고 있다면 쉽게 풀 수 있는 문제이다.

02 전개 방식 파악하기　　　답 ①

정답 해설

1문단에는 '열대성 저기압은 열대 해상에서 폭풍우를 수반하여 발생하는 자연 현상으로, 저위도에서 고위도 쪽으로 진행한다.'와 같이 열대성 저기압에 대한 정의가 나타난다. 이를 바탕으로 2문단에서는 '그중 우리나라에 영향을 주는 태풍은 대개 7월에서 11월 사이에 발생한다. 이렇게 발생한 태풍

은 처음에는 서북서쪽 방향으로 진행하다가 차츰 북쪽으로 방향을 바꾸고, 북위 약 30° 부근에서 방향을 완전히 바꾸어 북동쪽으로 진행하는 것이 일반적이다.'와 같이 우리나라를 지나는 태풍의 특징을 설명하고 있다.

② 태풍의 구역 안에서 가항 반원과 위험 반원으로 구분할 수 있다는 점은 밝히고 있지만 이러한 구분의 필요성은 부각하고 있지 않다.

③ 우리나라에 영향을 주는 태풍의 사례를 들어 그 특징이 무엇인지 설명하고 있지만 남반구 태풍과의 차이점을 대조하고 있지 않다.

④ 열대성 저기압이 중심 최대 풍속 17m/s 이상의 폭풍우를 동반하는 태풍으로 발달한다는 점은 언급하고 있지만 세력이 확장되는 과정을 순차적으로 소개하지는 않았다.

⑤ 이동 중인 태풍이 '전향점'이라는 특정 지점에서 기압 배치에 따라 기압골이 형성되어 있는 쪽으로 이동하기 때문에 진행 방향이 바뀐다고 설명하고 있다. 그러나 태풍의 진행 방향이 바뀌는 원인을 여러 기준으로 분류하고 있지는 않다.

03 핵심 정보 이해하기　　　　　　　　답 ⑤

정답 해설

4문단에서 '7월에는 우리나라의 서쪽 내지 북서쪽 지역에 고기압이 자리 잡게 되는데, 기압골의 형성으로 인해 태풍의 이동 방향이 일본 쪽으로 더욱 휘어져 이동하게 되고 9월에는 태풍이 일본을 통과하게 되는 것이다.'고 하였다. 따라서 우리나라의 서쪽에는 저기압이 아닌 고기압이 자리 잡고 있음을 알 수 있다.

오답 해설

① 3문단에서 우리나라에 영향을 주는 태풍의 이동 속도는 약 20km/h 정도이지만, 태풍이 전향점을 지나서 북동쪽으로 방향을 변경하게 되면 처음보다 세 배 이상의 빠른 속도로 진행하게 된다고 하였다.

② 3문단에서 우리나라에 영향을 주는 태풍 중 일부는 전향점에 부근에서 며칠 간 정체하는 현상을 보이기도 한다고 하였다.

③ 2문단에서 우리나라에 영향을 주는 태풍의 진로가 대체

로 포물선 형태를 띠는 것은 편서풍의 영향에 의한 것이라고 하였다.

④ 2문단에서 우리나라에 영향을 주는 태풍은 대개 7월에서 11월 사이에 발생하여 처음에는 서북서쪽 방향으로 진행하다가 차츰 북쪽으로 방향을 바꾸고, 북위 약 30° 부근에서 방향을 바꾸어 북동쪽으로 진행하는 것이 일반적이라고 하였다.

04 세부 내용 이해하기　　　　　　　　답 ②

정답 해설

4문단에서 위험 반원에서는 태풍 자체의 바람과 더불어 일반적으로 부는 바람이 함께 작용하므로 태풍의 위력이 강해서 위험하다고 하였다. 따라서 ㉮에 들어갈 말로 '태풍 내 바람과 일반류 바람이 합쳐져서 강한'이 적절하다. 또한 5문단에서 배를 운행하다가 태풍을 만났다면, 바람을 등진 상황에서 왼쪽 방향에 태풍의 중심부가 있으므로 오른쪽 방향으로 이동해야 한다고 하였다. 따라서 ㉯에 들어갈 말로 '오른쪽으로 이동하여 태풍의 중심부에서 멀어지면'이 적절하다.

오답 해설

①, ③, ④, ⑤ 4문단에서 위험 반원에서는 태풍 자체의 바람과 더불어 일반적으로 부는 바람이 함께 작용하므로 태풍의 위력이 강해서 위험하다고 하였다. 또한 5문단에서는 배를 운행하다가 태풍을 만나면, 태풍의 중심부는 바람을 등진 상황에서 왼쪽 방향에 위치하므로 배를 오른쪽 방향으로 이동하면 태풍의 위험으로부터 벗어날 수 있다고 하였다.

겁먹지 마, 불수능　　　　　　　　본문 92~95쪽

01 ②　02 ④　03 ②　04 ①　05 ①　06 ⑤

● 해제

이 글은 표준 이론의 관점에서 우주 공간이 유한한지 혹은 무한한지에 대해 설명하고 있다. 빅뱅 이론에 따르면 우주 안의 물질의 양이 임계 밀도 이상이면 우주의 팽창은 언젠가는 멈추게 될 것이고, 임계 밀도 이하이면 우주의 팽창은 계속될 것이다. 우주 생성의 표준 이론은 태초에 빅뱅이 있었다는 빅뱅 이론, 우주 초기에 급격

한 공간의 팽창이 있었다는 인플레이션 가설, 우주는 차가운 암흑 물질로 형성되었다는 생각, 중력 수축에 의해 우주와 은하가 생성되었다는 생각으로 정리된다.

스피드 지문 복습 정답

박창범, 「우주 탄생의 비밀을 밝힌 빅뱅 이론」, 『월간말 77』

주제

표준 이론에서 말하는 우주 공간의 유한성과 무한성

문단별 중심 내용

1문단 우주와 우 리 은 하 의 크기
2문단 빅뱅 이론에 따른 우주의 수축과 팽 창
3문단 우주 공간에 대한 대표적 우주론인 표 준 이론
4문단 인 플 레 이 션 현상의 발생
5문단 인플레이션 현상 이후 우주의 팽창 과정
6문단 평 균 밀도와 임 계 밀도에 따른 우주의 팽창과 수축

● 내용 구조도

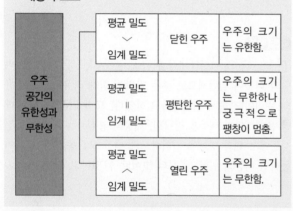

	평균 밀도 ∨ 임계 밀도	닫힌 우주	우주의 크기는 유한함.
우주 공간의 유한성과 무한성	평균 밀도 = 임계 밀도	평탄한 우주	우주의 크기는 무한하나 궁극적으로 팽창이 멈춤.
	평균 밀도 ∧ 임계 밀도	열린 우주	우주의 크기는 무한함.

01 전개 방식 파악하기 답 ②

정답 해설

3문단에서 우주 생성의 표준 이론을 소개하고 있고, 그 후 우주가 생성되는 과정을 순차적으로 설명하고 있다.

오답 해설

① 6문단에서 열린 우주, 닫힌 우주, 평탄한 우주 등 우주의 유형을 언급하였으나, 우주의 범주를 분석하지 않았을 뿐만 아니라 이를 구체적 사례를 통해 설명하지도 않았다.

③ 2문단에서 우주가 팽창한다는 허블의 이론을 설명하였으나, 이에 대한 비판적 견해는 나타나지 않는다.

④ 우주 생성의 대표적인 우주론인 표준 이론을 소개하고 있으며, 빅뱅 이론이 지닌 한계가 무엇인지를 지적한 부분은 나타나지 않는다.

⑤ 우주의 생성 과정이 설명되어 있을 뿐이지, 우주의 생성 과정에 대한 의문이 제기되지는 않았다. 또한 전문가의 견해를 들어 우주의 생성 과정 의문에 대한 답을 제시하지도 않았다.

02 세부 내용 이해하기 답 ④

정답 해설

4문단에서 '인플레이션 현상은 우주의 크기가 빠르게 커지는 것과 관련된 것으로, 우주가 이전의 고에너지 상태에서 저에너지 상태로 바뀌는 동안 그 에너지의 반발력은 우주를 그 이전보다 약 10^{50}배 이상의 크기로 급격히 팽창시키게 된다.'고 하였다.

오답 해설

① 6문단에서 '우주에는 빛을 발하지 않는 차가운 암흑 물질이 90% 이상의 질량을 차지하고 있다고 추측하고 있다.'고 하였다.

② 1문단에서 '태양에서 약 4광년 떨어진 곳에는 또 다른 수많은 별들이 있다.'고 하였다.

③ 1문단에서 '우리은하와 유사하거나 더욱 큰 다른 은하들이 존재할 것.'이라고 하였다.

⑤ 6문단에서 '우주의 평균 밀도가 임계 밀도보다 크면 우주의 크기는 유한하다고 보아 닫힌 우주가 되고, 평균 밀도가 그보다 작으면 무한한 크기를 갖게 되어 열린 우주가 된다.'고 하였다.

03 핵심 정보 이해하기 답 ②

정답 해설

[A]에서 생성 초기에는 우주를 지배하고 있는 네 개의 힘, 즉 강한 핵력, 약한 핵력, 전자기력, 중력이 모두 한 개의 응집된 힘으로 통합되어 있다가, 팽창이 계속됨에 따라 온도가 낮아지면서 중력이 나머지 세 힘에서 분리된다고 하였다. 그리고 인플레이션 현상은 우주의 크기가 빠르게 커지는 것과 관련된 것으로, 우주가 이전의 고에너지 상태에서 저에너지 상태로 바뀌는 동안 그 에너지의 반발력은 우주를 그 이전보다 약 10^{50}배 이상의 크기로 급격히 팽창시키게 된다고 하였

다. 또한 인플레이션 현상이 끝나면 우주는 고전적인 빅뱅의 모습으로 서서히 팽창이 진행되고, 우주의 나이가 10^{-9}초가 되어 온도가 10^{15}°K까지 떨어지면 전자기력과 약한 핵력이 마지막으로 분리되어 네 개의 힘이 현재와 같이 모두 분리된다고 하였다. 따라서 ㉮에는 '중력', ㉯에는 '급격한 팽창', ㉰에는 '온도 하강'이 들어가는 것이 적절하다.

04 정보 추론하기 답 ①

정답 해설

2문단에서 천문학자들은 우주는 팽창하고 있으며, 멀리 있는 은하일수록 지구로부터 더 빨리 멀어져 가고 있다는 것을 발견했다고 하였다. 이를 반대로 생각하면, 우주가 팽창하기 전인 과거에는 우주가 지금보다 더욱 작았으며, 고온도·고밀도인 상태였다고 추정할 수 있다.

오답 해설

② 우주의 팽창 속도에 비례하여 우주의 온도는 낮아질 것이라고 예상할 수 있다.

③ 우주가 팽창하면 차가운 암흑 물질의 밀도는 낮아지게 될 것이라고 예상할 수 있다.

④ 우주를 이루고 있는 물질의 양은 과거와 현재, 미래에 동일하므로 우주의 팽창에 따라 그 밀도만 변하게 된다.

⑤ 우주가 팽창함에 따라 우주의 고에너지가 저에너지로 전환된다는 것은 알 수 있다. 그러나 우주의 팽창 속도에 따른 전환 에너지의 저항이 어떠한지는 이 글을 통해 알 수 없다.

05 구체적 사례에 적용하기 답 ①

정답 해설

6문단에서 시간의 흐름에 따라 우주의 크기가 끊임 없이 팽창하는 것은 열린 우주라 하였으므로, ⓐ는 열린 우주이다. 이때 열린 우주는 평균 밀도가 임계 밀도보다 작은 우주에 해당한다.

오답 해설

② ⓑ는 팽창을 계속하지만, 그 팽창 속도가 점점 느려지는 형태이므로 평탄한 우주에 해당한다. 평탄한 우주는 우주의 크기는 무한하지만, 공간적으로는 평탄한 구조를 갖는다는 특징이 있다.

③ ⓒ는 현재의 팽창을 언젠가 극복하여 다시 수축하는 모습을 보이게 될 것이므로 닫힌 우주에 해당한다. 닫힌 우주는 자체 중력에 의해 수축하여 다시 빅뱅의 상태로 되돌아간다.

④ ⓐ는 열린 우주로, 끊임없이 팽창한다. 반면 ⓑ와 ⓒ는 각각 평탄한 우주와 닫힌 우주로, 이 둘은 궁극적으로 우주의 팽창이 멈추게 된다는 공통점이 있다.

⑤ ⓒ는 닫힌 우주로, 우주의 크기가 유한하다. 반면 ⓐ와 ⓑ는 각각 열린 우주와 평탄한 우주로, 이 둘은 우주의 크기가 무한하다고 본다는 공통점이 있다.

불 끄는 TIP

불나는 유형

지문과 〈보기〉에 제시된 그래프의 내용을 바탕으로 ⓐ, ⓑ, ⓒ가 무엇인지 찾아내고 그 특징의 적절성을 파악하는 문제이다. 지문의 내용을 그래프라는 시각 자료와 연결하여 이해할 수 있어야 한다. 그래프를 보면 '인플레이션' 이후 '계속 팽창'하는 선, '유지'되는 선, '수축'하는 선으로 나뉨을 알 수 있다. 이를 바탕으로 ⓐ, ⓑ, ⓒ에 해당하는 내용을 지문에서 찾는다. 그런 다음 선지에 제시된 ⓐ, ⓑ, ⓒ의 특징의 적절성을 따져 본다. 이러한 문제는 우선 ⓐ, ⓑ, ⓒ가 무엇인지 정확하게 찾아내야 문제를 해결할 수 있다.

06 어휘의 의미 파악하기 답 ⑤

정답 해설

㉠은 '발하다'의 여러 가지 의미 중 문맥상 '빛, 소리, 냄새, 열, 기운, 감정 따위가 일어나다. 또는 그렇게 되게 하다.'의 의미로 사용되었다. ⑤ 역시 이와 유사한 의미로 사용되었다.

오답 해설

① '꽃 따위가 피다.'의 의미이다.

② '어떤 곳에서 다른 곳을 향하여 떠나다.'의 의미이다.

③ '군대 따위를 일으켜 움직이다.'의 의미이다.

④ '어떤 내용을 공개적으로 펴서 알리다.'의 의미이다.

01 ⑤　**02** ①　**03** ②　**04** ④

●해제

이 글은 최근 각광 받고 있는 RFID 기술에 대해 설명하고 있다. RFID 기술은 교통 카드 등에서 많이 활용되는 기술로, 실생활에서 많이 활용되고 있다. 이 기술은 전자 유도 현상을 이용함으로써 특별한 전원 공급 장치 없이도 무선으로 통신이 이루어지도록 한다. 특히 기존의 바코드 기술을 보완하여 많은 분야에서 쓰이고 있고, 더 많은 생활의 변화를 기대할 수 있는 기술로 전망된다.

스피드 지문 복습 정답

박기환, 「RFID 기술」, 『유비쿼터스 RFID』

주제

RFID 기술의 원리와 특징

문단별 중심 내용

1문단 교통 카드에 적용된 RFID 기술
2문단 RFID 기술의 원리 – 전자 유도 현상
3문단 전자 유도 현상을 활용하는 이유
4문단 전자 유도 현상의 작동 원리
5문단 RFID 기술의 장점
6문단 RFID 기술의 한계
7문단 RFID 기술의 전망

●내용 구조도

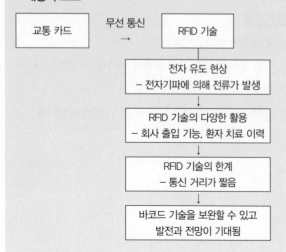

| 교통 카드 | 무선 통신 → | RFID 기술 |

↓

전자 유도 현상
– 전자기파에 의해 전류가 발생

↓

RFID 기술의 다양한 활용
– 회사 출입 기능, 환자 치료 이력

↓

RFID 기술의 한계
– 통신 거리가 짧음

↓

바코드 기술을 보완할 수 있고
발전과 전망이 기대됨

---

01 전개 방식 파악하기　답 ⑤

정답 해설

이 글의 설명 대상인 RFID 기술이 현재 갖고 있는 장단점을 제시한 후에 기술적인 진보가 일어난다면 더 많은 생활의 변화를 가져올 것이라며 인간 생활의 미래를 예측하고 있다.

오답 해설

① RFID 기술에 대한 비판적 태도는 찾아볼 수 없다.

② RFID 기술이 사용된 교통 카드를 예로 들어 설명하고 있으나 구체적인 일화는 찾아볼 수 없다.

③ RFID 기술의 변화 과정과 그 이유가 제시된 부분은 찾아볼 수 없다.

④ RFID 기술에 대한 개념은 살펴보고 있지만, 유형에 따른 특징을 설명하고 있는 부분은 찾아볼 수 없다.

물 잠그는 TIP

물먹는 유형 |

전개 방식을 묻는 문제는 글의 논의 대상 즉 화제를 먼저 파악하고 나아가 글의 특정 정보나 사례 등을 살펴보아야 한다. 또한 전체에서 각 부분들이 어떤 방식으로 관련을 맺고 어떤 기능을 하는지를 파악하는 것이 중요하다. 이 글의 대상은 RFID 기술이라는 것은 쉽게 파악할 수 있으므로, RFID 기술의 어떤 면을 다루고 있는지 문단별로 살펴본다. 1~4문단에서는 RFID 기술이 적용된 교통 카드와 RFID 기술의 원리를, 5~6문단에서는 RFID 기술의 장점과 한계를, 7문단에서는 RFID 기술의 전망에 대해 서술하고 있다. 즉 1~6문단은 대상인 RFID 기술의 현재 상황을 보여 주고, 7문단은 미래 상황을 예측하고 있음을 알 수 있다.

02 구체적 사례에 적용하기　답 ①

정답 해설

충전 패드의 구리 코일에서 자기장이 발생하는 것은 전원을 연결하여 전류를 공급했기 때문이다. 전자 유도 현상에 의한 자기장 발생은 전류 공급이 없는 상태의 코일과 자석의 운동에 의한 것을 의미한다.

오답 해설

② 단말기의 자기장이 포함된 전자기파가 교통 카드의 코일을 관통하면서 전류가 흐르게 되는 현상이 전자 유도 현상이다. 무선 충전 패드에서 발생한 자기장이 스마트폰의 전

력 수신기의 코일을 관통하면서 전류가 발생하여 배터리가 충전된다고 했으므로 이는 전자 유도 현상에 해당한다.

③ 충전 패드의 구리 코일(자기장 발생)과 스마트폰(코일)이 가까워짐에 따라 전류가 흐르게 되므로 자석과 코일의 상대적인 운동과 유사하다고 볼 수 있다.

④ 교통 카드 내부의 코일에 전자기파가 관통하면서 전자 유도 현상에 따라 전류가 흐르는 것처럼, 스마트폰 전력 수신기를 감싸고 있는 코일에 무선 패드의 자기장에 의해 전자 유도 현상에 따라 전류가 흐르게 되고 배터리가 충전된다.

⑤ 충전 패드의 구리 코일에서 자기장이 발생하는 것은 스마트폰에 전자 유도 현상을 일으키는 원인이 된다. 따라서 단말기에서 전자기파를 송신하는 것과 유사하다고 볼 수 있다.

03 핵심 정보 이해하기   답 ②
정답 해설

RFID 기술이 기존의 바코드 형식의 단점을 보완할 수 있다는 것은 알 수 있지만 바코드 형식이 가장 일반적으로 사용되는 형식이라는 것은 알 수 없다.

오답 해설

① 5문단을 통해 회사 출입, 범죄자의 소재 파악, 환자 치료 이력 확인 등 다양한 분야에서 활용할 수 있음을 알 수 있다.

③ 6문단을 통해 무선으로 통신까지 가능한 물리적 거리가 길지 않다는 단점이 있음을 알 수 있다.

④ 6문단을 통해 전자 유도 현상 대신 마이크로파 방식을 활용하면 통신 거리가 늘어난다는 것을 알 수 있다.

⑤ 5문단을 통해 전파를 이용해서 데이터를 읽거나 물체의 위치를 파악할 수 있음을 알 수 있다.

04 정보 추론하기   답 ④
정답 해설

㉠에서는 RFID 기술의 발전이 더 많은 생활의 변화를 가져올 수 있을 것이라고 말하고 있다. 7문단에서 RFID 기술이 주변 환경의 영향을 거의 받지 않는다는 장점을 확인할 수 있다.

오답 해설

① 6문단을 통해 개인의 정보를 수록하고 인식할 수 있기 때문에 개인 정보가 유출될 수 있다는 위험성을 지니고 있다는 것을 알 수 있으며, 바코드 역시 개인의 정보를 수록하고 인식할 수 있기 때문에 이는 적절하지 않다.

② 7문단을 통해 RFID 기술이 아니라 바코드가 한번 정보를 기록하면 수정하기 어렵다는 것을 알 수 있다.

③ 7문단을 통해 바코드가 한정된 정보 처리만 가능하다는 것을 알 수 있다. RFID 기술은 다양하고 많은 양의 정보 교환이 가능하다.

⑤ RFID 기술은 안테나의 설치 여부와 관계없이 다양하고 많은 양의 정보 처리가 가능하기 때문에 적절하지 않다.

겁먹지 마, 불수능   본문 100~103쪽

01 ⑤   **02** ⑤   **03** ③   **04** ②   **05** ①

● 해제

이 글은 최근 개인용 이동 수단으로 각광 받고 있는 퍼스널 모빌리티 중에서 전동 휠에 대해 소개하고 있다. 전동 휠은 다른 퍼스널 모빌리티와는 다르게 손으로 조작하는 도구가 별도로 설치되어 있지 않다. 따라서 휴대가 가능하지만 작동하는 원리가 조금 다르다. 몸의 기울기와 전동 휠에 부착된 자이로 센서 및 가속도 센서를 이용하게 되는데, 이를 통해 운전자의 무게 중심에 따라 각 센서가 작동하면서 전동 휠의 운전이 가능해진다. 작동법을 익히는 데 시간이 오래 걸린다는 단점이 있지만 휴대가 간편하여 활용도가 높아질 것으로 기대된다.

스피드 지문 복습 정답

「전동 휠과 자이로 센서」

주제

전동 휠이 움직이는 원리와 자이로 센서의 역할

문단별 중심 내용

1문단 퍼스널 모 빌 리 티 의 개념과 종류
2문단 전 동 휠 의 특징
3문단 가 속 도 센서와 자 이 로 센서의 기능
4문단 회 전 운동 인식을 위한 자이로 센서
5문단 전 동 휠 을 작동하는 방법
6문단 전동 휠의 단 점 과 전망

● 내용 구조도

가속도 센서	직선 운동 측정

+

자이로 센서	회전 운동 측정

+

운전자의 무게 중심	직선 운동 방향: 더 빨라짐. 직선 운동 반대 방향: 느려짐. 좌우측 방향: 방향 전환

전동 휠의 작동

01 전개 방식 파악하기 답 ⑤

정답 해설

이 글의 설명 대상은 전동 휠이다. 2문단에서 전동 휠이 갖는 장점들을 언급하고, 마지막 문단에서는 전동 휠이 갖는 한계들을 지적하고 있다. 그리고 마지막 문장에서 기술 발달에 따라 편의성과 활용도가 높아질 것이라는 전망을 제시하고 있다.

오답 해설

① 전동 휠의 조작을 가능하게 하는 센서에 대해 설명하고 있으나 전동 휠의 구성 요소가 무엇인지에 대해서 구체적으로 언급하고 있지 않다.

② 전동 휠의 구조가 변화한다는 내용은 언급하고 있지 않다.

③ 퍼스널 모빌리티가 주목을 받는다는 것은 알 수 있으나 그 형성과 발달 과정은 언급되지 않았다.

④ 전동 휠의 단점을 언급하고 있지만 다양한 측면에서 그 원인을 분석하고 있지는 않다.

02 세부 내용 이해하기 답 ⑤

정답 해설

5문단에서 모든 동작들을 신체적 움직임으로 조종할 수 있음을 알 수 있으나, 6문단에서 작동법을 익히는 데 시간이 오래 걸린다고 했으므로 이는 적절하지 않은 설명이다.

오답 해설

① 2문단을 통해 손으로 조작하는 도구가 별도로 설치되어 있지 않음을 알 수 있다.

② 2문단을 통해 발을 이용하는 부분만 필요해서 다른 퍼스널 모빌리티보다 크기가 작고 휴대가 가능하고 전력 소모를 줄일 수 있음을 알 수 있다.

③ 6문단을 통해 개인의 신체 능력에 따라 움직임이나 구동이 현저한 차이를 나타낼 수 있음을 알 수 있다.

④ 1문단을 통해 전기를 기반으로 구동하는 개인용 이동 수단 중에 하나임을 알 수 있다.

03 구체적 사례에 적용하기 답 ③

정답 해설

전동 휠의 속도가 줄어드는 것은 y축을 기준으로 한 전동 휠의 회전 운동을 감지하는 자이로 센서에 의한 것이므로 적절하지 않다.

오답 해설

① 전동 휠의 속도가 높아지는 것은 무게 중심에 의해 y축을 기준으로 전동 휠이 앞으로 회전한 것이므로 적절하다.

② 전동 휠이 좌우로 방향을 바꾸는 것은 z축을 기준으로 전동 휠이 회전한 것이므로 적절하다.

④ 전동 휠이 한쪽으로 기울어지는 것은 x축을 기준으로 전동 휠이 회전한 것이므로 적절하다.

⑤ 전동 휠이 동일한 속도로 움직이는 것은 x축 방향으로 직선 운동한 것이므로 적절하다.

불 끄는 TIP

불나는 유형 |

이와 같은 지문의 내용을 〈보기〉에 제시된 구체적인 상황이나 사례에 적용하는 문제는 지문의 내용, 특히 〈보기〉에 제시된 사례에 대응시킬 핵심 정보를 완벽하게 이해하는 것이 중요하다. 선지에 핵심 용어가 드러나 있으므로 지문 속의 해당 부분과 연결해 본다. 전동 휠의 x, y, z축, 자이로 센서, 가속 센서 등이 나와 있으므로 관련 부분이 3문단이라는 것을 알 수 있다. 지문에 x축 방향으로 이동 중인 전동 휠의 속도를 변화시킬 때의 방법과 좌우 방향을 바꿀 때의 자이로 센서의 인식에 대한 내용이 나와 있으므로 선지와 하나씩 비교해 본다. 지문에서 속도를 줄이려면 y축의 회전 방향을 직선 운동의 반대 방향으로 하면 가능하다고 하였는데 y축의 회전 방향을 바꾸는 것은 회전 운동과 관련이 있으므로 자이로 센서가 이를 인식하게 된다. 몸의 무게 중심을 뒤쪽으로 이동하면 전동 휠이 뒤쪽으로 기울며 각이 변하기 때문에 자이로 센서가 이를 인식하게 되는 것이다.

04 외적 준거 활용하기 답 ②

정답 해설

4문단에서 회전 운동을 하고 있는 경우에는 회전 관성에 의해 회전축의 방향이 변하지 않고, 물체의 측면에 힘이 가해지면 직각 방향으로 힘이 전달된다고 했다. 이를 돌고 있는 팽이에 적용해 보면 팽이에 아무 힘이 작용하지 않으면 회전 관성에 의해 회전축 방향이 변하지 않으며, 팽이가 쓰러지려고 할 때 측면에 힘을 가하면 직각 방향인 회전축 방향으로 힘이 전달되어 더 빠른 회전 운동이 일어나 균형을 잃지 않음을 알 수 있다. 그리고 이때 팽이가 쓰러지지 않으며 회전축과 팽이의 각이 바뀐다는 것을 알 수 있다.

05 어휘의 의미 파악하기 답 ①

정답 해설

㉠은 전동 휠이 어떠한 특징을 바탕으로 갖추고 있다는 의미이다. ①은 '친구가 착한 성품을 바탕으로 갖추고 있다.'는 의미이므로 적절하다.

오답 해설

② '기억하여 잊지 않고 새겨 둔다.'는 의미이다.
③ '몸에 간직하여 갖는다.'는 의미이다.
④ '어떠한 일 따위를 맡아 갖는다.'는 의미이다.
⑤ '본래의 모양을 그대로 간직한다.'는 의미이다.

DAY 13 일상 기술

방심하지 마, 물수능 본문 104~107쪽

01 ④ **02** ③ **03** ① **04** ②

● **해제**

이 글은 연료 전지의 개념과 특성, 그리고 전기 에너지를 생성하는 원리에 대해 설명하고 있다. 연료 전지는 일반적인 화학 전지와 다르게, 수소와 산소를 통해 전기 에너지를 만들어 낸다. 이는 수소와 산소가 결합되는 과정을 통해 가능하다. 연료 전지는 수소의 보관이나 저장이 위험하다는 단점이 있지만, 발전 효율이 높고 공해 발생이 없으며 설치 장소의 제약이 적다는 점에서 앞으로의 전망이 기대되는 에너지 자원이다.

스피드 지문 복습 정답

이충훈, 「연료 전지의 원리와 특성」, 『신재생 에너지』

주제

연료 전지의 원리와 특징

문단별 중심 내용

1문단 연료 전지의 개 념
2문단 연료 전지의 전 기 발생 원리
3문단 연료 전지의 세 가지 특 징
4문단 연료 전지의 종 류에 따른 장점과 단점
5문단 연료 전지의 전 망

● **내용 구조도**

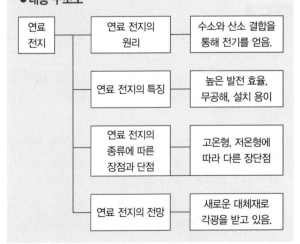

01 핵심 정보 이해하기 답 ④

정답 해설

2문단을 통해 연료 전지는 물을 전기 분해하는 것과 반대로 수소와 산소를 결합해서 물과 전기를 얻어 낸다는 것을 알 수 있다.

오답 해설

① 1문단을 통해 화학 에너지를 전기 에너지로 직접 변환하는 발전 장치임을 알 수 있다.

② 2문단을 통해 다수의 셀을 적층함으로써 원하는 전압이나 전류를 얻어 냄을 알 수 있다.

③ 4문단을 통해 전해질의 종류에 따라 연료 전지가 다양한 종류로 존재함을 알 수 있다.

⑤ 5문단을 통해 화석 연료에 비해 단위 질량당 출력과 전체 출력이 낮아 무게가 무겁고 큰 설치 공간이 필요함을 알 수 있다.

02 외적 준거 활용하기 답 ③

정답 해설

〈보기〉는 연료 전지의 전기 발생 원리를 그린 것이다. 연료극에서 수소는 수소 이온과 전자로 산화되는데 전자는 외부 도선을 통해 공기극으로 이동하고 수소 이온은 전해질 층을 통해 이동한다. ⓒ는 수소 이온이 전해질을 통해 이동하는 과정이다. 전자는 외부 도선을 통해 이동하고 산소는 공기극에 공급되므로 적절하지 않다.

오답 해설

① 연료극에서는 공급된 수소가 수소 이온과 전자가 분해되는 과정을 갖게 되므로 적절하다.

② 공기극에서는 외부 도선을 통해 이동한 전자와 전해질을 통해 이동한 수소 이온이 결합하는 과정을 거치므로 적절하다.

④ 2문단을 통해 전자의 외부 흐름, 즉 외부 도선을 통한 전자의 이동이 전기를 발생시킴을 알 수 있다. ⓓ는 연료극에서 나온 전자의 외부 흐름을 보여 주고 있으므로 전기가 발생하게 된다는 설명은 적절하다.

⑤ 2문단을 통해 공기극에서 산소 환원 반응이 일어나 물이 생성됨을 알 수 있고 ⓔ는 그 물이 배출되는 모습이므로 적절하다.

03 세부 내용 이해하기 답 ①

정답 해설

4문단을 통해 고온형 연료 전지는 발전 효율이 높고, 저온형 연료 전지는 시동 시간이 짧고 부하 변동성이 뛰어남을 알 수 있다.

04 정보 추론하기 답 ②

정답 해설

5문단에서 수소는 보관이나 저장의 안전성을 위해 비용이 증가한다는 단점을 가지고 있음을 알 수 있다. 이는 각광 받는 이유가 아니라 연료 전지가 해결해야 할 과제에 해당한다.

오답 해설

① 3문단을 통해 연료 전지는 전기를 얻는 과정에서 에너지 손실 발생이 적은 편임을 알 수 있다.

③ 3문단을 통해 연료 전지는 연소 과정이 없기 때문에 무공해 에너지 시스템임을 알 수 있다.

④ 3문단을 통해 연료 전지는 소음을 낮출 수 있기 때문에 도심과 같은 주거 지역에 설치가 가능함을 알 수 있다.

⑤ 3문단을 통해 연료 전지는 에너지 전환 효율 변동이 적어 소형으로 제작해도 높은 에너지 전환 효율이 가능하다는 것을 알 수 있다.

01 ① 02 ① 03 ① 04 ④ 05 ⑤

●해제

이 글은 영화에 등장하는 투명 망토의 실현 가능성을 메타 물질을 통해 설명하고 있다. 메타 물질은 빛과 소리 등을 투과시킴으로써 물체가 없는 것처럼 인식하게 하는 것이다. 메타 물질을 설계할 때 고려해야 할 요소는 위상 속도와 굴절률이 있는데, 두 가지 요소에 따라 투과되는 정도가 결정되며, 위상 속도는 유전율과 투자율에 의해 정해진다. 이러한 메타 물질은 다른 영역으로도 확장되어 활용되는데, 층간 소음이나 기계 소음 등을 줄이거나 에너지를 한 곳으로 모아 주는 역할도 가능하다. 아직 연구되고 있는 노력에 비해 실생활에서의 활용도는 적은 편이지만, 관련 제품들의 개발이 기대되고 있다.

스피드 지문 복습 정답

박해동 외, 「고분자를 이용한 메타 물질 연구」, 『고분자 과학 기술 제27권 1호』

주제

메타 물질의 특징과 실생활에서의 활용 가능성

문단별 중심 내용

1문단 메 타 물 질 의 개념
2문단 굴 절 률 과 위상 속도의 관계
3문단 위 상 속 도 와 굴절률에 따라 설계되는 메타 물질
4문단 메타 물질의 특성
5문단 투 명 장치가 가능한 메타 물질의 원리
6문단 소 리 의 영역에서 활용 가능한 메타 물질
7문단 다양한 형태의 연구가 계속되는 메타 물질

●**내용 구조도**

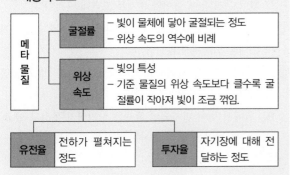

01 **세부 내용 이해하기**

답 ①

정답 해설

3문단에서 굴절률은 위상 속도의 역수에 비례한다고 했으므로 굴절률이 위상 속도의 영향을 받지 않는다는 설명은 적절하지 않다.

오답 해설

② 1문단을 통해 메타 물질은 자연계에 존재하지 않는 특이한 물성을 갖도록 인위적으로 구조를 설계한 물질이라는 것을 알 수 있다.

③ 7문단을 통해 연구 노력에 비해 실생활에서의 활용도가 낮은 편임을 알 수 있다.

④ 6문단을 통해 진동이나 소음을 원하는 방향으로 조정할 수 있어서 건축 구조물 등에 이용해 진동과 음파를 통해 에너지를 얻어 낼 수 있음을 알 수 있다.

⑤ 2문단을 통해 빛의 파동은 물체에 닿으면 흡수되거나 반사되거나 투과하는 경우에는 굴절한다는 것을 알 수 있다.

02 **세부 내용 이해하기**

답 ①

정답 해설

5문단에서 메타 물질은 가시광선의 파장보다 작은 규모로 설계하기 때문에 빛을 투과시킨다는 것을 알 수 있으므로 적절하다.

오답 해설

② 메타 물질은 빛이나 소리를 흡수, 반사시키지 않고 투과시키기 위해 표면의 분자 구조를 가시광선의 파장보다 작은 규모로 설계한 물질이므로 적절하지 않다.

③ 빛이나 소리를 조절하는 것은 메타 물질을 통해서 얻을 수 있는 결과에 해당한다.

④ 메타 물질이 빛을 한 방향으로만 투과하는지의 여부는 나와 있지 않다.

⑤ 위상 속도와 굴절률은 반비례 관계이므로 함께 높일 수 없다.

03 **핵심 정보 이해하기**

답 ①

정답 해설

3문단에서 유전율은 외부에서 전기장이 가해질 때 전하가

얼마나 펼쳐지는지를 나타내는 것임을 알 수 있으므로 적절하다.

오답 해설

② ㉡은 자기장의 전달 정도를 나타내는 것으로 자기장을 흡수하는 것에 대한 내용은 찾아볼 수 없다.

③ 4문단의 내용을 통해 투자율은 음수를 가질 수도 있음을 알 수 있다.

④ ㉠과 ㉡ 모두 위상 속도에 영향을 주므로 굴절률에 영향을 준다.

⑤ ㉠과 ㉡은 위상 속도를 결정하는 매개 변수로, ㉠과 ㉡이 양수일 때, 음수일 때 등의 위상 속도의 양수, 음수 값은 알 수 있으나 위상 속도의 역수에 비례하는지는 알 수 없다.

04 구체적 사례에 적용하기   답 ④

정답 해설

ㄹ은 입력된 빛의 파장이 동일한 위상으로 물질의 끝단에서 방사되고 있다. [A]에서 ㄹ처럼 물질의 끝단에서 빛의 파장이 방사되려면 위상 속도는 무한대이고 굴절률이 0의 값을 가져야 한다고 했으므로 적절하지 않다.

오답 해설

① ㄱ은 〈보기〉에 제시된 물과 굴절의 형태가 유사한 것으로 보아 자연계의 물질에 속한다. [A]에서 일반적인 자연계의 물질은 위상 속도와 굴절률이 모두 양의 값을 갖는다고 했으므로 ㄱ은 위상 속도와 굴절률이 양의 값이라는 내용은 적절하다.

② [A]에서 유전율과 투자율이 모두 음수이면 굴절 방향이 모두 양수일 때와 정반대의 방향임을 알 수 있다. ㄴ은 굴절 방향이 ㄱ과 정반대이므로 적절하다.

③ [A]에서 유전율과 투자율 중에 하나의 값이 음수이면 위상 속도가 없어지고 이때 빛이 전파되지 못하는 구간이 특정 주파수 영역에 형성된다고 했다. ㄷ은 빛이 투과하여 전파되다가 일정 구간에서 전파되지 못하고 있으므로 이에 해당하므로 적절하다.

⑤ ㄷ은 특정 주파수 영역에서 빛이 전파되지 않음을 알 수 있고, ㄹ은 물질의 끝단에서 방사된 것임을 알 수 있다.

불 끄는 TIP

불나는 유형

〈보기〉에서는 4가지 빛의 파동의 형태와, 판단 기준이 될 수 있는 물의 빛의 굴절 모습을 제시하고 있다. 〈보기〉를 이해하는 데 바탕이 되는 [A]에는 유전율과 투자율의 4가지 설계 시 나타날 수 있는 빛의 파동 형태에 대해 설명하고 있으므로, 〈보기〉에 제시된 4가지 빛의 파동 형태가 4가지 중 어느 것에 해당하는지 연결해 보면 문제를 쉽게 해결할 수 있다. 〈보기〉 옆에 4가지 빛의 파동 형태를 간단히 정리해 보는 것도 좋다.

유전율	투자율	위상 속도	굴절률	파동
+	+	+	+	자연계 물질
−	−	−	−	방향 반대
−(+)	+(−)	없음		전파 안 되는 구간
−(+)	+(−)	무한대	0	끝단에서 방사

〈보기〉에 함께 제시된 물은 일반적으로 자연계에 존재하는 물질이므로 물의 굴절 모습과 비슷한 ㄱ이 자연계에 속하는 물질이라는 것을 알 수 있고, 정반대의 굴절 방향을 가진 ㄴ이 두 번째, 전파 안 되는 구간이 있는 ㄷ이 세 번째, 물질의 끝단에서 방사되는 ㄹ이 마지막에 해당한다.

05 외적 준거 활용하기   답 ⑤

정답 해설

C는 A와 달리 빛을 반사하거나 흡수하지 않고 휘돌아 가도록 하는 독특한 굴절률을 지니기 때문에 존재를 드러내지 않고 D만 보인다. 이는 C가 가시광선의 파장보다 작은 규모의 구조로 이루어져 있기 때문이다.

오답 해설

① A는 가시광선을 투과시키지 못하고 반사시키기 때문에 그 빛이 우리 눈에 들어와 존재를 드러내는 것이다.

② C는 빛을 흡수하는 것이 아니라 휘돌아 가도록 굴절시키며 존재를 드러내지 않는다.

③ D는 빛의 굴절을 제어하고 있는 것이 아니다. 빛의 굴절을 제어하고 있는 것은 C이다.

④ B는 A에서 빛이 반사되어 존재를 드러내지 못하고 있고, D는 D에 빛이 부딪혀 반사된 빛으로 존재를 확인할 수 있다.

01 ③　02 ③　03 ③　04 ④

●해제

이 글은 최근 시중에 많이 팔리고 있는 공기 청정기의 원리에 대해 설명하고 있다. 공기 중의 오염 물질을 제거하는 데는 크게 필터를 사용하여 여과·흡착하여 걸러 내는 방식과 전기적으로 오염 물질을 제거하는 방식이 있다. 이때 여기에 주로 사용하는 필터로는 섬유 필터 중에서는 헤파 필터와 울파 필터가 있고, 전기적 방식으로는 이온화 방식이 있다. 먼지 외의 각종 냄새의 원인을 제거하는 데는 활성탄 필터를 사용한다. 최근에는 광촉매 방식도 공기 청정에 이용되고 있다.

스피드 지문 복습 정답

이화정, 「공기 청정기의 원리」, 『원리 사전』

주제

공기 청정기의 원리

문단별 중심 내용

1문단 공기 청정기의 기본 원리 소개
2문단 필터 방식 – 여과와 흡착의 개념
3문단 필터 종류 – 헤파 필터와 울파 필터
4문단 전기적 방식 – 이온화 방식
5문단 공기 청정에 이용되는 기타 방식

●내용 구조도

공기 청정기의 오염 물질 제거 방식

필터 방식(여과·흡착): 헤파 필터, 울파 필터

전기적 방식: 이온화 방식

기타 방식: 활성탄 필터 방식, 자외선 방식, 광촉매 방식

---

01 핵심 정보 이해하기　　답 ③

정답 해설

3문단에서 울파 필터의 성능과 사용처, 유의 사항 등을 확인할 수는 있지만 울파 필터의 한계에 대한 내용은 확인할 수 없다.

오답 해설

① 2문단에서 미세 먼지의 정의를 알 수 있다.
② 3문단에서 오염 물질을 제거하는 헤파 필터의 성능을 알 수 있다.
④ 5문단에서 광촉매 방식도 공기 청정에 이용되고 있다고 소개하고 있다.
⑤ 1문단에서 오염 물질을 제거하는 방식에 대한 정보를 확인할 수 있다.

02 세부 내용 이해하기　　답 ③

정답 해설

2문단을 통해 헤파 필터는 불규칙하게 배열된 섬유들의 집합이고, 공기 중의 입자는 이들 섬유에 의해 차단되면서 정전기적 힘으로 섬유에 붙잡힌다는 사실을 알 수 있다.

오답 해설

① 5문단을 통해 활성탄 필터는 기체나 액체 등을 효과적으로 흡착한다는 사실을 알 수 있으므로 적절하지 않다.
② 2문단에서 미세한 입자를 여과할수록 필터의 능력이 뛰어나다고 했으므로 적절하지 않다.
④ 4문단을 통해 실내 공기에 악영향을 미칠 수 있는 방식은 이온화 방식이라는 사실을 알 수 있으므로 적절하지 않다.
⑤ 5문단을 통해 각종 냄새의 원인을 제거하는 데는 활성탄 필터를 사용한다는 사실을 알 수 있으므로 적절하지 않다.

03 구체적 사례에 적용하기　　답 ③

정답 해설

제거되는 입자의 크기와 제거율을 볼 때 ⓑ는 헤파 필터가 장착된 공기 청정기이고, ⓒ는 울파 필터가 장착된 공기 청정기이다. 둘 다 필터 방식의 공기 청정기로 필터가 더러워져 공기가 재오염되는 것을 막기 위해 필터를 자주 세척하고 교환 주기를 철저히 지켜야 한다.

① 5문단을 통해 활성탄 필터는 각종 냄새의 원인을 제거하는 기능을 한다는 사실을 알 수 있다. 활성탄 필터의 성능은 〈보기〉의 탈취율을 통해 드러나는데, 탈취율이 높을수록 필터의 성능이 좋다. ⓐ가 ⓑ보다 탈취율이 높으므로 ⓐ가 ⓑ보다 성능이 좋은 활성탄 필터가 장착되어 있다.

② ⓐ는 산화물이 발생하는 것으로 보아 이온화 방식을 이용하는 공기 청정기이고, ⓑ와 ⓒ는 필터 방식의 공기 청정기이다. 필터 방식의 공기 청정기가 필터의 잦은 세척이 필요하다.

④ ⓒ는 울파 필터로 0.12μm 이상의 입자를 99.999%까지 제거할 수 있어 주로 반도체 연구실에서 사용한다.

⑤ 2문단을 통해 미세한 입자를 여과할수록 공기 청정기의 능력이 뛰어나다는 사실을 알 수 있으므로 적절하다.

물 잠그는 TIP

물먹는 유형

〈보기〉에 제시된 각 공기 청정기의 탈취율, 미세 먼지 제거 효율, 산화물 발생 여부를 보고 각 공기 청정기에 장착된 필터의 종류를 판단하고, 선지에 제시된 필터의 종류에 대한 설명이 적절한지 판단해야 한다. ⓐ는 산화물이 발생하므로 오존이나 질소 산화물을 발생시키는 이온화 방식의 공기 청정기이다. 0.3마이크로미터 이상의 입자를 99.9% 제거하지만 0.12~0.3마이크로미터의 입자는 42.8%만 제거하는 ⓑ는 헤파 필터가 장착된 공기 청정기이고, 0.12~0.3마이크로미터의 입자를 99.9% 제거하고 0.3마이크로미터 이상의 입자는 100% 제거하는 ⓒ는 울파 필터가 장착된 공기 청정기이다. 각종 냄새의 원인을 제거하는 데는 활성탄 필터를 사용하는데 탈취율이 높을수록 좋은 활성탄 필터를 사용한 것이므로 ⓐ-ⓒ-ⓑ 순으로 성능이 좋은 활성탄 필터가 장착되어 있다. 이처럼 이와 같은 유형의 문제는 지문에 제시된 수치의 의미를 정확히 이해하는 것이 중요하다.

04 세부 내용 이해하기
답 ④

정답 해설

4문단에서 플라즈마가 형성되어 공기 중의 입자는 (−)전하를 띠게 되고, 집진판은 먼지 입자의 전하와는 반대의 전하가 걸려 있다고 했으므로 적절하지 않다.

① 4문단을 통해 전극 주위의 기체에 플라즈마가 형성된다는 사실을 알 수 있다.

② 4문단을 통해 수천 볼트의 고전압을 통해 작동한다는 사실을 알 수 있다.

③ 4문단을 통해 공기 정화 과정에서 오존이나 질소 산화물 같은 산화물이 발생한다는 사실을 알 수 있다.

⑤ 4문단을 통해 플라즈마 상태를 통해 생성된 전자가 공기 중의 오염 물질에 달라붙으면 그 물질은 (−)라는 특정 전하를 띠게 된다는 사실을 알 수 있다.

겁먹지 마, 불수능
본문 116~119쪽

01 ④　**02** ③　**03** ④　**04** ⑤　**05** ②

●해제

이 글은 자동차가 달리는 도로 면에 숨어 있는 과학적 원리를 밝히고 있다. 도로를 건설할 때는 빗물이 흐르는 상황과 관련하여 종단 경사와 횡단 경사를 설정한다. 또한 직선부가 아닌 곡선부 도로에서는 원심력이 발생하기 때문에 마찰력도 중요한 요소가 된다. 마찰력은 중력을 뜻하는 무게와 바닥의 성질을 뜻하는 마찰 계수로 결정되기 때문에 도로 상태에 따라 도로 설계가 달라지기도 한다. 또한 곡선의 바깥쪽 경사를 뜻하는 편경사도 중요한 요인이 된다.

스피드 지문 복습 정답

신부용·유경수, 「자동차 도로 건설 시 고려할 사항」, 『도로 위의 과학』

주제

자동차 도로 건설 시 고려할 사항

문단별 중심 내용

1문단 자동차 도로의 종 단 경사와 횡 단 경사에 따른 특징

2문단 곡선부 도로의 특징 − 원 심 력 발생

3문단 도로 건설 시 유의점 − 도로 상태에 따른 마 찰 계 수

4문단 도로 건설 시 조건 − 횡 방 향 마찰 계수

5문단 도로 건설 시 유의점 − 편 경 사

● 내용 구조도

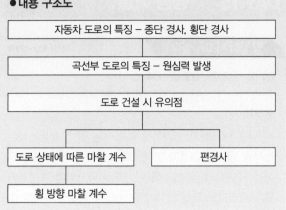

| 자동차 도로의 특징 – 종단 경사, 횡단 경사 |
| 곡선부 도로의 특징 – 원심력 발생 |
| 도로 건설 시 유의점 |
| 도로 상태에 따른 마찰 계수 | 편경사 |
| 횡 방향 마찰 계수 |

01 핵심 정보 이해하기
답 ④

정답 해설

이 글은 횡단 경사를 중심으로 직선 도로와는 달리 곡선 도로를 설계할 때의 특징을 서술하고 있다. 곡선 도로의 도로 설계의 특징을 설명하기 위해 원심력, 마찰 계수, 편경사의 개념을 제시하고 있다.

02 세부 내용 이해하기
답 ③

정답 해설

5문단을 통해 '편경사'는 밤낮의 기온차가 심한 계절의 도로 요건을 위험하게 할 수 있다는 사실을 알 수 있으므로 이는 적절하지 않다.

오답 해설

① 5문단을 통해 편경사를 주면 곡선 회전 반경을 작게 잡아도 안전성을 확보할 수 있다는 사실을 알 수 있다.
② 5문단의 곡선을 돌아갈 때 원심력을 받아 뒤집히거나 원 밖으로 미끄러지기 때문에 직선과는 달리 곡선 도로는 바깥쪽을 들어 올려야 한다는 내용을 통해 '편경사'는 도로 모양의 굽은 정도에 따라 적용한다는 사실을 알 수 있다.
④ 5문단의 도로 면이 얼지 않는 나라에서는 최대 12%까지 사용한다는 내용과 편경사의 가파른 경사면은 노면이 얼음으로 덮이는 경우 위험한 상태가 된다는 내용을 볼 때, 도로 면이 얼지 않는 지역은 자주 어는 지역보다 편경사가 높이 설정된다는 내용은 적절하다.
⑤ 5문단을 통해 차가 곡선을 돌아갈 때 원심력을 받아 뒤집히거나 원 밖으로 미끄러지는 것을 막기 위해 편경사를 설정한다는 사실을 알 수 있다.

03 구체적 사례에 적용하기
답 ④

정답 해설

3문단을 통해 마찰 계수는 무게가 무거울수록 크고, 비포장 도로보다는 포장도로가 크고, 비나 눈이 올 때보다 맑은 상태에서 크다는 사실을 알 수 있다. D는 아스팔트 도로로 포장도로이며, 차의 무게가 가장 많이 나가며, 맑은 날씨에 해당하므로 마찰 계수가 가장 커서 차를 끌 때 가장 큰 힘이 필요하다.

04 정보 추론하기
답 ⑤

정답 해설

3문단을 통해 마찰력이 원심력보다 클 때는 물체가 미끄러지지 않는다는 사실을 알 수 있으므로 이는 적절하지 않다. 마찰력과 원심력이 동일할 때 차가 미끄러지기 시작한다.

오답 해설

① 3문단을 통해 마찰력은 물체의 무게, 마찰 계수와 깊은 관련이 있다는 사실을 알 수 있다.
② 1문단을 통해 도로 면을 수평으로 만들면 빗물이 고여 우천 시에 운전하는 데 위험 요소가 된다는 사실을 알 수 있다.
③ 1문단에서 경사도가 2%를 넘어가면 자동차 운전대가 한쪽으로 쏠리는 느낌이 든다는 사실을 알 수 있다.
④ 4문단을 통해 도로 설계 시에는 일반적으로 횡 방향 마찰 계수를 보통 0.10~0.16에서 정한다는 사실을 알 수 있으므로 0.15로 설계할 수 있다는 반응은 적절하다.

05 외적 준거 활용하기
답 ②

정답 해설

1문단의 내용을 통해 종단 경사와 횡단 경사는 도로에 빗물이 머물러 있지 않고 잘 빠지게 한다는 것을 알 수 있다. 〈보기〉의 내용을 통해 미끄럼 방지 홈 역시 물이 잘 빠지는 역할을 한다는 것을 알 수 있다. 따라서 종·횡단 경사와 미끄럼 방지 홈은 도로에서 물이 빠지게 하는 기능을 하므로 적절하다.

오답 해설

① 〈보기〉에서 미끄럼 방지 홈을 통해 수막현상과 결빙을 억제할 수 있어 마찰 계수가 높아진다는 것은 추론할 수 있지만 미끄럼 방지 홈이 원심력 자체를 낮추는 것은 아

니다.

③ 〈보기〉에서 종 방향으로 새긴 홈이 핸들 조작에 미치는
영향은 나와 있지 않다.

④ 3문단의 내용을 통해 포장도로인 콘크리트 도로는 비포장
도로보다 마찰 계수가 크다는 것은 알 수 있지만 이 때문
에 미끄럼 방지 홈이 많다는 내용은 제시되어 있지 않다.

⑤ 2문단을 통해 비포장도로도 빗물의 영향을 받는다는 사
실을 알 수 있다.

불 끄는 TIP

불나는 유형

〈보기〉는 '미끄럼 방지 홈'에 대해 설명하고 있다. 지문에서
'미끄럼 방지 홈'과 관련된 내용은 빗물을 배수하는 횡단 경
사와 종단 경사에 관한 것이다. 따라서 선지에서 '미끄럼 방
지 홈'에 대한 설명이 적절한지, '미끄럼 방지 홈'과 횡단 경
사와 종단 경사의 공통점과 차이점을 정확하게 설명했는지
를 확인한다. 이를 바탕으로 종·횡단 경사와 미끄럼 방지
홈은 도로에서 물이 빠지게 하는 기능을 한다는 공통점을
추론하면 문제를 쉽게 해결할 수 있다.

DAY 15   응용 기술

방심하지 마, 물수능   본문 120~123쪽

01 ③   **02** ②   **03** ⑤   **04** ②

● **해제**

이 글은 대부분의 전기차에서 쓰이는 회생 제동이라는
동작에 대해 소개하고 있다. 회생 제동은 제동 시 발생
하는 물리적 힘을 이용해 전기차의 배터리를 충전시키
며 브레이크로 인한 에너지 손실을 막아 효율을 늘릴 수
있는 방안을 뜻한다. 회전부의 운동 에너지를 감소시키
는 방법으로는 기계적 마찰을 이용하여 제동하는 방법
과 전기적 방법 두 가지가 있는데 회생 제동은 이 중 전
기적 방법에 해당한다. 회생 제동을 하게 되면 전기적
제동과 전력 회수라는 두 기능이 동시에 일어난다. 최근
에는 기계식 마찰 제동과 전기적 마찰 제동을 적절히 혼
용하는 전자 제어 브레이크 시스템이 다양한 차종에 적
용되고 있기도 하다.

스피드 지문 복습 정답

손영대, 「전기차 연비 절약의 키 '회생 제동'」, 『국제신문』

주제

회생 제동의 개념 및 원리와 그 특성

문단별 중심 내용

1문단 회 생 제 동 의 정의
2문단 회전부의 운동 에너지를 감소시키는 방법 – 기 계
적 마찰을 이용한 방법. 전 기 적 방법
3문단 회생 제동의 장 점 과 특징
4문단 전 기 차 의 주요 부품을 통한 회생 제동 원리 설명
– 전동기, 인버터, 배터리
5문단 전자 제어 브 레 이 크 시스템

● 내용 구조도

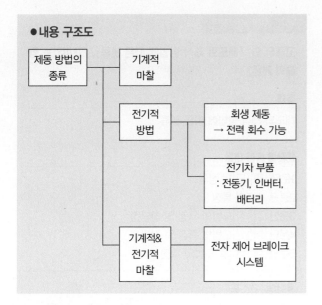

01 세부 내용 이해하기
답 ③

정답 해설

2문단에서 회생 제동은 운동 에너지를 전기적 에너지로 전환한다는 사실과 기계적 마찰 제동을 할 때 운동 에너지의 일부가 열에너지로 변환되는 단점을 극복했다는 사실을 알 수 있으므로 이는 적절하지 않다.

오답 해설

① 1문단에서 기계적 마찰 제동 방식은 많은 에너지를 열로 방출한다는 사실을 알 수 있다.

② 1문단에서 대부분 전기차는 운행 중 가속 페달을 놓을 때 감속이 된다는 사실을 알 수 있다.

④ 2문단에서 회생 제동 장치는 모터를 이용한 동력 장치가 있는 시스템에서 이용한다는 사실과 함께, 3문단에서 회생 제동이 걸리는 순간에 급작스러운 제동으로 인해 자동차의 흔들림이 조금 있다는 사실을 알 수 있다.

⑤ 5문단에서 기계식 마찰 제동과 전기적 회생 제동을 적절히 협조 제어하는 전자 제어 브레이크 시스템이 적용되고 있다는 사실을 알 수 있다.

02 핵심 정보 이해하기
답 ②

정답 해설

4문단에서 전동기에 전류를 흘리게 되면 자기장이 만들어지고 자기장에 의해 회전자가 회전하게 된다고 했으므로 이는 적절한 설명이다.

오답 해설

① 4문단을 통해 회생 제동 상태에서는 전동기에 전류가 제공되지 않는다는 것을 알 수 있으므로 적절하지 않다.

③ 4문단을 통해 전동기의 종류에 상관없이 회전하는 형태로 자기장이 만들어진다는 사실을 알 수 있으므로 적절하지 않다.

④ 4문단에 자기장의 회전 속도와 비슷한 속도로 전동기 회전자가 회전한다고 제시되어 있으므로 적절하지 않다.

⑤ 4문단을 통해 가격 및 유지 보수 측면에서 유리한 전동기는 유도 전동기라는 사실을 알 수 있으므로 적절하지 않다.

03 외적 준거 활용하기
답 ⑤

정답 해설

회생 제동 시스템에서는 운동 에너지가 전기 에너지로 변환되어 배터리에 회생되므로 적절하지 않다.

오답 해설

① 3문단을 통해 회생 제동을 하면 전동기의 전류가 차단되고 달리고 있던 자동차의 바퀴가 전동기를 구동하는 형태가 되어 전동기를 발전기로 동작시키게 된다는 사실을 알 수 있으므로 적절하다.

② 3문단을 통해 달리고 있던 자동차의 바퀴가 전동기를 구동하는 형태가 된다는 사실을 알 수 있으므로 적절하다.

③ 3문단을 통해 회생 제동 동작을 하는 순간, 전기차를 직접 구동하는 전동기의 전류를 차단하게 된다는 사실을 알 수 있으므로 적절하다.

④ 2문단과 4문단의 내용을 통해 회생 제동으로 회수된 전력을 저장하면 연비 개선의 효과가 있어 주행 거리 증대에 도움을 준다는 것을 알 수 있다.

물 잠그는 TIP

물먹는 유형 |

〈보기〉는 지문에서 설명한 회생 제동의 원리를 전기차에 적용하여 보여 주고 있다. ㉠과 ㉡이 회생 제동 시스템에서 어떤 단계에 해당하는지 파악하고 각 단계를 설명한 지문의 내용과 연결해 적절성을 판단한다. 지문에서 설명하고 있는 회생 제동의 원리를 차례대로 따라가며 ㉠과 ㉡에 해당하는 단계를 찾는 것이 문제를 쉽게 해결할 수 있는 방법이다. 회생 제동 동작을 하는 순간, 전기차를 직접 구동하는 전동기의 전류를 차단되고 전동기가 발전기 기능을 하게 된다. 전동기와 모터의 연결이 차단된 ㉠이 이 단계에 해당한다. 이후 운동 에너지가 전기 에너지로 변환되며 배터리가 충전되는데 ㉡이 여기에 해당한다. 따라서 열에너지가 전기 에너지로 변환된다는 설명은 적절하지 않다.

04 어휘의 의미 파악하기 답 ②

정답 해설

ⓑ는 '품질, 수준, 능력, 가치 따위를 더 높은 수준으로 만들다.'의 뜻으로 쓰였다.

오답 해설

① '꿈이나 이상 따위를 크고 원대하게 하다.'의 뜻이다.

③ '높게 대우하는 말을 쓰다.'의 뜻이다.

④ '지위나 신분 따위를 더 위에 있게 하다.'의 뜻이다.

⑤ '아래에서 위까지의 길이를 길게 하다.'의 뜻이다.

겁먹지 마, 불수능   본문 124~127쪽

01 ① **02** ③ **03** ④ **04** ② **05** ④

● 해제

이 글은 해도의 제작 방법에 대해 설명하고 있다. 지구는 구면체이기 때문에 평면에 옮길 때 모양, 거리, 면적, 방위 등의 왜곡이 발생할 수밖에 없는데 이러한 왜곡을 최소화하는 도법 세 가지를 설명하고 있다. 첫째, 점장도법은 지구를 원통형에 투영한 것으로, 지도상 임의의 두 점을 직선으로 연결한 선이 항정선이 되는 대단히 유용한 이점이 있다. 둘째, 대권도법은 지구의 중심에 시점을 두고 지구 표면의 한 점에 접하는 평면에 지형을 투영하는 방법으로 심사도법이라고도 한다. 두 지점을 지나는 직선이 대권으로 표현되기 때문에 두 지점의 최단 거리를 구하기가 용이하다. 셋째, 램버트도법은 원추 모양의 표면에 지구를 투영한 후 이를 전개하여 만들어지는데 항공도와 고위도에서의 항해용 해도로써 사용된다.

고재우 외, 「해도의 제작 방법에 따른 분류」, 『재미있는 항해학 개론』

주제

해도의 제작 방법에 따른 분류

문단별 중심 내용

1문단 해 도 의 정의
2문단 해도의 특징
3문단 점 장 도법의 특징 및 장단점
4문단 대 권 도법의 특징 및 장단점
5문단 램 버 트 도법의 특징

● **내용 구조도**

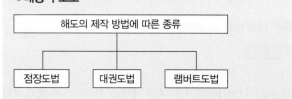

---

01 전개 방식 파악하기 답 ①

정답 해설

이 글은 해도를 제작하는 방법들을 소개하고 각각의 장단점을 밝히고 있다.

오답 해설

② 해도 제작과 관련한 절충 방안이 드러나 있지는 않다.

③ 해도 제작에 대한 새로운 방법을 제시하고 있지는 않다.

④ 해도 제작의 나아갈 방향을 제시하고 있지는 않다.

⑤ 해도를 제작하는 방법들을 시대 순으로 제시하고 있지는 않다.

02 세부 내용 이해하기 답 ③

정답 해설

1문단을 통해 해도는 국제 수로 기구의 기준에 의해 제작이 되고 있다는 사실을 알 수 있다.

오답 해설

① 2문단을 통해 해도는 투영면의 종류에 의해 구분된다는

② 1문단을 통해 해도는 바다에서 항해하는 선박에 있어 자동차의 네비게이션 지도와 같은 역할을 해 준다는 사실을 알 수 있다.

④ 2문단을 통해 구면체인 지구를 평면에 표현할 때 발생하는 왜곡을 최소화하기 위해 여러 종류의 해도가 존재한다는 사실을 알 수 있다.

⑤ 1문단을 통해 해도에는 바다를 항해하는 데 필요한 여러 정보 사항들이 기록되어 있다는 사실을 알 수 있다.

03 세부 내용 이해하기　　　　　　　　답 ④

정답 해설

3, 4문단을 통해 ㉠은 거등권이 직선으로, ㉡은 곡선으로 표시된다는 사실을 알 수 있으므로 이는 적절하지 않다.

오답 해설

① 3문단을 통해 ㉠은 자오선과 거등권이 서로 교차한다는 사실을 알 수 있다.

② 4문단을 통해 ㉡의 자오선은 부챗살 모양의 직선으로 나타난다는 사실을 알 수 있다.

③ 3, 4문단을 통해 ㉠과 ㉡은 실제 지형의 왜곡이 일어날 수밖에 없다는 사실을 알 수 있다.

⑤ 4문단을 통해 ㉡은 모든 대권이 직선으로 표현되어 두 지점의 최단 거리를 구하는 데 적합하다는 사실을 알 수 있다.

04 외적 준거 활용하기　　　　　　　　답 ②

정답 해설

점장도법으로 그린 해도에서 임의의 두 점을 직선으로 연결한 선이 항정선이 된다는 3문단의 내용을 통해 점장도법으로 그린 해도에서는 항정선이 항상 직선이라는 것을 알 수 있다. 〈보기〉는 항정선이 직선인 것으로 보아 점장도법을 사용하여 그린 해도이다. 점장도법은 지구의 적도면에 접하는 원통에 지구를 투영한 것이다.

오답 해설

① 5문단의 내용을 통해 기준 거등권 부근의 지형이 축소되어 표현되는 도법은 램버트도법이라는 것을 알 수 있다.

③ 해도는 평면으로 구성되어 있는 종이 위에 구면체의 지구를 옮기는 것으로 왜곡이 발생하게 되는데 최소한의 왜곡으로 나타내는 방법이 도법이다. 점장도법 역시 고위도로 갈수록 왜곡이 심해지므로 이는 적절하지 않다.

④, ⑤ 대권도법을 사용한 해도에 대한 설명이므로 적절하지 않다.

불 끄는 TIP

불나는 유형

〈보기〉에 제시된 정보를 통해 어떤 도법으로 제작된 해도인지 먼저 파악하고 선지의 내용을 확인한다. 제시된 해도에는 대권 항로와 항정선, 해리가 나와 있고 각도 관계가 정확한 위도선과 경도선을 볼 수 있다. 항정선(3,227해리)은 직선이고 대권 항로(3,111해리)는 곡선으로 그려져 있는데 해리를 통해 곡선으로 표시된 대권 항로가 실제로는 더 짧은 거리라는 것을 알 수 있다. 지문에 제시된 도법 중에서 항정선이 직선이 되고 대권 항로가 곡선으로 표시되는 도법은 점장도법이다. 〈보기〉에 제시된 정보들은 문제를 해결하는 데 필요한 것들이므로 제시된 정보들의 의미를 파악하고 관련 내용을 지문에서 찾으면 문제를 쉽게 해결할 수 있다.

05 어휘의 의미 파악하기　　　　　　　　답 ④

정답 해설

ⓐ는 '계획, 의견 따위를 정하다.'의 의미로 쓰였다.

오답 해설

① '어떤 상태를 유지하다.'의 의미이다.

② '기세를 누그러뜨리다.'의 의미이다.

③ '어떤 순간적인 장면이나 모습을 확인하거나 찍다.'의 의미이다.

⑤ '기분, 일 따위를 망치다.'의 의미이다.

MEMO

MEMO

MEMO